郭雷振◎著

地方高校学科—专业—产业链的协同建设与治理机制研究

DIFANG GAOXIAO XUEKE-ZHUANYE-CHANYELIAN DE
XIETONG JIANSHE YU ZHILI JIZHI YANJIU

中国财经出版传媒集团

经济科学出版社
Economic Science Press

图书在版编目（CIP）数据

地方高校学科—专业—产业链的协同建设与治理机制研
究／郭雷振著. -- 北京：经济科学出版社，2022. 11
ISBN 978 - 7 - 5218 - 4344 - 6

Ⅰ.①地… Ⅱ.①郭… Ⅲ.①地方高校 - 产学研一体
化 - 研究 - 中国 Ⅳ.①G640

中国版本图书馆 CIP 数据核字（2022）第 221179 号

责任编辑：杜　鹏　武献杰　常家凤
责任校对：杨　海
责任印制：邱　天

地方高校学科—专业—产业链的协同建设与治理机制研究
郭雷振　著
经济科学出版社出版、发行　新华书店经销
社址：北京市海淀区阜成路甲 28 号　邮编：100142
编辑部电话：010 - 88191441　发行部电话：010 - 88191522
网址：www. esp. com. cn
电子邮箱：esp_bj@ 163. com
天猫网店：经济科学出版社旗舰店
网址：http：//jjkxcbs. tmall. com
固安华明印业有限公司印装
710 × 1000　16 开　18. 25 印张　300000 字
2023 年 3 月第 1 版　2023 年 3 月第 1 次印刷
ISBN 978 - 7 - 5218 - 4344 - 6　定价：99. 00 元
（图书出现印装问题，本社负责调换。电话：010 - 88191545）
（版权所有　侵权必究　打击盗版　举报热线：010 - 88191661
QQ：2242791300　营销中心电话：010 - 88191537
电子邮箱：dbts@ esp. com. cn）

前　　言

伴随着经济社会发展需求的不断变化，及时推陈出新是高等教育学科专业发展以变应变的基本逻辑。1999 年以来，我国高等教育规模快速增加，学科专业点的数量也是一路"水涨船高"，但同时也产生了学科专业设置盲目扩张，布点大量重复，对经济社会新需求应对滞后等长期困扰高等教育发展的难题。为此，不论是中央政府层面还是地方政府层面，在不同的时期都纷纷出台相应的政策举措，致力构建更加科学、有效、精准的学科专业设置与调整管理体系，推动学科专业结构能够与地方产业结构实现良好的协同匹配。2023 年 2 月 21 日，教育部等五部门联合印发了《普通高等教育学科专业设置调整优化改革方案》，标志着我国高等教育的学科专业结构迈向一个新的变化阶段，通过积极的结构量变促成学科专业体系的质变，从而更加高效地推动高等教育高质量发展，为中国式现代化建设提供坚实有力的支撑。

学科—专业—产业链建设是近 10 余年来兴起的学科专业建设"潮流"，无论是在政府的学科专业建设政策话语体系中还是高校的学科专业建设实践中，其"分量"也越来越重。学科—专业—产业链既是学科专业与产业之间的一种结构匹配范式，也是一种要素合作范式。本书紧扣地方高校办学的"应用"特质，以学科—专业—产业链建设对于地方高校高质量发展的重要战略支撑作用为立论点，从理论认识、政策支持、实践操作层面对地方高校学科—专业—产业链建设的动力机制、建设机理、实践逻辑、组织载体、相关治理与建设导向等维度进行了较为深入系统的研究，并得出了以下主要研究结论。

地方高校要破解长期以来存在的学科专业体系与区域产业发展需求吻合度低，学科专业布局分散，学科专业设置趋同，新型边缘交叉学科专业生长缓慢等困局，必须谋求学科专业建设理念与模式的革新，实现学科专业建设思路的转型，致力于提升学科专业对地方经济社会发展的贡献度。当前，创业型大学建设、区域创新模式与知识生产模式演变，以及向应用型大学转型发展等重大现实背景，要求地方高校转变与地方产业之间"若即若离"的封闭式、孤立式、割裂式的学科专业建设的旧范式，构建开放式、集群式、融合式的学科专业与产业互动发展的新范式，紧密依托区域产业行业发展结构，构建多主体、多方位、多层次的人才培养和知识生产共同体。

地方高校学科—专业—产业链是地方高校以整体提升学科专业建设质量为目标，以实现镶嵌式的产教融合机制为手段，按照应用性、开放性、集群性的学科专业发展思路，基于办学的学科专业基础与学科专业方向定位，围绕区域产业链布局学科链与专业链，构建的以生态综合体、价值融合体、创新协同体、管理共同体为核心特征的学科—专业—产业互动形态。在建设路径上，主要体现在：从结构层面打造产教融合的学科专业集群格局；从平台层面推动产教融合主体的利益固化；从管理层面深化产教融合主体的沟通理解；从政策层面强化产教融合的激励引导；从文化层面厚植产教融合的社会土壤。

地方高校是应用型人才和知识生产的主阵地，区域产业行业也是知识创新的重要主体，学科—专业—产业链建立了地方高校的学科专业结构与区域产业行业需求之间的动态链接，为多元利益相关主体提供了交流互动的人才培养和知识生产组织与制度，最终有利于推进与创新区域产教深度融合文化生态的形成。但在区域创新实践中，地方高校、地方政府、产业行业、社会公共组织等几大主体之间存在着人才流通、文化对话、组织混合与制度匹配困境，对学科专业与产业间有效的链式融合形成了现实的制约。突破融合困境，在策略上包括遵循"育人逻辑"，打造创新创业型人才培养共同体；遵循"创业逻辑"，建设创业性特质的多元要素融合文化；遵循"公共逻辑"，规范与提升跨界合作的行为与质量；遵循"共生逻辑"，创新多重主体激励相容的共生共赢机制。

地方高校协同创新中心针对高校协同创新传统上所面临的资源投入和管理刻板、人事管理制度僵化、创新型人才培养乏力等体制机制问题，呈现出以下改革趋向：第一，实施学科交叉、市场导向、开放共享的资源配置，包括以学科交叉融合与任务为导向进行资源配置，建立以市场为导向的资源开放共享方式，建立资源信息开放共享平台。第二，实施按需聘任、动态管理、绩效评价的人事管理，包括建立全员、公开、分类聘用体系，建立人员动态管理和退出机制，采用与国际接轨的 PI 岗位制，构建有效的人才评价体系。第三，实施校际联合、资源整合、产教融合的人才培养，包括将中心的实体性优势转化为创新型人才培养优势，将中心的学术资源优势转化为创新型人才培养优势，将中心的产教结合优势转化为创新型人才培养优势，将中心的"特区"优势转化为创新型人才培养优势。

地方高校现代产业学院承载着特殊的人才培养组织价值，即推动新型应用型学院类型建设，推动学院应用型学科专业集群建设，推动学院开放性内部治理体系建设，推动学院高端性产业人才培养机制建设。在人才培养要求特质方面，产业学院精准面向特定产业培养人才，大力通过产教融合培养人才，积极保障产业人才对口就业，高度重视产业创业人才培养。实践中，地方高校现代产业学院的人才培养面临着学院生源的质量与稳定性不足，学院管理权中产业实体的缺失，学院对传统专业教育路径的依赖，学院就业创业服务保障能力偏弱等困境。对此，地方高校现代产业学院可构建院产主体的合作招生工作格局、院产双方权利共享的管理体制、职业导向的专业课程教学体系与系统化的就业创业服务保障体系。

区域特色新型高校智库的建设正在引起地方高校的高度重视，因为区域特色新型高校智库的建设更有利于促进地方高校与地方经济社会的协同发展。地方高校区域特色新型智库的建设，虽然存在诸多因素限制着高校智库知识供给功能的有效发挥，但其中最大的制约因素就是高校智库建设的体制机制问题，即根源于其不合时宜的知识供给制度。实现地方高校智库知识供给侧和需求侧的协同互动，既要从地方高校智库内部开始，实现内部政策科学知识供给要素的优化配置，又要协调地方高校智库与外部利益相关主体的相互关系，构建科学的制度互动体系。地方高校智库内部知识供给制度的创新策略包括研究范式创新、组织结构创新、人才培养创新与智库精神的培育。地方高校智库外部知识供给制度的创新策略包括加强政策支持、构建高校"特区"、反哺学科建设，以及优化和培育思想市场。

在专业设置审批管理方面，历经多年的改革，虽然我国地方高校在本科专业设置上具有极大的自主性和灵活性，但并没有从体制上有效解决专业设置盲目、随意等突出问题。随着省级教育主管部门对省域内高校专业设置的实际统筹力在走向弱化，带来了潜在的风险。省域之间的高等教育发展水平处于明显的不均衡状态，再加上省域之间的产业结构与产业发展水平的不同所带来的人才需求结构上的巨大差异，客观上使得教育部难以从一个笼统的"平均化"的层面对所有高校的专业设置进行精准、有效的集中调控，唯有加强省级教育主管部门对本省域内各类各层次高校专业设置的统筹规划管理，才能更加具有针对性地布设真正符合地方经济社会发展形势的专业，形成高校之间专业设置上的良性搭配。

地方高校在产学研合作管理方面存在产学研合作的技术支撑能力不足、产学研合作方信息相互理解不足、产学研深度结合的长效机制不足等问题，管理的优化路径包括加强科技研发队伍建设，提升学校科技研发能力；强化科研市场效益观念，促进教师应用成果产出；树立管理信息服务观念，发挥合作桥梁沟通作用。对于横向科研管理，地方高校的横向科研在繁荣的外表之下正在呈现出一定程度的"异化"现象，成为一种指标创收工具、私利谋取手段与生态腐蚀行为。其主要原因在于政府层面的监管缺位，学校层面的急功近利，教师层面的科研压力，社会层面的推波助澜。实现对横向科研"异化"现象的标本兼治，政府要加强对地方高校横向科研质量的监管，地方高校要加强对横向科研社会服务使命的坚守，教师要加强对横向科研精神与学者道德操守的维护。

从文化管理的视角来看，地方高校组织中传统主导性的学院文化与官僚等级文化难以适应和支撑大学创业使命和大学创业行为的需求，需要培育、形成大学的创业性组织管理文化。大学的创业性组织管理文化是一种强有力的具有人本性、权变性、市场性特质的外部取向性文化，这种文化的构建有利于增强地方高校组织的环境适应性。在这种文化中，学校成员的活动更多具有外部导向，所有成员共享同样的价值、信念与态度，具有相同的行为模式，并且具有灵活应对变化的能力。同时，这种文化还能够包容具有价值与信念分歧的大学亚文化，将它们整合为一个整体，通过对亚文化活动的协调以有效达成它的活动目标。最终通过文化的穿透力与浸染力，有力支撑、促进大学的创业实践。

随着地方高校学科—专业—产业链建设在政策、理念与实践领域逐步走向深入，其建设需进一步把握好三大路向：一是立足高层次应用型人才培养根本使命，深度感知国家与区域产业结构变化形势，积极应对第四次工业革命时代新的职业与劳动力需求格局，培养新型人才；二是立足多层次的一流高校发展定位，充分发挥地方"双一流"建设的驱动力，积极应对高质量应用型高等教育发展背景下高校差异化发展路径格局，建设一流应用型大学；三是立足类型化的学科建设理念，深刻把握学科间性质特征差异与学科发展规律，积极应对推进不同学科协调发展要求下新的学科专业生态构建格局，打造一流学科体系。

本书是国家社会科学基金青年项目"地方高校学科—专业—产业链的协同建设与治理机制研究（17CGL071）"的成果，研究过程中，崔刚教授、洪林教授、刘文霞副教授等课题组成员倾注了巨大的精力与智慧。受限于本人的研究能力，书中不足之处在所难免，所提观点只是抛砖引玉，热切期望学界同行能够批评指正、不吝赐教。

郭雷振

2023 年 3 月

目 录

第一章

地方高等教育学科专业结构的调整

2020 年 9 月 22 日，习近平总书记在同教育文化卫生体育领域的专家代表们座谈时指出，"人力资源是构建新发展格局的重要依托。要优化同新发展格局相适应的教育结构、学科专业结构、人才培养结构。"① 对此，著名高等教育研究专家邬大光教授（2020）认为，"高等教育结构是高等教育系统内部组成部分之间的配比、联系、组织方式与秩序，是认识高等教育系统的重要理论概念。高等教育的系统结构深刻影响着高等教育功能的正常发挥，合理的高等教育结构是高等教育质量的重要保证"，"加快调整高等教育结构，使之与'新发展格局'相适应，是当前和未来高等教育发展中的重大问题。"② 学科专业结构是高等教育结构的重要构成部分，也是高等教育最为基础的一种结构类型。21 世纪以来，中央与省两级政府部门在寻求推动高校学科专业结构的调整优化方面进行了积极的政策布局，以推动学科专业结构适应产业人才需求结构为主线，为地方高校的学科—专业—产业链建设提供了最为直接、有利的政策支持环境。随着经济社会发展形势与学科专业调整政策的变化，地方高校的学科专业结构同步经历着以变应变的过程。

---

① 新华社. 习近平：在教育文化卫生体育领域专家代表座谈会上的讲话［EB/OL］.（2020 - 9 - 22）［2022 - 7 - 18］. http：//www. gov. cn/xinwen/2020 - 09/22/content_5546157. htm.

② 邬大光. 把握高等教育发展的新格局 更加公平 更有效率 更具品质 引领未来［N］. 人民日报，2020 - 9 - 23（2）.

第一节　中央的学科专业结构调整政策

1999 年，党中央、国务院作出了大幅度扩大高等教育招生规模的决定，高等教育的规模开始快速扩张。高等教育的毛入学率从 1999 年的 10.5%[①]，到 2002 年的 15%[②]，再到 2019 年的 51.6%[③]，在短短的 20 年间，我国高等教育规模实现了从精英化阶段到大众化阶段再到普及化阶段的两级跳，高等教育在发展战略上同时也经历了从以规模扩张为特征的外延式发展向以质量提升为核心的内涵式发展的转变。学科专业作为高等教育办学的知识组织"骨架"，在高等教育规模的快速增长与高等教育办学日趋强劲的市场导向的双重力量冲击下，学科专业结构暴露出一系列问题和难题，制约着高等教育的高质量发展。为此，中央政府部门围绕高等教育学科专业结构的调整优化，形成了多维度的管理政策布局，旨在引导、促进地方政府和高校构建切实有效的学科专业结构动态调整机制。

一、高等教育学科专业结构调整政策取向

长期以来，我国高等教育学科专业结构面临的最为棘手的"顽瘴痼疾"就是学科专业结构供给侧与产业人才需求结构需求侧之间难以形成良好的适配性关系，错位性、脱钩性问题比较普遍，并且缺乏结构间系统性的有效联动协调机制。

2001 年，教育部印发的《关于做好普通高等学校本科学科专业结构调整工作的若干原则意见》中指出，高等学校学科专业建设中存在着国家未来发展急需的高新技术类专业人才、高层次经营管理人才供给不足；面向地方

---

① 教育部. 1999 年全国教育事业发展统计公报［EB/OL］.（2000 – 5 – 30）［2022 – 7 – 18］. http：//www. moe. gov. cn/s78/A03/ghs_left/s182/moe_633/tnull_841. html.

② 教育部. 2002 年全国教育事业发展统计公报［EB/OL］.（2003 – 5 – 13）［2022 – 7 – 18］. http：//www. moe. gov. cn/s78/A03/ghs_left/s182/moe_633/tnull_1553. html.

③ 教育部. 2019 年全国教育事业发展统计公报［EB/OL］.（2020 – 5 – 20）［2022 – 7 – 18］. http：//www. moe. gov. cn/jyb_sjzl/sjzl_fztjgb/202005/t20200520_456751. html.

经济建设的应用性人才培养薄弱；对于新兴、边缘、交叉学科的建设和发展重视不够；一些学校重专业外延发展，轻专业内涵建设的倾向严重；高等学校主动适应社会变革需要的自我发展、自我调整的专业管理机制有待形成等问题。① 同年，时任教育部高教司副司长林蕙青在接受《中国高等教育》期刊专访时认为，我国高校专业设置存在盲目性与随意性，新兴、交叉、综合性学科专业发展缺乏力度，紧贴市场、适应需求的一批专业未得到充分发展。学科专业调整未解决好三对基本矛盾，即发展需求与供给相对不足，国家经济社会发展迅速与高等教育在学科专业结构、人才培养等方面反应相对迟缓，人才培养模式多样化与专业框架格局相对单一化的矛盾。②

2018 年 1 月，时任教育部部长陈宝生在全国教育工作会议上指出，我国教育的人才总供给能力显著增强，但结构性矛盾尚未解决。人才培养类型结构、学科专业结构和知识能力结构还不能完全满足经济社会转型升级的要求，存量升级、增量优化、余量削减的任务还很重，有效的方法还不多，工作的力度还不够，各项调控政策之间的衔接配套还有待加强。③

2021 年 3 月，中国高等教育学会会长杜玉波在接受《中国教育报》专访时指出，我国高校学科专业设置的问题突出表现在缺乏具体的人才需求预测，优势特色专业集中度不够，部分高校办学定位不清晰，学科专业设置存在盲目性、贪大求全，基础学科专业发展与人才培养缺乏引导和扶持等方面。④

从以上官方层面对于我国高校学科专业结构存在的突出问题的总结中可以看出：一方面，我国高校的学科专业结构供给侧与产业人才需求结构需求侧之间的矛盾长期存在。相较于产业结构的快速迭代，学科专业结构调整滞后，学科专业设置短缺现象与臃肿现象并存，学科专业破旧立新、升级换代的力度不足，学科专业体系对产业发展缺乏引领性与前瞻性；另一方面，政

---

① 教育部. 关于做好普通高等学校本科学科专业结构调整工作的若干原则意见 ［EB/OL］. (2001 - 10 - 25) ［2022 - 7 - 18］. http：//www. moe. gov. cn/s78/A08/gjs_left/moe_1034/201005/t20100527_88506. html.

② 徐越. 从战略高度做好新一轮学科专业结构调整工作——访教育部高教司副司长林蕙青 ［J］. 中国高等教育，2001 (24)：11 - 15，12.

③ 陈宝生. 在全国教育工作会议上的讲话 ［EB/OL］. (2018 - 1 - 23) ［2022 - 7 - 18］. http：//www. moe. gov. cn/jyb_xwfb/moe_176/201802/t20180206_326931. html.

④ 刘琴，高众. 加快高等教育结构优化调整——专访全国人大常委会委员、教科文卫委员会副主任委员、中国高等教育学会会长杜玉波 ［N］. 中国教育报，2021 - 3 - 8 (1).

府部门在引导高校学科专业结构调整优化方面的管理体制机制不健全，政策体系的建设与落实不到位，使得高校在学科专业布局方面缺乏科学与理性。对于存在的这些问题，中央政府部门始终把调整优化学科专业结构作为高等教育一项重要的发展与改革工作任务加以持续推动。通过梳理教育部领导在各年度教育工作会议上的讲话内容可知，讲话当中多次提出了针对高校学科专业结构调整的工作部署要求（见表1-1）。

表1-1 教育部领导在年度全国教育工作会议上关于高校学科专业结构调整的工作部署

年度	领导	高校学科专业结构调整工作
2002	陈至立	要把加快发展与调整学科结构、提高质量紧密结合起来。要根据入世后经济结构调整和就业市场变化的趋势，加快高等学校和职业学校学科、专业结构调整的步伐，把培养高新技术产业、现代服务业人才和高层次的金融、贸易、法律、会计和管理人才放在突出位置①
2003	陈至立	优化学科、专业结构，创新人才培养模式。要进一步调整学科、专业结构，避免结构性的就业困难②
2008	周济	加大高等学校学科专业结构调整力度，使人才培养结构更加适应国家经济社会发展需要。注重不同学科特别是自然科学和人文科学之间的渗透与交叉，加强创新、紧缺人才培养③
2009	周济	各类高校要以就业和社会需求为导向办学，立足校情，找准办学定位，突出办学特色，更加主动地根据社会需求调整学科专业设置④
2010	袁贵仁	合理配置教育资源，科学调整教育区域布局、层次结构和学科专业设置，更多更好地培养经济社会发展急需的高素质劳动者和创新型、实用型和复合型人才⑤

① 陈至立. 在2002年度教育工作会议上的讲话［EB/OL］.（2001-12-26）［2022-7-18］. http：//www. moe. gov. cn/jyb_xxgk/gk_gbgg/moe_0/moe_8/moe_21/tnull_157. html.

② 陈至立. 学习贯彻十六大精神　全面开创教育工作新局面——在2003年度教育工作会议上的讲话［EB/OL］.（2002-12-26）［2022-7-18］. http：//www. moe. gov. cn/jyb_xxgk/gk_gbgg/moe_0/moe_9/moe_31/tnull_439. html.

③ 周济. 推进教育事业科学发展　为建设人力资源强国而奋斗——在教育部2008年度工作会议上的讲话［EB/OL］.（2008-1-4）［2022-7-18］. http：//www. moe. gov. cn/jyb_xwfb/gzdt_gzdt/moe_1485/tnull_30580. html.

④ 周济. 深入学习实践科学发展观　促进教育事业优先发展科学发展——在教育部2009年度工作会议上的讲话［EB/OL］.（2008-12-21）［2022-7-18］. http：//www. moe. gov. cn/jyb_xxgk/gk_gbgg/moe_0/moe_2642/moe_2643/tnull_44418. html.

⑤ 袁贵仁. 继续解放思想　坚持改革创新　努力开创教育事业科学发展新局面——在教育部2010年度工作会议上的讲话［EB/OL］.（2010-1-14）［2022-7-18］. http：//old. moe. gov. cn/publicfiles/business/htmlfiles/moe/moe_cmsmedia/document/1267087571325115. doc.

年度	领导	高校学科专业结构调整工作
2011	杜玉波	优化专业和人才培养类型结构。要引导高校主动适应国家战略需求和地方经济社会发展需要，超前部署国家战略性新兴产业所需专业设置和人才培养工作。抓紧修订本科专业目录和本科专业设置管理办法，进一步加强省级教育行政部门对区域内高校的统筹管理，扩大高校专业设置自主权①
2012	袁贵仁	优化结构。发布新的本科专业目录和专业设置管理规定，引导高校设置国家战略性新兴产业发展急需的相关专业②
2012	杜玉波	要优化本科专业结构。解决专业"不对路"的问题，适应经济发展方式转变和国家发展战略的需要。要按照新修订的学科专业目录及设置管理规定，完善本科专业动态调整机制和专业预警、退出机制，落实和扩大高校学科专业设置自主权。开展专业综合改革试点，重点建设一批本科专业点和高职专业点，着力支持优势特色专业、战略性新兴产业相关专业和农林、水利、石油等行业相关专业以及师范类专业建设，加强急需的服务外包和动漫、小语种、艺术等文化人才培养③
2014	袁贵仁	要加大学科专业结构调整力度，深化人才培养机制改革，把学生创新创业能力、毕业生就业创业状况作为高校评估重要内容④
2016	袁贵仁	推进学校布局结构、学科专业结构、人才层次类型结构与经济社会发展相协调。鼓励具备条件的普通本科高校向应用型转变，引导高校面向市场主动调整专业设置和资源配置，高校要依据区域性、行业性需求，加快发展适应新产业、新业态、新技术发展的新专业，拓展传统学科专业内涵⑤
2017	陈宝生	各地要加大高校学科专业与人才培养结构调整优化力度，加快产业升级和改善民生急需紧缺人才培养，主动布局培养未来技术和产业需要的各类人才，提高高等教育支撑和引领经济社会发展的能力⑥

① 杜玉波. 在 2011 年全国教育工作会议上的讲话［EB/OL］.（2011－1－24）［2022－7－18］. http：//www. moe. gov. cn/jyb_xwfb/moe_176/201102/t20110228_115388. html.

② 袁贵仁. 扎扎实实推进教育规划纲要贯彻落实——在 2012 年全国教育工作会议上的讲话［EB/OL］.（2012－1－7）［2022－7－18］. http：//www. moe. gov. cn/jyb_xwfb/moe_176/201202/t20120221_130719. html.

③ 杜玉波. 在 2012 年全国教育工作会议上的讲话［EB/OL］.（2012－1－7）［2022－7－18］. http：//www. moe. gov. cn/jyb_xwfb/moe_176/201202/t20120222_130765. html.

④ 袁贵仁. 深化教育领域综合改革 加快推进教育治理体系和治理能力现代化——在 2014 年全国教育工作会议上的讲话［EB/OL］.（2014－1－15）［2022－7－18］. http：//www. moe. gov. cn/jyb_xwfb/moe_176/201402/t20140212_163736. html.

⑤ 袁贵仁. 以新的发展理念为引领 全面提高教育质量 加快推进教育现代化——在 2016 年全国教育工作会议上的讲话［EB/OL］.（2016－1－15）［2022－7－18］. http：//www. moe. gov. cn/jyb_xwfb/moe_176/201602/t20160204_229466. html.

⑥ 陈宝生. 办好中国特色社会主义教育 以优异成绩迎接党的十九大胜利召开——2017 年全国教育工作会议工作报告［EB/OL］.（2017－1－13）［2022－7－18］. http：//www. moe. gov. cn/jyb_xwfb/moe_176/201702/t20170206_295791. html.

续表

年度	领导	高校学科专业结构调整工作
2021	陈宝生	要优化学科专业结构。瞄准科技前沿和关键领域，推进学科交叉融合，引导高校高起点布局支撑国家原始创新能力和可持续发展能力的基础学科专业。探索基础学科本硕博连读培养模式，为国家未来发展储备尖端人才。扎实推进新工科、新医科、新农科、新文科建设，加快培养理工农医类专业紧缺人才，加强创新型、应用型、技能型等各类人才培养①

根据表 1 - 1，随着年代的变化，教育部对于高校学科专业结构调整的关注点也体现出了每个阶段鲜明的时代特征。2010 年之前，工作重心体现在引导高校围绕培养经济社会发展急需的人才和重视学生的高就业率来调整学科专业结构。2012 年前后，工作重心体现在围绕构建完善学科专业动态调整的管理体制机制以及着力发展战略性新兴产业相关学科专业来推动高校的学科专业结构调整。2020 年前后，工作重心体现在围绕培养产业转型升级以及面向未来高技术产业发展的创新型人才来推动高校的学科专业结构调整。在性质上，三个阶段之间并不是一个渐次替代的关系，而是在前一个阶段基础上进一步深化与提升的关系。

另外，通过对 2000 ~ 2020 年国家颁布实施的《全国教育事业第十个五年计划》《国家教育事业发展"十一五"规划纲要》《国家中长期教育改革和发展规划纲要（2010—2020 年)》《国家教育事业发展第十二个五年规划》《国家教育事业发展"十三五"规划》五部教育发展规划当中关于高校学科专业结构调整的相关内容进行梳理分析，同样体现了以上三个阶段的政策关注重心的演变特征。

"十五"和"十一五"两个教育规划的相关内容集中于指明高校要根据人才市场需求来优化学科专业，并明确了相应阶段特别需要予以大力培养的专业方向的人才。尤其是以 2001 年 12 月 11 日中国正式加入世界贸易组织为背景，是中国产业对外开放的一个"里程碑"。"十五"教育计划中即提出，调整人才培养的层次、科类和形式结构。面向今后国民经济和社会发展的需要，重点培养适应高新技术产业化的计算机、生物技术、新材料、电子通信

---

① 陈宝生. 乘势而上 狠抓落实 加快建设高质量教育体系——在 2021 年全国教育工作会议上的讲话［EB/OL］.（2021 - 1 - 7）［2022 - 7 - 18］. http：//www. moe. gov. cn/jyb_xwfb/moe_176/202102/t20210203_512420. html.

技术、医药、自动化等专业技术人才，加快培养加入世界贸易组织急需的、具有国际竞争能力的法律、金融、贸易、工商管理、公共管理等方面的高层次管理人才。① 2005 年《中共中央关于制定国民经济和社会发展第十一个五年规划的建议》中强调，要建设社会主义新农村，加快建设资源节约型、环境友好型社会，大力发展循环经济。② 与此相对应，"十一五"教育规划纲要中提出，以社会需求为导向，积极调整学科布局和专业设置，加快培养经济、社会、文化、国防等方面的高素质人才，特别是农业、资源、能源和环境方面的紧缺人才。引导高校根据国内外人才市场的变化，适时调整招生专业和教育内容。③

相比前两个五年规划，中长期教育规划主要从经济社会的人才需求类型与学科专业结构的政府管理体制两个维度来制定学科专业结构调整任务。在人才需求维度上，强调建立学科专业结构的动态调整机制，尤其要注重多学科之间的交叉与融合，以适应国家和区域的经济社会发展对于大量技能型、复合型与应用型人才的紧迫需求；在管理体制改革上，明确中央政府层面拥有对国家教育事业的统一领导与管理权，实施教育发展规划、教育方针政策与各类基本标准的制定，主导高等教育的区域布局。高等教育实施以省级政府为主的管理体制，以更好地对高等学校与学科专业的布局进行合理的设置与调整，提升地方高等教育的管理与办学水平。政府部门要履行好管理上的"松绑"与赋权，并完善监管机制，积极推动扩大与落实高校的办学自主权，确保高校在法律与政策框架内自主设置与调整学科专业。④

在"十二五"教育规划中，虽然在"调整人才培养与供给结构"总任务下明确了三大举措，但前两条举措是站在市场的角度来布局学科专业结构调整，最后一条举措是站在管理的角度来促进学科专业结构的调整。第一条

---

① 教育部. 全国教育事业第十个五年计划 [EB/OL]. (2001 – 7 – 26) [2022 – 7 – 18]. http：//www. moe. gov. cn/srcsite/A03/s7050/200107/t20010726_171641. html.

② 中共中央关于制定国民经济和社会发展第十一个五年规划的建议 [EB/OL]. (2005 – 10 – 11) [2022 – 7 – 18]. http：//www. gov. cn/jrzg/2005 – 10/11/content_76191. htm.

③ 国务院批转教育部国家教育事业发展"十一五"规划纲要的通知 [EB/OL]. (2007 – 5 – 18) [2022 – 7 – 18]. http：//www. moe. gov. cn/jyb_xwfb/gzdt_gzdt/moe_1485/tnull_22875. html.

④ 中共中央，国务院. 国家中长期教育改革和发展规划纲要（2010—2020 年）[EB/OL]. (2010 – 7 – 29) [2022 – 7 – 18]. http：//www. gov. cn/jrzg/2010 – 07/29/content_1667143. htm.

举措为加快培养经济社会发展重点领域急需紧缺人才，包括战略性新兴产业急需人才，先进制造业和现代服务业急需人才，面向"三农"的急需人才，文化、社会建设和公共服务急需人才，应对国际竞争的经济、管理、金融、法律和国际关系人才，国防人才等；第二条举措为扩大应用型复合型技能型人才培养规模；第三条举措为建立人才培养与供给结构调整机制，包括完善人才需求预测与发布机制，完善以目录指导、规划引领、分类评估、计划调控、拨款引导为主要手段的学科专业结构宏观调整机制，以及促进学校积极主动调整学科专业结构。① 其中，在"十一五"教育规划基础上对于人才市场需求方面的一个新的考量的关键依据就是 2010 年国务院发布的《关于加快培育和发展战略性新兴产业的决定》，使得战略性新兴产业人才培养成为一个新的人才需求增长点。2009 年国务院与教育部联合印发的《学位授予和人才培养学科目录设置与管理办法》，以及 2010 年教育部下发《关于进行普通高等学校本科专业目录修订工作的通知》则为学科专业结构调整管理体制机制的优化提出了任务要求。

中长期教育规划纲要和"十二五"教育规划中对于高校学科专业结构调整的发展任务的安排从着眼点上体现出了高度一致的特征。"十三五"教育规划与"十二五"教育规划同为中长期教育规划期中的具体落实性规划，两者在关于高校学科专业调整任务的布局框架上具有高度的"同构性"以及前后的延续性，但在任务的推进思路与模式设计上则体现出了显著的差异。差异主要体现在两点：一是提出加快培养现代产业急需人才，要建设服务现代产业的新兴学科专业集群，建设一大批以校企合作为基础，集人才培养、继续教育、科研创新、科技服务于一体的专业集群，校企联合开发课程和教学资源，联合培养培训师资队伍，共建实验实训实习基地，优先在北京、上海、武汉等地建设一批集成电路实训基地，构建我国集成电路人才培养学科专业集群，加快人才培养和产业关键技术研发；二是提出扩大高等学校和职业学校专业设置自主权，除对涉及国家安全、公共安全和人身安全等特殊行业的学科和专业实行国家管理外，学校依法自主设置专业。② 关于第一点，

---

① 教育部. 国家教育事业发展第十二个五年规划［EB/OL］.（2012 – 6 – 14）［2022 – 7 – 18］. http：//www. moe. gov. cn/srcsite/A03/moe_1892/moe_630/201206/t20120614_139702. html.

② 国务院. 国家教育事业发展"十三五"规划［EB/OL］.（2017 – 1 – 10）［2022 – 7 – 18］. http：//www. moe. gov. cn/jyb_xxgk/moe_1777/moe_1778/201701/t20170119_295319. html.

集群式学科专业面向高端技术产业发展，突出的是基于高校与产业资源整合基础上的共建与集成创新，既表现在人才的创新能力和素质的提升，还表现在科技创新的突破。打造、发挥服务现代产业的学科专业的集群优势，是对学科专业传统发展模式的一种重构，是对学科专业与产业发展之间的关系的一种新的认识，为高校学科专业结构的调整优化提供了一种新的理念和框架。关于第二点，随着高等教育"放管服"改革向纵深推进，落实高校专业设置自主权使得高校的学科专业结构调整具有了自主性与灵活性，更为及时与灵敏地应对人才市场需求。

二、高等教育学科专业设置管理"放管服"改革

1985 年《中共中央关于教育体制改革的决定》中明确提出，"高等教育体制改革的关键，就是改变政府对高等学校统得过多的管理体制。在国家统一的教育方针和计划的指导下，扩大高等学校的办学自主权，加强高等学校同生产、科研和社会其他各方面的联系，使高等学校具有主动适应经济和社会发展需要的积极性和能力"。① 随着高等教育领域简政放权改革和国家行政审批制度改革的不断深化，高校的学科专业设置行政审批管理体制机制在持续发生着深刻改变，高校的学科专业设置自主权在不断扩大和落实，为高校的学科专业的优化调整提供了政府层面的管理体制机制创新的重要支撑。

1988 年以来，教育部门根据既要下放部分专业设置审批权，又要有利于改进和加强对专业设置宏观管理的精神，对普通高校本科专业实行分级审批和管理的办法。② 迄今颁布的 1989 年、1993 年、1998 年、1999 年和 2012 年五个版本的本科专业设置规定当中，专业设置的行政审批要求经历了一系列变化（见表 1-2）。

---

① 中共中央关于教育体制改革的决定 [EB/OL]. (1985-5-27) [2022-7-18]. http://www.moe.gov.cn/jyb_sjzl/moe_177/tnull_2482.html.

② 国家教育委员会.1990 年需由国家教委审批的专业目录内专业名单 [EB/OL]. (1990-5-18) [2022-7-18]. http://laws.66law.cn/law-16350.aspx.

表 1 - 2   1989 年以来国家历次本科专业设置规定中的专业设置审批权演变

文件	国家教委（教育部）层面	高校主管部门层面	高校层面
《普通高等学校本科专业设置暂行规定》①	第一，高校增设专业目录内的本科专业，凡涉及到目录已注明为"试办专业"，"个别学校设置的专业"和国家教委公布的少数需全国统筹布点的专业，以及拟增设专业目录以外的专业，由国家教委负责审批。第二，高等专科学校和短期职业大学不得设置本科专业，个别特殊情况确需设置的，必须报国家教委审批	普通高等学校增设专业目录内的本科专业（除规定由国家教委负责审批的专业），按学校归属，分别由中央有关部委、各省、自治区、直辖市和计划单列市高教主管部门负责审批，报国家教委备案。计划单列市审批本科专业必须征得所在省主管部门的同意	第一，普通高等学校在专业目录中同类相近专业（除规定由国家教委负责审批的专业）的范围内调整专业，或在本专业类范围内拓宽专业、改用目录内业务范围较宽的专业名称者，由学校自主负责审定，报学校主管部门备案，同时抄报国家教委。第二，普通高等学校增设非常设的招生计划全部属于委托培养的本科专业班，在专业目录的范围内，学校可按照专业设置的审批条件进行论证后自主负责审定，论证结果须报学校主管部门备案，同时抄报国家教委
《普通高等学校本科专业设置规定》②	高等专科学校和短期职业大学不得设置本科专业，个别特殊情况确需设置的，须由主管部门报国家教委审批	第一，普通高等学校设置、调整不属于自主审定范围的专业目录内的专业，国家重点普通高等学校设置、调整下列类型专业，由学校主管部门审批并报国家教委备案：综合大学设置、调整非哲学、经济学、法学、历史学、文学、理学门类专业；理工院校设置、调整非理学、工学门类专业；农林院校设置、调整非农学门类专业；医药院校设置、调整非医学门类专业；师范院校设置、调整非教育学门类专业或其他非师范性质专业；外	第一，普通高等学校在专业目录所列的本门类所属的二级类范围内（如理学门类的物理学类内部；工学门类的材料类内部等）调整专业，经本校学术委员会或其他相应组织讨论通过，由学校自主审定，学校主管部门核报国家教委备案。第二，国家重点普通高等学校除可按上述规定自主调整专业外，设置、调整专业目录内的其他专业，按学校的学科性质，在学校主管部门核定的本科专业数和相关学科门类内，经本校学术委员会或其他相应组织讨论通过，由学校自主审定，

---

① 国家教育委员会. 普通高等学校本科专业设置暂行规定 ［EB/OL］. （1989 - 4 - 4）［2022 - 7 - 18］. http：//laws. 66law. cn/law - 15820. aspx.

② 国家教育委员会. 普通高等学校本科专业设置规定 ［EB/OL］. （1993 - 7 - 16）［2022 - 7 - 18］. https：//code. fabao365. com/law_229213. html.

文件	国家教委（教育部）层面	高校主管部门层面	高校层面
《普通高等学校本科专业设置规定》		语院校设置、调整非外国语言文学类专业；财经院校设置、调整非经济学门类专业；政法院校设置、调整非法学门类专业；体育院校设置、调整非体育学类专业；艺术院校设置、调整非艺术类专业。 第二，普通高等学校设置专业目录外的专业，须由学校主管部门组织专家论证后并按规定程序审批，报国家教委备案	学校主管部门核报国家教委备案
《普通高等学校本科专业设置规定（1998 年颁布）》[①]	第一，普通高等学校设置、调整专业目录外的专业，由学校主管部门按规定程序组织专家论证后报教育部审批。 第二，普通高等学校设置、调整国家控制设置的专业，由学校主管部门审定后报教育部审批。 第三，高等专科学校和高等职业学校不得设置本科专业，个别特殊情况确需设置的，由学校主管部门报教育部审批	普通高等学校设置、调整不属于自主审定范围的专业目录内的专业，由学校主管部门审批并报教育部备案	第一，普通高等学校在专业目录所列的本门类所属的二级类范围内（如理学门类的数学类内；工学门类的地矿类内部）对原设专业进行调整，经本校学术委员会或其他相应组织讨论通过，由学校自主审定，学校主管部门核报教育部备案。 第二，国家重点建设的普通高等学校除可按上述规定自主调整专业外，设置、调整专业目录内的其他专业，按学校的分类属性，在学校主管部门核定的本科专业数和相关学科门类内，经本校教学指导委员会或其他相应组织讨论通过，由学校自主审定，学校主管部门核报教育部备案。相关门类专业的范围包括：综合大学设置、调整哲学、经济学、法学、历史学、文学、理学门类专业的；理工院校设置、调整理学、工学门类专业的；农林院校设置、

[①] 教育部 . 普通高等学校本科专业设置规定（1998 年颁布）［EB/OL］.（1998 - 7 - 6）［2022 - 7 - 18］. http：//www. law - lib. com/law/law_view. asp？ id = 67390.

续表

文件	国家教委（教育部）层面	高校主管部门层面	高校层面
《普通高等学校本科专业设置规定（1998年颁布）》			调整农学门类专业的；医药院校设置、调整医学门类专业的；师范院校设置、调整教育学门类专业或其他非师范性质专业的；外语院校设置、调整外国语言文学类专业的；财经院校设置、调整经济学门类专业的；政法院校设置、调整法学门类专业的；体育院校设置、调整体育学类专业的；艺术院校设置、调整艺术类专业的
《高等学校本科专业设置规定（1999年颁布）》①	第一，高校设置专业目录外的专业，由学校主管部门组织专家论证并审核，报教育部批准。第二，高校设置国家控制布点的专业，由学校主管部门审核，报教育部批准	高校设置学校主管部门核定的学科门类范围外的专业，由学校主管部门审批，报教育部备案	高校依据本科专业目录，在高校主管部门核定的专业设置数和学科门类内自主设置专业
《普通高等学校本科专业设置管理规定》②	第一，高校设置国家控制布点专业，由教育部评审审批。第二，高校设置尚未列入专业目录的新专业，在高校主管部门审议同意后，由教育部审批	高校根据专业目录设置专业（国家控制布点专业除外），由高校主管部门对其提供的备案材料和公示期所提意见及意见处理材料进行形式审核后，报教育部备案	高校根据专业目录设置专业（国家控制布点专业除外），由高校主管部门对其提供的备案材料和公示期所提意见及意见处理材料进行形式审核后，报教育部备案

在此过程中，随着 2001 年《国务院批转关于行政审批制度改革工作实施意见的通知》的下发，国务院分批次对国务院部门行政审批项目进行了全面清理，其中就包括了高等教育本科专业设置的行政审批（见表 1-3）。

---

① 教育部. 高等学校本科专业设置规定（1999 年颁布）[EB/OL]. (1999-9-14) [2022-7-18]. http://www. moe. gov. cn/srcsite/A08/s7056/199909/t19990914_162626. html.

② 教育部. 普通高等学校本科专业设置管理规定 [EB/OL]. (2012-9-14) [2022-7-18]. http://www. moe. gov. cn/srcsite/A08/moe_1034/s3882/201209/t20120918_143152. html.

表1-3　　　2001年以来国务院对于本科专业设置行政审批权的改革

文件	项目名称	审批部门	设定依据	处理
《国务院关于取消第二批行政审批项目和改变一批行政审批项目管理方式的决定》①	高等学校在本科专业目录内设置、调整核定的学科门类范围内的本科专业审批	教育部	《教育部关于印发〈高等学校本科专业设置规定（1999年颁布）〉的通知》	取消
《国务院关于第三批取消和调整行政审批项目的决定》②	国家民委所属院校普通高等教育年度本科专业目录内设置、调整审批	国家民委	《教育部关于印发〈高等学校本科专业设置规定（1999年颁布）〉的通知》	取消
《国务院对确需保留的行政审批项目设定行政许可的决定》③	高等学校设置、调整管理权限范围外的本科专业、第二学士学位专业和国家控制的其他专业审批	教育部；国务院各有关主管部门	—	保留
《国务院关于取消和下放一批行政审批项目的决定》④	高等学校设置和调整第二学士学位专业审批	教育部	《国务院对确需保留的行政审批项目设定行政许可的决定》	取消
《国务院关于第二批取消152项中央指定地方实施行政审批事项的决定》⑤	对教育部实施的高等学校设置尚未列入《普通高等学校本科专业目录》的新专业审批的初审	省级教育行政部门	《教育部关于印发〈普通高等学校本科专业目录（2012年）〉〈普通高等学校本科专业设置管理规定〉等文件的通知》	取消

---

① 国务院.关于取消第二批行政审批项目和改变一批行政审批项目管理方式的决定［EB/OL］.（2003-2-27）［2022-7-18］.http：//www.gov.cn/zhengce/content/2008-03/28/content_1994.htm.

② 国务院.关于第三批取消和调整行政审批项目的决定［EB/OL］.（2004-5-19）［2022-7-18］.http：//www.gov.cn/zwgk/2005-08/06/content_29614.htm.

③ 国务院.对确需保留的行政审批项目设定行政许可的决定［EB/OL］.（2004-6-29）［2022-7-18］.http：//www.gov.cn/zhengce/2020-12/27/content_5574585.htm.

④ 国务院.关于取消和下放一批行政审批项目的决定［EB/OL］.（2014-1-28）［2022-7-18］.http：//www.gov.cn/zwgk/2014-02/15/content_2602146.htm.

⑤ 国务院.关于第二批取消152项中央指定地方实施行政审批事项的决定［EB/OL］.（2016-2-3）［2022-7-18］.http：//www.gov.cn/zhengce/content/2016-02/19/content_5043903.htm.

由表1-2和表1-3可见，国家教育主管部门自始至终保留着对于特殊类型的专业设置的审批权。高校主管部门从最初拥有对目录内一般专业的设置审批权，再到拥有对由其核定的学科门类范围外的专业的设置审批权，并被取消专业设置审批权，对于高等学校专业设置的权力掌控不断弱化。而高校从最初没有专业设置自主权，到拥有在高校主管部门核定的专业设置数和学科门类内的专业设置自主权，最终被赋予专业目录内除国家控制布点专业外的所有专业设置的自主权，自主权的范围与力度不断强化。

伴随着政府对于高校专业设置审批权的持续改革，本科专业设置的管理越发注重发挥专业设置评议组织在专业设置申请"把关"过程中的专业性智力支撑作用。国家教育主管部门于1993年颁布实施的《普通高等学校本科专业设置规定》中最早对本科专业设置评议组织在专业设置管理当中的角色作出规定。随着政策的不断调整，专业设置评议组织的设立规定从最初的高校主管部门层面，最终覆盖到了高校、主管部门和教育部三大层面，设立由不同主体构成的专业设置评议组织也逐步凸显了其在专业设置管理当中重要的决策咨询作用。各级专业设置评议组织基于对专业设置相关条件要求的综合考虑，以宏观的视野和专业的视角，对专业设置提供可靠的评议结论，以避免专业的过度重复设置和缺乏高质量资源支撑的专业的盲目设置，提升专业设置的科学性与规范性（见表1-4）。

表1-4　　　　　　　　国家关于本科专业设置评议组织的规定

文件	专业设置评议组织的职能与构成
《普通高等学校本科专业设置规定》①	第一，由学校主管部门负责审批的专业，须经本地区（部门）设置的高等学校专业设置评议委员会评议。 第二，专业设置评议委员会系学校主管部门的咨询、审议机构，接受学校主管部门委托，根据国家、部门和地方的人才需求、现有专业布点情况，按本规定，对本地区（部门）所属普通高等学校申报设置的专业进行评议，为学校主管部门提供决策咨询意见。 第三，专业设置评议委员会由本地区（部门）高等学校、教育行政部门、计划部门、人事部门及其他有关单位的专家、学者组成。委员由学校主管部门聘任，任期4年

---

① 国家教育委员会. 普通高等学校本科专业设置规定［EB/OL］.（1993-7-16）［2022-7-18］. https://code. fabao365. com/law_229213. html.

续表

文件	专业设置评议组织的职能与构成
《普通高等学校本科专业设置规定（1998 年颁布）》①	第一，由学校主管部门负责审批的专业，须经本地区（部门）设置的高等学校专业设置评议委员会评议。 第二，专业设置评议委员会系学校主管部门的咨询、审议机构，接受学校主管部门委托，根据国家、部门和地方的人才需求、现有专业布点情况、申报专业的设置条件，对本地区（部门）所属普通高等学校申报设置的专业进行评议，为学校主管部门提供决策咨询意见。 第三，专业设置评议委员会由本地区（部门）高等学校、教育行政部门、计划部门、人事部门及其他有关单位的专家、学者组成。委员由学校主管部门聘任，任期 4 年
《高等学校本科专业设置规定（1999 年颁布）》②	第一，学校及其主管部门应设立相应的专业设置评议机构对拟设置或调整的专业进行评议。评议结果原则上应作为设置和调整专业的依据。 第二，学校的专业设置评议机构为校学术委员会。校学术委员会根据社会人才需求、学校发展规划和专业建设等情况，对本校的专业设置和调整方案进行评议。 第三，学校主管部门的专业设置评议机构接受学校主管部门委托，根据国家、部门和地方的人才需求、现有专业布点情况、申报专业的设置条件，对本地区（部门）所属高等学校申报设置的专业进行评议，为学校主管部门决策提供咨询意见。 第四，学校主管部门的专业设置评议委员会由本地区（部门）高等学校、教育行政部门、计划部门、人事部门及其他有关单位专家、学者组成。委员由学校主管部门聘任
《普通高等学校本科专业设置管理规定》③	第一，高校、高校主管部门和教育部设立相应的专业设置评议专家组织，或在现有专家组织中增加专业设置评议职能。 第二，高校的专业设置评议专家组织根据社会人才需求、学校办学定位、办学条件等，对本校设置和调整的专业进行审议。 第三，高校主管部门的专业设置评议专家组织根据国家以及本地区、本部门高等教育发展规划、社会人才需求、专业布点等情况，对高校设置新专业进行审核、审议。 第四，教育部学科发展与专业设置专家委员会作为教育部的专业设置评议专家组织，根据国家和区域经济社会发展对人才的需求、专业布点、办学条件等情况，结合相关教学指导委员会所提意见，评审需由教育部审批的专业

① 教育部. 普通高等学校本科专业设置规定（1998 年颁布）［EB/OL］. (1998 – 7 – 6）［2022 – 7 – 18］. http：//www. law – lib. com/law/law_view. asp? id = 67390.

② 教育部. 高等学校本科专业设置规定（1999 年颁布）［EB/OL］. (1999 – 9 – 14）［2022 – 7 – 18］. http：//www. moe. gov. cn/srcsite/A08/s7056/199909/t19990914_162626. html.

③ 教育部. 普通高等学校本科专业设置管理规定［EB/OL］. (2012 – 9 – 14）［2022 – 7 – 18］. http：//www. moe. gov. cn/srcsite/A08/moe_1034/s3882/201209/t20120918_143152. html.

三、高等教育学科专业预警机制

学科专业预警系统是学科专业结构动态调整机制中不可或缺的一环。2016 年，教育部原党组副书记、副部长杜玉波在接受《学习时报》采访时指出，我国高校学科专业上的盲目布点、重复设置、"多而散"的功利行为，现在看来问题很大，必须痛下决心来构建高校的学科专业设置预警机制，把就业状况反馈到人才培养环节来，科学合理设置学科专业。① "十二五"以来，中央政府部门在高等教育的多部政策文件中反复强调建立学科专业预警机制的重要性，并就学科专业预警机制的建立作出了一系列具体部署，持续有力推动地方教育行政部门和高校加强学科专业预警体系的构建（见表 1 –5）。

表 1 –5　　中央政府部门推动构建学科专业设置预警机制相关政策

文件	政策
《教育部关于做好 2011 年全国普通高等学校毕业生就业工作的通知》②	各地和高校要加大学科专业和人才类型结构调整力度，积极构建高校学科专业人才需求预测预警系统，建立动态调整学科专业结构新机制
《教育部关于做好 2012 年全国普通高等学校毕业生就业工作的通知》③	省级教育行政部门和高等学校要探索建立高校毕业生就业和重点产业人才供需年度报告制度，健全专业动态调整和预警、退出机制，对就业率连续两年低于 60% 的专业，调减招生计划直至停招
《教育部关于做好 2014 年全国普通高等学校毕业生就业工作的通知》④	各地要加强就业状况反馈和引导，将就业状况作为有关经费安排、招生计划安排、学科专业调整、教育教学改革等方面的重要参考，健全专业预警、退出和动态调整机制，及时调减就业率持续偏低专业的招生计划

---

① 为创新驱动发展提供强大人才支撑——教育部党组副书记、副部长杜玉波答本报记者问 [N]. 学习时报，2016 – 6 – 20（A1）.

② 教育部. 关于做好 2011 年全国普通高等学校毕业生就业工作的通知 [EB/OL].（2010 – 11 – 15）[2022 – 7 – 18]. http：//www. moe. gov. cn/srcsite/A15/s3265/201011/t20101115_111911. html.

③ 教育部. 关于做好 2012 年全国普通高等学校毕业生就业工作的通知 [EB/OL].（2011 – 11 – 10）[2022 – 7 – 18]. http：//www. moe. gov. cn/srcsite/A15/s3265/201111/t20111110_126852. html.

④ 教育部. 关于做好 2014 年全国普通高等学校毕业生就业工作的通知 [EB/OL].（2013 – 11 – 29）[2022 – 7 – 18]. http：//www. moe. gov. cn/srcsite/A15/s3265/201312/t20131202_160466. html.

续表

文件	政策
《教育部关于做好 2015 年全国普通高等学校毕业生就业创业工作的通知》①	各地各高校要完善专业预警、退出和动态调整机制，及时调减就业率持续较低的专业招生计划，使学科专业结构与经济社会发展需要相适应，与就业对接
《教育部关于做好 2016 届全国普通高等学校毕业生就业创业工作的通知》②	各地各高校要积极发挥就业创业状况对教育教学的反馈作用，进一步完善学科专业预警、退出管理办法，健全就业与招生计划、人才培养、经费拨款、院校设置、专业调整的联动机制，促进人才培养与经济社会发展紧密对接
《教育部关于做好 2017 届全国普通高等学校毕业生就业创业工作的通知》③	各地各高校要深入分析研究本地本校各专业就业率、就业去向、就业满意度、创业数量和类型等状况，进一步完善学科专业预警与退出机制，健全就业与招生计划、人才培养、经费拨款、院校设置、专业调整的联动机制
《教育部关于全面提高高等教育质量的若干意见》④	建立高校毕业生就业和重点产业人才供需年度报告制度，健全专业预警、退出机制。连续两年就业率较低的专业，除个别特殊专业外，应调减招生计划直至停招
《教育部办公厅关于编制发布高校毕业生就业质量年度报告的通知》⑤	拟从 2013 年起由各高校编制发布高校毕业生就业质量年度报告，各地教育部门和高等学校切实把高校毕业生就业质量年度报告的相关信息，作为招生计划安排、学科专业调整、教育教学改革等方面的重要参考，健全专业预警、退出和动态调整机制，使高校学科专业设置与社会需求相匹配
《教育部等五部门关于深化高等教育领域简政放权放管结合优化服务改革的若干意见》⑥	加强专业建设信息服务，公布紧缺专业和就业率较低专业的名单，逐步建立高校招生、毕业生就业与专业设置联动机制

---

① 教育部. 关于做好 2015 年全国普通高等学校毕业生就业创业工作的通知［EB/OL］.（2014 - 11 - 28）［2022 - 7 - 18］. http：//www. moe. gov. cn/srcsite/A15/s3265/201412/t20141202 _180810. html.

② 教育部. 关于做好 2016 届全国普通高等学校毕业生就业创业工作的通知［EB/OL］.（2015 - 11 - 27）［2022 - 7 - 18］. http：//www. moe. gov. cn/srcsite/A15/s3265/201512/t20151208 _223786. html.

③ 教育部. 关于做好 2017 届全国普通高等学校毕业生就业创业工作的通知［EB/OL］.（2016 - 11 - 25）［2022 - 7 - 18］. http：//www. moe. gov. cn/srcsite/A15/s3265/201612/t20161205 _290871. html.

④ 教育部. 关于全面提高高等教育质量的若干意见［EB/OL］.（2012 - 3 - 16）［2022 - 7 - 18］. http：//www. moe. gov. cn/srcsite/A08/s7056/201203/t20120316_146673. html.

⑤ 教育部办公厅. 关于编制发布高校毕业生就业质量年度报告的通知［EB/OL］.（2013 - 11 - 2）［2022 - 7 - 18］. http：//www. moe. gov. cn/srcsite/A15/s3265/201311/t20131105_159491. html.

⑥ 教育部，中央编办，发展改革委，财政部，人力资源社会保障部. 关于深化高等教育领域简政放权放管结合优化服务改革的若干意见［EB/OL］.（2017 - 3 - 31）［2022 - 7 - 18］. http：//www. moe. gov. cn/srcsite/A02/s7049/201704/t20170405_301912. html.

续表

文件	政策
《教育部关于推动高校形成就业与招生计划人才培养联动机制的指导意见》①	构建高等学校专业人才需求预测、预警系统和毕业生就业监测反馈系统,建立健全专业的预警、调整机制,完善高校毕业生就业和重点产业人才供需年度报告制度,动态调整高校间招生规模,对办学条件不足、水平持续低下、就业状况较差的高校严格控制招生规模
《教育部关于加快建设高水平本科教育全面提高人才培养能力的意见》②	推动各地、各行业、各部门完善人才需求预测预警机制,推动高校形成就业与招生计划、人才培养的联动机制
《教育部关于深化本科教育教学改革全面提高人才培养质量的意见》③	完善人才需求预测预警机制,推动本科高校形成招生计划、人才培养和就业联动机制,建立健全高校本科专业动态调整机制
《本科层次职业教育专业设置管理办法（试行）》④	教育行政部门应建立健全专业设置的预警和动态调整机制,把招生、办学、就业、生均经费投入等情况评价结果作为优化专业布局、调整专业结构的基本依据。高校所开设专业出现办学条件严重不足、教学质量低下、就业率过低等情形的,应调减该专业招生计划,直至停止招生。连续3年不招生的,原则上应及时撤销该专业点

　　被预警的学科专业的特征通常涉及毕业生的就业率低、学生的选择就读率低、专业运行质量低。尤其是就业率,是学科专业预警的核心指示灯。2014年10月14日,教育部官方微信"微言教育"公布了2012年和2013年两个年份全国与各省份就业率较低的本科专业名单,主要目的在于从宏观上强化对高等学校专业设置的管理,激发高校调整学科专业结构的主动性。其中,全国范围内,食品卫生与营养学、艺术设计学、生物科学、社会体育指导与管理、电子商务、旅游管理、市场营销、动画、贸易经济、表演、知识

　　① 教育部. 关于推动高校形成就业与招生计划人才培养联动机制的指导意见［EB/OL］. (2017 - 12 - 29)［2022 - 7 - 18］. http：//www. moe. gov. cn/srcsite/A08/s7056/201801/t20180123_325312. html.
　　② 教育部. 关于加快建设高水平本科教育全面提高人才培养能力的意见［EB/OL］. (2018 - 9 - 17)［2022 - 7 - 18］. http：//www. moe. gov. cn/srcsite/A08/s7056/201810/t20181017_351887. html.
　　③ 教育部. 关于深化本科教育教学改革全面提高人才培养质量的意见［EB/OL］. (2019 - 9 - 29)［2022 - 7 - 18］. http：//www. moe. gov. cn/srcsite/A08/s7056/201910/t20191011_402759. html.
　　④ 教育部办公厅. 本科层次职业教育专业设置管理办法（试行）［EB/OL］. (2021 - 1 - 22)［2022 - 7 - 18］. http：//www. moe. gov. cn/srcsite/A07/zcs_zhgg/202101/t20210129_511682. html.

产权、音乐表演、广播电视编导、播音与主持艺术、公共事业管理 15 个本科专业被亮 "红牌"。① 各省份之间就业率较低的本科专业在分布上互有差异，反映了各地方的专业人才需求结构的不同（见表 1-6）。

表 1-6　　　2014 年教育部公布的各省就业率较低的本科专业名单

省份	专业名称
北京	音乐学、社会学、法学、公共事业管理、应用物理学、新闻学、国际经济与贸易、表演、工商管理、经济学
天津	药物制剂、作曲与作曲技术理论、历史学、针灸推拿学、文物与博物馆学、化学生物学、测绘工程、教育学
河北	通信工程、电气工程及其自动化、汉语言文学、土木工程、英语、电子信息工程、工程管理、法学、计算机科学与技术、会计学
山西	音乐学、英语、旅游管理、经济学、学前教育、计算机科学与技术、行政管理、社会体育指导与管理、市场营销、美术学
内蒙古	播音与主持艺术、社会学、农村区域发展、生态学、蒙古语、艺术设计学、法学、英语、计算机科学与技术、会计学
辽宁	数学与应用数学、艺术设计学、表演、广告学、音乐表演、护理学、广播电视编导
吉林	英语、市场营销、计算机科学与技术、艺术设计学、国际经济与贸易、日语、工商管理、汉语言文学、美术学、动画
黑龙江	播音与主持艺术、武术与民族传统体育、摄影、运动训练、表演、体育教育、音乐表演
上海	汉语言文学、工业设计、法学、软件工程、行政管理、物流管理、公共事业管理、电子商务、市场营销、数学与应用数学
江苏	应用心理学、园艺、旅游管理、汉语国际教育、社会工作、纺织工程、工业设计、社会体育指导与管理
浙江	英语、古典文献学、信息管理与信息系统、电子信息工程、汉语言文学、哲学、市场营销、财务管理、法学、文秘教育
安徽	应用心理学、工程管理、法学、信息与计算科学、国际经济与贸易、动画、公共事业管理、计算机科学与技术、金融工程、信息管理与信息系统

① 教育部公布就业率低的本科专业名单［EB/OL］.（2014-10-14）［2022-7-18］. https://www.dxsbb.com/news/4283. html.

续表

省份	专业名称
福建	社会学、法学、汉语言文学、行政管理、体育教育、政治学与行政学、数学与应用数学、教育学、应用心理学、信息工程
江西	秘书学、翻译、动画、资产评估
山东	音乐表演、应用心理学、音乐学、公共事业管理、艺术设计学、汉语言文学
河南	法学、应用心理学、汉语国际教育、应用物理学、人力资源管理
湖北	中西医临床医学、法学、口腔医学、动画、中医学、金融工程、土地资源管理、音乐表演、社会体育指导与管理、音乐学
湖南	计算机科学与技术、英语、市场营销、国际经济与贸易、法学、旅游管理、信息与计算科学、汉语言文学、会计学、工商管理
广东	表演、应用心理学、新闻学、美术学、公共事业管理、汉语言文学、治安学、考古学、音乐表演、资源环境科学
广西	市场营销、英语、计算机科学与技术、国际经济与贸易、社会体育指导与管理、法学、化学、应用心理学
海南	化学、计算机科学与技术、数学与应用数学、物理学、网络工程、法学
重庆	戏剧影视导演、法医学、戏剧影视美术设计、地理信息系统、农林经济管理
四川	材料物理、地理信息科学、交通工程、教育学、物业管理、文物与博物馆学、西班牙语、辐射防护与核安全、文化产业管理、心理学
贵州	播音与主持艺术、行政管理、土地资源管理、运动训练、工业设计
云南	动画、体育教育、生物科学、教育技术学、物理学、美术学、英语、汉语言文学、思想政治教育、公共事业管理
西藏	档案学、历史学
陕西	音乐表演
甘肃	英语、汉语言文学、经济学、艺术设计学
青海	音乐表演、经济学、旅游管理
宁夏	农业水利工程、数学与应用数学、日语、工商管理、信息管理与信息系统、公共事业管理、广告学、信息与计算科学、美术学、信息工程
新疆	应用物理学、法学、社会体育、小学教育、物理学、应用化学、美术学、生物技术、计算机科学与技术、新闻学
新疆生产建设兵团	广播电视新闻学、汉语言文学、化学、中国少数民族语言文学

为不断健全普通高校本科专业设置预警、预测机制，引导高校的学科专业结构主动适应经济社会发展需要，提高人才培养质量，教育部于 2016 年发布《关于报送普通高校就业率较低本科专业和发展急需本科专业名单的通知》，要求各省份根据 2015 年各专业就业率，报送就业率较低的 5～10 个本科专业的名单。① 对于此次报送的名单，教育部并没有向社会公布。虽然迄今为止教育部只在 2014 年唯一一次发布了就业率较低的本科专业名单，但客观上对地方政府与高校学科专业预警机制的建立起到了重要的引导作用。

第二节　地方的学科专业结构调整政策

特定区域的高等教育学科专业结构的优劣最终依赖于区域内每所高校的学科专业结构质量，同时，一所高校的学科专业结构的优劣必须放在所在区域的高等教育学科专业结构当中来考量。对于地方高等教育，域内高校之间不合理的学科专业结构将会导致高校之间的内耗和学科专业资源的浪费，使其整体上难以发挥对地方经济社会发展的最大效力。地方高校如何能够以宏观的视野来规划优化学校的学科专业结构，以更好地构建与地方产业需要相适应的学科专业体系，且能够超前谋划实施引领性的新兴学科专业的发展，则高度依赖于地方政府的统筹性政策引导，以及在政府政策的引导下建立相应的内部政策保障。

一、高等教育学科专业结构调整政策取向

地方政府对于高等教育学科专业结构调整的集中性政策关注与推进经历了两大阶段。第一个阶段是以教育部 2001 年发布的《关于做好普通高等学校本科学科专业结构调整工作的若干原则意见》为引导，地方政府进行政策

---

① 教育部高等教育司. 关于报送普通高校就业率较低本科专业和发展急需本科专业名单的通知 [EB/OL]. （2016－6－8）［2022－7－18］. http：//www.moe.gov.cn/s78/A08/tongzhi/201606/t20160614_267551.html.

跟进，纷纷出台本省份的高等学校学科专业结构调整政策；第二个阶段是以教育部 2012 年发布的《普通高等学校本科专业目录》与《普通高等学校本科专业设置管理规定》为引导，激发了地方政府新一轮的高等学校学科专业结构调整政策的密集出台。以第二个阶段为例，近年来，内蒙古、湖北、甘肃、辽宁、河北、贵州、河南、安徽等地的政府部门制定出台了推动高校学科专业结构优化调整的专项政策，从中集中反映了地方高等教育学科专业结构调整的最新政策趋向。

（一）构建高校分类型的学科专业结构优化体系

地方政府根据高校的办学层次和类型定位，实施有针对性的学科专业结构调整引导，构建学科专业的差异化发展格局，以更好地彰显、发挥各层次各类型高校学科专业在服务地方产业发展方面的比较优势，从而履行好高校自身的办学使命。

《湖北省教育厅关于加快建立普通高等学校学科专业动态调整机制的指导意见》中指出，国家重点建设高校要集中力量建设一批国内一流、国际领先的学科专业，起到骨干和示范作用。普通本科院校要以发展高新技术类和应用型学科专业为重点。民办高校和独立学院要以发展工程技术类和应用型学科专业为重点。高职高专院校要以发展与重点产业、支柱产业、现代服务业和现代农业等相适应的专业为重点。新设高校要建立符合本校实际的学科专业体系，保证质量、特色发展。优化学科专业类型结构，普通本科高校不再增设普通及成人高职专业，严格控制普通本科高校的高职高专招生规模。①

《河北省教育厅关于进一步优化调整高等院校学科专业结构的意见》中要求省重点骨干大学集中力量建设一批国内一流、国际领先的学科专业，大幅提升学科核心竞争力，通过学科建设带动专业布点调整，借助优势学科和特色专业全方位服务重大战略布局，打造服务河北高等教育战略高地。普通本科院校重点发展高新技术类和复合型、应用型学科专业，积极支持普通本科院校加快应用型专业改革。新设本科高校要逐步取消专科专业设置，加速

---

① 湖北省教育厅 . 关于加快建立普通高等学校学科专业动态调整机制的指导意见［EB/OL］.（2013 – 5 – 29）［2022 – 7 – 18］. http：//jwc. hbue. edu. cn/32/6f/c567a12911/page. htm.

向应用型本科高校过渡和转型。高职院校以产业发展需求为导向，重点建设高端装备制造、电子信息、生物医药、新能源、新材料、现代农业、学前教育、护理、健康服务等领域若干个专业集群，建成紧密对接区域产业结构的专业体系。①

《辽宁省教育厅关于进一步优化高等学校学科专业结构的指导意见》中提出，省一流学科建设高校要集中优势资源，围绕辽宁支柱产业和主导产业，打造出若干个具有全国领先水平、原始创新能力卓越、文化引领能力突出、全面支撑全省经济社会发展的重点学科群。研究型高校、研究应用型高校要依托主干优势学科，大幅提升学科核心竞争力，通过学科建设带动专业布点调整，借助优势学科和特色专业全方位融入沈大国家级自主创新示范区、中德（沈阳）高端装备制造产业园等辽宁老工业基地新一轮振兴重大战略布局。应用型高校、技术技能型高校要主动适应全省经济社会发展需要，紧密跟踪辽宁经济结构调整、产业转型升级的趋势动态，加强与行业企业的沟通协作，充分发挥产教深度融合、校企深度合作的优势，加快向应用型转变步伐，集中力量做强骨干、优势及特色专业（群），打造一批紧密服务辽宁主导产业发展的重点专业，建立紧密对接产业链、创新链的应用型专业体系。②

《安徽省教育厅 安徽省经济与信息化厅关于加快专业结构优化支撑服务制造强省建设的指导意见》中指出，"双一流"建设高校及地方特色高水平大学要围绕本省制造业发展的关键领域和科技前沿，聚焦"四基"（核心基础零部件、关键基础材料、先进基础工艺和软件、产业技术基础）突破和应用，集中力量建设一批国内一流、国际领先的学科专业，大幅提升学科专业核心竞争力，借助优势学科和特色专业发展，在教学、科研、社会服务等多领域、全方位地支撑安徽制造强省战略布局。地方应用型高水平大学及普通本科院校要加快向应用型转型，大力发展应用型专业，调整专业结构，加大应用型本科专业改革力度，重点建设一批满足区域产业发展与升级需要的特

① 河北省教育厅. 关于进一步优化调整高等院校学科专业结构的意见 [EB/OL]. （2018 – 8 – 16）[2022 – 7 – 18]. http：//jwc. hbu. edu. cn/info_show. asp? infoid = 3910.

② 辽宁省教育厅. 关于进一步优化高等学校学科专业结构的指导意见 [EB/OL]. （2017 – 12 – 29）[2022 – 7 – 18]. https：//jxgcxy. lnist. edu. cn/info/1095/1946. htm.

色专业，加快培养一批产业急需的高素质应用型专门人才。"双高计划"学校①、地方技能型高水平大学及其他高等职业院校要加强产教融合建设，完善政校行企互动机制，围绕地方产业规划布局，面向行业产业发展，整合优势资源，重点打造若干专业群，建立专业发展动态调整机制，持续优化学校专业布局，不断提高专业与地方产业发展的匹配度，培养和造就一批适应地方产业需要的复合型技术技能人才。②

（二）着力推动传统学科专业的改造换代

地方政府积极引导高校努力赋予传统学科专业以新的发展元素和发展方向，助力这部分学科专业随着其所服务的对象产业的形势变化而不断丰富自身的发展模式与内涵，在随机应变的过程中激发学科专业的新的生命力。

《福建省教育厅关于加快普通高等学校本科专业结构调整优化的若干意见》中提出，鼓励调整、改造传统专业。高校应结合办学实际，加快调整改造传统专业、长线专业，建设应用型专业集群，建成一批直接服务产业发展和岗位需求的应用型专业或校企合作共建应用型专业，加快培养产业需求的应用型、复合型、工程型人才。③

《湖北省教育厅关于加快建立普通高等学校学科专业动态调整机制的指导意见》中提出，传统学科专业改造要注重多学科交叉融合，坚持宽口径、厚基础，寻求新的学科专业增长点。其中，理学专业改造要注重"科教协同"，把高水平的基础研究、前沿技术研究和应用开发研究成果转化为专业教学内容，着力培养拔尖创新人才。工科专业改造要面向产业转型升级，扩

---

① "双高计划"是指 2019 年我国启动实施的中国特色高水平高职学校和专业建设计划。2019 年 3 月 29 日，教育部、财政部联合发布了《关于实施中国特色高水平高职学校和专业建设计划的意见》，旨在集中力量建设 50 所左右高水平高职学校和 150 个左右高水平专业群，打造技术技能人才培养高地和技术技能创新服务平台，支撑国家重点产业、区域支柱产业发展，引领新时代职业教育实现高质量发展。首批"双高计划"建设名单共 197 所高校，其中，高水平学校建设高校 56 所、高水平专业群建设高校 141 所。

② 安徽省教育厅，安徽省经济与信息化厅.关于加快专业结构优化支撑服务制造强省建设的指导意见 [EB/OL].（2020－5－22）[2022－7－18]. http：//jyt. ah. gov. cn/tsdw/gdjyc/tzgg/39978757. html.

③ 福建省教育厅.关于加快普通高等学校本科专业结构调整优化的若干意见 [EB/OL].（2015－10－15）[2022－7－18]. http：//jyt. fujian. gov. cn/xxgk/zywj/201510/t20151020_3179980. htm.

大卓越工程师教育培养计划等覆盖范围，加大校企共建力度，着力培养具有创新精神和实践能力的工程技术人才。农学专业改造要坚持"农科教、产学研"紧密结合，推进卓越农林人才教育培养计划的实施，着力培养有解决农林业生产实际问题能力的高水平应用型人才。涉农高职院校要大力加强农学类专业建设，面向"三农"发展农村职业教育，加强农业技术培训，大力培训新型职业农民。医学专业改造要按照医学教育综合改革的要求，加快实施卓越医生教育培养计划等，着力培养医学拔尖创新人才和农村基层实用型全科医生。[①]

《河北省教育厅关于进一步优化调整高等院校学科专业结构的意见》中指出，在发挥传统学科优势资源的同时，要利用现代信息技术等理论成果改造、整合和提升传统学科专业，促进学科专业的交叉融合。加强钢铁冶金、石油化工产业等相关传统学科专业改造升级，融入大数据、智能科学等专业知识，为传统制造业自动化、数字化、智能化改造提供人才智力支撑；打造现代农业类专业，融入电子商务、物流管理、现代生物技术等专业知识，为农村电商、云农场、冷链物流等农业新业态的发展做好人才储备；培育新型文化创意类专业，推动文化创意、设计服务类相关专业与装备制造业、消费品工业类相关专业知识深度融合，为培育新型文化业态、推动文化创意产业发展提供学科专业支撑；提升旅游产业相关学科专业水平，推动旅游类专业与农业、工业、教育、文化、体育等专业融合发展，针对旅游演艺、生态休闲、工业旅游、康体健身等旅游新业态完善专业建设。[②]

（三）优先布设新兴产业发展相关学科专业

面对高校传统学科专业结构的变化节奏普遍滞后于现代经济产业发展变化节奏这一现实问题，地方政府把大力推动高校加快布局体现地域发展特色的现代新兴产业发展的相关学科专业作为学科专业结构调整的重要战略任务。

《河北省教育厅关于进一步调整优化高等院校学科专业结构的实施方案》

---

① 湖北省教育厅. 关于加快建立普通高等学校学科专业动态调整机制的指导意见［EB/OL］. (2013－5－29)［2022－7－18］. http：//jwc. hbue. edu. cn/32/6f/c567a12911/page. htm.

② 河北省教育厅. 关于进一步优化调整高等院校学科专业结构的意见［EB/OL］. (2018－8－16)［2022－7－18］. http：//jwc. hbu. edu. cn/info_show. asp？infoid＝3910.

中提出，优先发展战略性新兴产业急需的大数据与互联网、新一代信息技术、高端装备制造、人工智能、生物医药、新能源、新材料和先进环保等产业领域相关学科专业；大力发展现代服务业急需的金融、科技、信息、商务服务等高端生产性服务业和学前教育、旅游、文化、护理等生活性服务业相对接的学科专业；构建工科专业新结构，大力发展智能制造、集成电路、新材料等新兴产业相关的工科专业和特色专业集群；支持工业设计相关学科专业发展，以重点建设工业设计专业点和工业设计实训基地带动工业设计学科专业发展；加快冬奥会应急保障服务人才培养，加强临床医学、康复治疗学、护理学等专业建设，支持有条件高校申报运动医学、运动康复学、冰雪运动等综合性应用学科专业。[①]

《河南省教育厅 河南省发展和改革委员会 河南省财政厅关于本科高校学科专业结构优化调整的指导意见》中提出，选择一批建设基础好、发展潜力大、服务能力强、具有鲜明中原文化特色和地域特色的学科专业，重点布局支撑服务黄河流域生态保护和高质量发展、先进制造业、生物医药、新材料、智能农业、生态保护与修复、现代交通、能源、现代服务业、数字经济等产业创新发展的学科专业。紧密围绕中部地区崛起和河南经济社会发展需求，全面对接先进装备制造业、战略性新兴产业、现代农业和现代服务业等，主动适应新技术、新产业、新业态、新模式对人才的新要求，积极培育和增设新兴、边缘、交叉学科专业，主动布局集成电路、人工智能、云计算、大数据、网络空间安全、生物医药、新材料、节能环保等战略性新兴产业发展和养老托育、公共卫生、儿科、家政等民生急需相关学科专业。[②]

《安徽省教育厅 安徽省经济与信息化厅关于加快专业结构优化支撑服务制造强省建设的指导意见》中提出，围绕高端制造业培育发展，优先发展新一代电子信息、智能装备、节能和新能源汽车、智能家电、节能环保、新材料、生物医药和高性能医疗器械、农机装备和工程机械、航空航天装备、轨道交通装备、海洋工程装备和高技术船舶、电力装备等产业领域相关学科专

① 河北省教育厅. 关于进一步调整优化高等院校学科专业结构的实施方案［EB/OL］.（2019 – 5）［2022 – 7 – 18］. http：//sjzjyj. sjz. gov. cn/a/2019/05/29/1559094386994. html.

② 河南省教育厅，河南省发展和改革委员会，河南省财政厅. 关于本科高校学科专业结构优化调整的指导意见［EB/OL］.（2020 – 10 – 30）［2022 – 7 – 18］. http：//jyt. henan. gov. cn/2020/11 – 30/1912063. html.

业；围绕加快生产性服务业发展，积极发展金融、科技、信息、商务服务、节能环保服务、检验检测、现代物流、信息技术服务等高端生产性服务业相关学科专业；围绕支撑未来发展的先导优势产业，积极培育量子信息、类脑芯片、先进核能、前沿材料、生物制造、生命健康等相关学科专业。加快推进新工科建设，着力"互联网＋"、人工智能、大数据、云计算、区块链等新一代信息技术与现代教育的融合创新，围绕以"5G＋工业互联网＋人工智能"应用为重点的智能制造发展，培育新工科专业集群化发展。①

（四）努力加强人文学科专业建设

地方政府在突出高校学科专业发展的经济产业服务功能外，还高度重视人文社会科学学科专业与科技类学科专业的协调发展、融合发展，以发挥其在文化交流传播、文化传承创新、人文环境塑造方面的关键作用，助力提升地方经济社会发展的文化软实力。

《内蒙古自治区人民政府关于进一步加强高等学校专业结构调整的意见》中提出，高等学校要注重人文社会科学与自然科学、工程技术科学的结合，促进新的学科专业方向的形成，加强哲学社会科学特别是区域文化艺术学科专业的建设，繁荣哲学社会科学和传承优秀文化，为建设民族文化强区和弘扬草原文化提供支持。②

《甘肃省教育厅关于进一步加强全省高等学校专业结构调整工作的指导意见》中提出，要优化人文社会科学专业人才培养结构，为建设华夏文明传承创新区、推进文化大省建设提供人才和智力支持。尤其是利用得天独厚的区域优势和雄厚的特色传统文化基础，将考古、民族、宗教、人文、经济、地理、环境等优势专业做精做强，保持和扩大其区域影响力。③

《贵州省加强外语非通用语种人才培养和学科专业建设服务"一带一路"建设实施方案》中提出，以服务国家"一带一路"建设为导向，专门

---

① 安徽省教育厅，安徽省经济与信息化厅. 关于加快专业结构优化支撑服务制造强省建设的指导意见［EB/OL］.（2020－5－22）［2022－7－18］. http://jyt. ah. gov. cn/tsdw/gdjyc/tzgg/39978757. html.

② 内蒙古自治区人民政府. 关于进一步加强高等学校专业结构调整的意见［EB/OL］.（2013－2－27）［2022－7－18］. http://www. 9ask. cn/fagui/201302/185025_1. html.

③ 甘肃省教育厅. 关于进一步加强全省高等学校专业结构调整工作的指导意见［EB/OL］.（2016－5－9）［2022－7－18］. https://jwc. gipc. edu. cn/info/1042/1307. htm.

布局加快培养具有国际视野、通晓国际规则、能够参与国际事务和国际竞争的应用型、复合型非通用语种人才，以更好地服务于贵州对外开放，为贵州沿着"一带一路""走出去"提供人才智力支撑。立足眼前，以加快培养东盟国家等与贵州紧密合作国家非通用语种人才为突破口，优先开设相关非通用语种专业和课程。着眼长远，以拓展至中亚、南亚、中东欧等国家非通用语种专业为目标，逐步推进和丰富非通用语种专业和课程。①

二、高等教育学科专业预警机制

在教育部关于建立学科专业预警机制的相关政策的影响推动下，地方政府纷纷尝试构建省域高等教育学科专业预警机制。政府部门基于多方面的综合性研判，确定并发布已经或即将突破设置"临界点"指标的学科专业的信息，以对高校学科专业设置进行更为精准、科学的指导与管理，对预警专业进行严格控制。近年来，以安徽省、上海市、贵州省、山东省等为代表，经过多年的实践探索，已经建立起了较为成熟的学科专业预警体系。

（一）安徽省的本科专业布局情况分析报告制度

安徽省早在"十五"时期就着手从制度化层面开展本省的高等教育学科专业预警工作。2007 年，安徽省教育厅印发了《关于进一步优化本科学科专业结构提高高等学校本科教学质量的通知》，把优化本科学科专业结构，促进高校人才培养与经济社会发展的深度融入作为一项重要任务。② 以此为契机，安徽省正式建立了本省普通高校本科专业布局情况的年度分析报告制度，其中一项重要内容就是公布布点数量较多、在校生数量较多、就业率较低的专业名单，从而起到专业预警作用。2012 年《安徽省教育厅关于做好普通高等学校本科专业设置和管理工作的通知》中要求严格控制就业率较低的专业和布点数量较多的专业，明确省控专业。非特殊情况，原则上不向教

---

① 贵州省教育厅. 贵州省加强外语非通用语种人才培养和学科专业建设服务"一带一路"建设实施方案 [EB/OL]. （2019 - 3 - 4）[2022 - 7 - 18]. http：//jyt. guizhou. gov. cn/xwzx/tzgg/201903/t20190306_16607070. html.

② 安徽省教育厅. 关于进一步优化本科学科专业结构提高高等学校本科教学质量的通知 [EB/OL]. （2007 - 5 - 17）[2022 - 7 - 18]. https：//www. docin. com/p - 58403038. html.

育部推荐增设此类专业。① 从 2012 年度开始，安徽省的年度普通高校本科专业布局情况分析报告中均明确划定省控专业（见表 1 – 7）。

表 1 – 7　　　　　　　2012—2020 年度安徽省省控本科专业分布

年度	专业特点	专业名称
2012②	布点数量较多	英语、计算机科学与技术、市场营销、艺术设计、电子信息工程
	在校生数量较多	临床医学、汉语言文学、数学与应用数学
	就业率较低	运动训练、摄影、贸易经济、广播电视新闻学、绘画
2013③	布点数量较多	计算机科学与技术、英语、市场营销、环境设计、财务管理
	在校生数量较多	数学与应用数学、临床医学、艺术设计
	就业率较低	运动训练、摄影、贸易经济、广播电视新闻学、绘画
2014④	布点数量较多	计算机科学与技术、英语、市场营销、环境设计、财务管理
	在校生数量较多	临床医学、会计学
	就业率较低	港口航道与海岸工程、信息工程、水利水电工程、管理科学、作曲与作曲技术理论
2015⑤	布点数量较多	财务管理、计算机科学与技术、环境设计、视觉传达设计、英语
	就业率较低	民族传统体育、图书馆学、轻化工程、服装设计与工程、哲学
2016⑥	布点数量较多	视觉传达设计、英语、财务管理、计算机科学与技术、环境设计、市场营销
	就业率低	信息工程、绘画、哲学、轻化工程、水务工程

---

① 安徽省教育厅. 关于做好普通高等学校本科专业设置和管理工作的通知 [EB/OL]. (2012 – 11 – 30) [2022 – 7 – 18]. https：//www. doc88. com/p – 3107942485140. html? r = 1.

② 安徽省教育厅. 安徽普通高校本科专业布局情况分析报告（2012）[EB/OL]. (2012 – 12) [2022 – 7 – 18]. http：//www. doc88. com/p – 9532935342235. html.

③ 安徽省教育厅. 安徽普通高校本科专业布局情况分析报告（2013）[EB/OL]. (2013 – 7 – 1) [2022 – 7 – 18]. http：//jyt. ah. gov. cn/tsdw/gdjyc/tzgg/39853710. html.

④ 安徽省教育厅. 安徽普通高校本科专业布局情况分析报告（2014）[EB/OL]. (2014 – 7 – 17) [2022 – 7 – 18]. http：//jyt. ah. gov. cn/tsdw/gdjyc/tzgg/39853838. html.

⑤ 安徽省教育厅. 安徽普通高校本科专业布局情况分析报告（2015）[EB/OL]. (2015 – 7 – 16) [2022 – 7 – 18]. http：//jyt. ah. gov. cn/tsdw/gdjyc/tzgg/39853958. html.

⑥ 安徽省教育厅. 安徽普通高校本科专业布局情况分析报告（2016）[EB/OL]. (2017 – 5 – 9) [2022 – 7 – 18]. http：//jyt. ah. gov. cn/public/7071/39715858. html.

续表

年度	专业特点	专业名称
2017①	布点数量较多	视觉传达设计、英语、财务管理、计算机科学与技术、国际经济与贸易
	就业率低	农林经济管理、图书馆学、考古学、西班牙语、传播学
2018②	布点数量较多	视觉传达设计、财务管理、英语、环境设计、计算机科学与技术
	就业率低	绘画、康复治疗学、书法学、戏剧影视导演、哲学
2019③	布点数量较多	视觉传达设计、环境设计、财务管理、英语、计算机科学与技术
	就业率低	医学信息工程、智能电网信息工程、国际政治、核工程与核技术、投资学
2020④	布点数量较多	视觉传达设计、财务管理、环境设计、英语、计算机科学与技术
	就业率低	会计学（注册会计师）、天文学、法医学、国际政治、传播学
2021⑤	布点数量较多	视觉传达设计、环境设计、计算机科学与技术、英语、财务管理
	就业率低	阿拉伯语、雕塑、金融学（国际金融）、国民经济管理、英语（翻译）、金融学（农村金融）

（二）上海市的本科预警专业名单发布制度

2012 年，上海市教育委员会出台《关于 2012 年度对部分本科专业实施预警的意见》，将上海市高校中连续 3 年以上签约率低且布点较多的 18 个本科专业列入 2012 年度预警专业名单。此后，上海市教委分别在 2013 年、2014 年和 2016 年发布了当年度的预警专业名单，预警考察指标在原有的毕业生签约率、布点数量基础上增加了招生录取率（见表 1－8）。

---

① 安徽省教育厅. 安徽普通高校本科专业布局和需求分析报告（2017）[EB/OL].（2017－7－14）[2022－7－18]. http：//jyt. ah. gov. cn/public/7071/39715859. html.

② 安徽省教育厅. 安徽普通高校本科专业布局和需求分析报告（2018）[EB/OL].（2018－7－26）[2022－7－18]. http：//jyt. ah. gov. cn/public/7071/39715863. html.

③ 安徽省教育厅. 安徽普通高校本科专业布局和需求分析报告（2019）[EB/OL].（2020－7－9）[2022－7－18]. http：//jyt. ah. gov. cn/public/7071/39987760. html.

④ 安徽省教育厅. 安徽普通高校本科专业布局和需求分析报告（2020）[EB/OL].（2020－7－31）[2022－7－18]. http：//jyt. ah. gov. cn/public/7071/40229660. html.

⑤ 安徽省教育厅. 安徽普通高校本科专业布局和需求分析报告（2021）[EB/OL].（2021－9－3）[2022－7－18]. http：//jyt. ah. gov. cn/tsdw/gdjyc/tzgg/40464253. html.

表1-8　　　　　　　　　　上海市各年度普通高校本科预警专业

年度	专业特征	专业名称
2012[1]	连续3年以上签约率低且布点较多	社会工作、社会体育、广告学、艺术设计、表演、动画、播音与主持艺术、广播电视编导、信息与计算科学、材料化学、电子信息工程、网络工程、信息显示与光电技术、食品质量与安全、国际商务、公共事业管理、劳动与社会保障、会展经济与管理
2013[2]	重复设置多，连续多年招生第一志愿录取率低，调剂和征求志愿录取率高，且毕业生签约率和就业率低	日语、信息管理与信息系统、工商管理、艺术设计、市场营销、物流管理、行政管理、公共事业管理、电子信息工程、环境工程、信息与计算科学、广告学、电子商务、社会工作、交通运输
2014[3]	重复设置较多，连续多年招生第一志愿录取率偏低，调剂和征求志愿录取率偏高，且毕业生签约率偏低	信息管理与信息系统、市场营销、电子信息工程、信息与计算科学、应用物理学、社会工作、社会学
2016[4]	重复设置较多，在部分高校中连续多年招生录取率和毕业生签约情况不理想	英语、国际经济与贸易、法学、工商管理、物流管理、新闻学、旅游管理、信息管理与信息系统、市场营销、行政管理

　　在预警专业的管理方面，上海市教育委员会对于高校提出了明确的专业改进与调整要求。例如，对于2012年度的预警专业，上海市教育委员会要求已经设置了预警专业的高校要研究预警专业的社会需求和人才培养模式，评价人才培养的各个环节，分析专业教学和质量管理中存在的问题，提出改进措施。对于确属培养数量超过社会需求的专业，应明确限制或减少招生规模。同时表明，上海市教育委员会将从宏观上完善专业招生结构，减少预警

　　① 上海市教育委员会. 关于2012年度对部分本科专业实施预警的意见［EB/OL］.（2012-1-31）［2022-7-18］. https：//www. lawxp. com/statute/s1132274. html.

　　② 上海市教育委员会. 关于2013年度本科预警专业名单及相关事项的通知［EB/OL］.（2013-4-2）［2022-7-18］. https：//www. gench. edu. cn/jwc/2013/0710/c1522a11233/page. psp.

　　③ 上海市教育委员会. 关于公布2014年度本科预警专业名单的通知［EB/OL］.（2014-3-25）［2022-7-18］. http：//www. pkulaw. cn/fulltext_form. aspx？Db＝lar&EncodingName＝gb2312&Gid＝17612531&Search_Mode&keyword.

　　④ 上海市教育委员会. 关于公布2016年度本科预警专业名单的通知［EB/OL］.（2016-5-30）［2022-7-18］. https：//edu. sh. gov. cn/xxgk2_zdgz_gdjy_05/20201015/v2-0015-gw_418012016002. html.

专业的招生总量，招生计划将比上一年度减少10%。① 对于2014年度的预警专业，上海市教育委员会一方面要求已设其中专业的高校加强专业运行存在的问题和不足，积极解决改进，提升专业人才培养质量，淘汰质量低的专业点，对专业办学条件严重不足、培养质量低、专业特色不明显的专业，应严格控制招生计划，甚至暂停招生，同时制订实施校内转专业等政策，为学生发展提供更多机会；另一方面强调会减少预警专业的招生总量，原则上，高校如拟增设已列入预警范围的专业，将不予受理其备案申请。②

（三）贵州省的本科专业预警名单发布制度

2012年，贵州省教育厅出台了《关于实施普通高校本科专业预警及退出机制的意见》，明确提出对社会认同度不高，社会需求量明显下降、师资队伍薄弱，毕业生就业率较低（就业率排名倒数前十名）且布点较多的部分专业列入预警专业名单，并调减预警专业的招生计划。对连续3次列入预警名单的专业，除个别特殊专业外，将实行退出机制，停止招生。③ 从2012年开始，贵州省教育厅每年都会发布普通高校本科专业预警名单（见表1-9）。

表1-9　　　　　2012—2020年度贵州省普通高校本科预警专业

年度	专业名称
2012④	计算机科学与技术、艺术设计、汉语言文学、数学与应用数学、表演、绘画、美术学、中医学
2013⑤	农林经济管理、数学与应用数学（师范）、表演、电子信息工程、人力资源管理、行政管理、思想政治教育（师范）、播音与主持艺术、财政学、财务管理、社会工作、物理学、应用心理学、生物科学、公共事业管理、视觉传达设计、思想政治教育、学前教育、历史学、化学、法学、美术学、体育教育、数学与应用数学、旅游管理、音乐学、汉语言文学、计算机科学与技术、英语

---

① 上海市教育委员会. 关于2012年度对部分本科专业实施预警的意见 [EB/OL]. (2012-1-31) [2022-7-18]. https：//www.lawxp.com/statute/s1132274.html.

② 上海市教育委员会. 关于公布2014年度本科预警专业名单的通知 [EB/OL]. (2014-3-25) [2022-7-18]. http：//www.doc88.com/p-3049076804979.html.

③ 贵州省教育厅. 关于实施普通高校本科专业预警及退出机制的意见 [EB/OL]. (2012-6-19) [2022-7-18]. https：//www.lawxp.com/statute/s1534442.html.

④⑤ 贵州省本科预警专业名单（2012年-2015年）[EB/OL]. (2015-6-5) [2022-7-18]. https：//www.sohu.com/a/17794336_119665.

续表

年度	专业名称
2014[①]	会计学、教育技术学、文化产业管理、保险、运动训练、英语、计算机科学与技术、汉语言文学、音乐学、体育教育
2015[②]	艺术设计学、政治学与行政学、矿物加工工程、文化产业管理、哲学、房地产开发与管理
2016[③]	食品质量与安全、矿物资源工程、工程管理、测绘工程、哲学
2018[④]	工业设计、电子商务、商务英语、表演、旅游管理、工程管理、土地资源管理
2019[⑤]	传播学、化学生物学、广告学、城市管理、社会体育指导与管理
2020[⑥]	法学、动画、物理学、行政管理、历史学

以 2020 年度的预警专业为例，贵州省教育厅明确要求设置了预警专业的高校要认真论证和分析预警专业的社会需求和人才培养各环节，加大对预警专业教学质量的管理，优化课程设置，对照《普通高等学校本科专业类教学质量国家标准》对人才培养方案予以修订，努力提升人才培养质量，提高学生就业竞争力。加大力度淘汰不符合学校办学定位、缺乏优势特色专业链群支撑的专业，淘汰布点过多、质量不高、就业率低和不适应产业发展需求的专业，努力推动形成就业与招生计划、人才培养的联动机制，开设了预警专业的高校原则上应逐年缩减该专业招生数。高校申报新专业时，省教育厅原则上不予受理预警专业。[⑦]

---

① 2014 年普通高校本科专业预警的通知 [EB/OL]. （2014 - 5 - 9）［2022 - 7 - 18］. https：//guizhou. eol. cn/guizhounews_5223/20140509/t20140509_1111363. shtml.

② 贵州省教育厅公布 2015 年普通高校本科预警专业 [EB/OL]. （2015 - 6 - 4）［2022 - 7 - 18］. https：//www. sohu. com/a/17794336_119665.

③ 贵州省教育厅发布 2016 年普通高校本科专业预警通知 [EB/OL]. （2016 - 7 - 8）［2022 - 7 - 18］. https：//www. ynpxrz. com/n1472639c1223. aspx.

④ 贵州省教育厅. 关于发布 2018 年普通高校本科专业预警的通知 [EB/OL]. （2018 - 8 - 13）［2022 - 7 - 18］. http：//jyt. guizhou. gov. cn/xwzx/tzgg/201808/t20180830_16323566. html.

⑤ 贵州省教育厅. 关于发布 2019 年普通高校本科专业预警的通知 [EB/OL]. （2019 - 8 - 27）［2022 - 7 - 18］. http：//jyt. guizhou. gov. cn/xwzx/tzgg/201909/t20190906_16682255. html.

⑥⑦ 贵州省教育厅. 关于发布 2020 年贵州省普通本科高校预警专业的通知 [EB/OL]. （2020 - 12 - 17）［2022 - 7 - 18］. http：//jyt. guizhou. gov. cn/xwzx/tzgg/202012/t20201218_65635325. html.

（四）辽宁省的暂缓申请增设专业发布制度

辽宁省从 2013 年开始，根据全省本科专业布点、在校生规模、近三年就业率等情况，发布建议高校当年度暂缓申请增设的专业名单（见表 1 - 10）。在辽宁省教育厅办公室发布的《关于做好 2014 年度普通高等学校本科专业设置工作的通知》中规定，各高校原则上不要申报设置列入当年度建议高校暂缓申请增设本科专业名单中的专业。[①] 同样，对于 2021 年度的本科专业设置工作，要求各高校严格控制申请设置列入当年度名单中的专业。[②]

表 1 - 10   辽宁省 2013～2021 年暂缓申请增设本科专业名单

年度	专业名称
2013[③]	经济学、财政学、金融学、国际经济与贸易、政治学与行政学、教育技术学、小学教育、体育教育、运动训练、汉语言文学、汉语言、英语、俄语、德语、新闻学、汉语国际教育、广告学、数学与应用数学、信息与计算科学、物理学、生物技术、应用心理学、工业设计、计算机科学与技术、服装设计与工程、生物医学工程、园艺、园林、水产养殖学、中药学、会计学、财务管理、人力资源管理、公共事业管理、电子商务、音乐表演、音乐学、广播电视编导、戏剧影视导演、播音与主持艺术、动画、绘画、摄影、视觉传达设计、环境设计、产品设计、服装与服饰设计、数字媒体艺术
2014[④]	经济学、金融学、国际经济与贸易、法学、汉语言文学、汉语言、汉语国际教育、英语、俄语、日语、新闻学、广告学、数学与应用数学、信息与计算科学、应用化学、生物技术、应用心理学、工业设计、计算机科学与技术、临床医学、麻醉学、口腔医学、预防医学、医学检验技术、医学影像技术、康复治疗学、护理学、信息管理与信息系统、工程管理、工商管理、市场营销、会计学、财务管理、人力资源管理、公共事业管理、物流管理、工业工程、电子商务、旅游管理、音乐表演、音乐学、舞蹈表演、舞蹈学、表演、广播电视编导、播音与主持艺术、动画、美术学、绘画、雕塑、摄影、视觉传达设计、环境设计、产品设计、服装与服饰设计、数字媒体艺术

---

① 辽宁省教育厅办公室. 关于做好 2014 年度普通高等学校本科专业设置工作的通知［EB/OL］. (2014 - 6 - 27)［2022 - 7 - 18］. http：//jwch. dlou. edu. cn/2014/0704/c6064a79501/page. htm.

② 辽宁省教育厅. 关于开展 2021 年度普通高等学校本科专业设置工作的通知［EB/OL］. (2021 - 7 - 9)［2022 - 7 - 18］. http://jwc1. dlu. edu. cn/info/1070/5622. htm.

③ 辽宁省教育厅发布的 2013 年度暂缓增设专业名单［EB/OL］. (2015 - 3 - 30)［2022 - 7 - 18］. http://blog. sina. com. cn/s/blog_a95eaf0f0102visd. html.

④ 辽宁今年高校暂缓申请增设 56 个本科专业［EB/OL］. (2014 - 3 - 27)［2022 - 7 - 18］. https：//www. taodocs. com/p - 22806342. html.

续表

年度	专业名称
2015①	经济学、财政学、金融学、国际经济与贸易、法学、思想政治教育、教育技术学、小学教育、体育教育、运动训练、汉语言文学、汉语言、汉语国际教育、英语、俄语、日语、新闻学、广播电视学、广告学、历史学、数学与应用数学、信息与计算科学、物理学、化学、应用化学、生物技术、应用心理学、工业设计、通信工程、自动化、计算机科学与技术、化学工程与工艺、制药工程、环境科学、生物医学工程、园林、临床医学、口腔医学、医学检验技术、康复治疗学、护理学、信息管理与信息系统、工程管理、工商管理、市场营销、会计学、财务管理、人力资源管理、公共事业管理、行政管理、劳动与社会保障、物流管理、电子商务、旅游管理、音乐表演、音乐学、表演、广播电视编导、播音与主持艺术、动画、美术学、绘画、摄影、视觉传达设计、环境设计、产品设计、服装与服饰设计、数字媒体艺术
2016②	经济学、财政学、金融学、国际经济与贸易、法学、思想政治教育、体育教育、运动训练、社会体育指导与管理、汉语言文学、汉语言、英语、日语、新闻学、广播电视学、广告学、历史学、数学与应用数学、信息与计算科学、物理学、化学、应用化学、生物科学、生物技术、应用心理学、通信工程、自动化、计算机科学与技术、服装设计与工程、动物医学、园林、临床医学、麻醉学、口腔医学、预防医学、医学影像技术、康复治疗学、护理学、医学影像学、信息管理与信息系统、工程管理、工商管理、市场营销、会计学、财务管理、公共事业管理、行政管理、劳动与社会保障、物流管理、电子商务、旅游管理、音乐表演、音乐学、舞蹈表演、表演、广播电视编导、播音与主持艺术、动画、美术学、绘画、雕塑、视觉传达设计、环境设计、产品设计、服装与服饰设计、数字媒体艺术
2017③	经济学、财政学、金融学、国际经济与贸易、法学、体育教育、运动训练、社会体育指导与管理、汉语言文学、英语、俄语、日语、广播电视学、历史学、数学与应用数学、信息与计算科学、物理学、应用化学、生物科学、应用心理学、自动化、计算机科学与技术、服装设计与工程、城乡规划、临床医学、口腔医学、药学、护理学、信息管理与信息系统、工程管理、工商管理、市场营销、会计学、财务管理、人力资源管理、公共事业管理、行政管理、物流管理、电子商务、旅游管理、音乐表演、音乐学、表演、广播电视编导、播音与主持艺术、动画、美术学、雕塑、视觉传达设计、环境设计、产品设计、服装与服饰设计、数字媒体艺术

① 辽宁省教育厅办公室. 关于公布 2015 年度建议高校暂缓申请增设本科专业名单的通知 [EB/OL]. (2015 – 3 – 29) [2022 – 7 – 18]. http://www.huaue.com/zyxx/201533093851.htm.

② 辽宁省教育厅. 关于公布 2016 年度建议高校暂缓申请增设本科专业名单的通知 [EB/OL]. (2016 – 5 – 18) [2022 – 7 – 18]. https://www.eol.cn/liaoning/liaoningnews/201605/t20160519_1399683.shtml.

③ 辽宁省教育厅发布的 2017 年度暂缓增设专业名单 [EB/OL]. (2019 – 7 – 9) [2022 – 7 – 18]. https://lkyjw.lnist.edu.cn/info/1031/2462.htm.

续表

年度	专业名称
2018①	经济学、财政学、金融学、国际经济与贸易、社会工作、运动训练、社会体育指导与管理、汉语言文学、英语、俄语、日语、历史学、信息与计算科学、应用化学、生物科学、生物技术、应用心理学、工业设计、汽车服务工程、自动化、计算机科学与技术、服装设计与工程、城乡规划、信息管理与信息系统、工程管理、工商管理、市场营销、会计学、财务管理、人力资源管理、公共事业管理、行政管理、劳动与社会保障、物流管理、电子商务、旅游管理、音乐表演、音乐学、表演、广播电视编导、播音与主持艺术、动画、美术学、雕塑、视觉传达设计、环境设计、产品设计、服装与服饰设计、数字媒体艺术
2019②	经济学、金融学、国际经济与贸易、法学、汉语言文学、英语、俄语、日语、工业设计、通信工程、自动化、计算机科学与技术、食品科学与工程、药学、护理学、信息管理与信息系统、工商管理、市场营销、会计学、财务管理、公共事业管理、劳动与社会保障、物流管理、电子商务、旅游管理、音乐表演、音乐学、表演、广播电视编导、播音与主持艺术、动画、美术学、视觉传达设计、环境设计、产品设计、服装与服饰设计、数字媒体艺术
2021③	经济学、金融学、国际经济与贸易、法学、汉语言文学、汉语言、英语、日语、信息与计算科学、应用物理学、应用化学、应用心理学、通信工程、自动化、计算机科学与技术、药学、信息管理与信息系统、工程管理、工商管理、市场营销、会计学、公共事业管理、旅游管理、音乐表演、音乐学（非师范）、表演、广播电视编导、播音与主持艺术、美术学（非师范）、视觉传达设计、环境设计

（五）山东省的限制性与预警本科专业目录发布制度

2014 年，山东省教育厅编制发布了《山东省省属本科高校限制性专业目录》和《山东省省属本科高校预警专业目录》。其中，限制性目录凸显学校属性和整体分类，预警目录反映相关专业在全省专业中的发展状态。限制性目录在一定时期内保持相对稳定，预警目录原则上 4 年调整一次。④ 限制

---

① 辽宁省教育厅．关于公布 2018 年度建议高校暂缓申请增设本科专业名单的通知［EB/OL］．(2018－6－29)［2022－7－18］．https：//www.eol.cn/liaoning/liaoningnews/201605/t20160519_1399683.shtml.

② 辽宁省教育厅发布的 2019 年度暂缓增设专业名单［EB/OL］．(2019－7－9)［2022－7－18］．https：//lkyjw.lnist.edu.cn/info/1031/2462.htm.

③ 辽宁省教育厅办公室．关于公布 2021 年度建议高校暂缓增设本科专业名单的通知［EB/OL］．(2021－4－30)［2022－7－18］．https：//lkyjw.lnist.edu.cn/info/1031/2979.htm.

④ 山东省教育厅．关于公布省属本科高校限制性专业目录和预警专业目录的通知［EB/OL］．(2014－10－17)［2022－7－18］．https：//jwc.slcupc.edu.cn/info/1175/1225.htm.

性目录按照医学类、工科类、农业类、财经类、政法类、师范类、艺术类、体育类共八类院校的划分，对每一类院校在不同学科门类、二级类或专业方面的限制专业进行了划定。以医学类、工科类院校为例，其限制专业明显不同（见表1-11）。同时，明确要求各高校新增或调整专业要严格执行限制性目录规定的专业范围，不得突破。

表1-11　山东省2014年度省属医学类、工科类本科院校限制性专业目录

医学类本科院校			工科类本科院校		
学科门类	二级类	专业	学科门类	二级类	专业
经济学 农学	政治学类 公安学类 新闻传播学类 电气类 土木类 交通运输类 农业工程类 环境科学与工程类 建筑类 物流管理与工程类 电子商务类 旅游管理类 音乐与舞蹈学类 戏剧与影视学类 美术学类 设计学类	工程管理 房地产开发与管理 工程造价 会计学 财务管理 文化产业管理	哲学 医学（药学类除外）	政治学类 公安学类 教育学类 体育学类 心理学类 公共管理类 旅游管理类 音乐与舞蹈学类 戏剧与影视学类 （动画专业除外）	会计学 财务管理 文化产业管理

对于预警专业，山东省教育厅要求高校要主动参照预警目录，对目录内非本校优势特色的专业，要采取核减招生规模、停止招生等措施予以调整，同时，预警目录内专业原则上不予新增。2014年发布的预警专业包括国际经济与贸易、音乐表演、旅游管理、社会体育指导与管理、应用心理学、动画、广播电视编导、公共事业管理、计算机科学与技术、播音与主持艺术、音乐学、视觉传达设计、信息与计算科学、艺术设计学、日语、财务管理、汉语言文学、英语、生物技术、广告学、市场营销、法学、生物科学、电子商务、会计学。

截至2020年，两大目录中的内容没有进行变化更新，并一直作为各年度本科专业设置管理的一个重要制度依据，只是随着时间的变化对于目录的

具体使用力度进行了微调。《山东省教育厅关于做好 2015 年度高等学校本科专业设置工作的通知》中规定，所有省属本科院校不得设置限制性目录和预警目录中的专业。[①] 从 2018 年度开始，高等学校本科专业设置工作通知中则规定所有省属本科院校不得设置限制性目录专业，解绑了对原有预警目录专业设置的硬性限制。[②] 同时，自 2014 年所有年度的通知中都统一做出如下规定：对在教育教学过程中出现办学条件严重不足、教学质量低下，连续两年就业率较低的专业，除个别特殊专业外，应调减招生计划直至停招；连续五年不招生的专业，应提出撤销。

三、地方高校的学科专业预警机制

地方高校在政府的政策引导与推动下，学科专业预警的意识与学科专业预警自觉行动的能力逐渐增强。最直观的体现在于，越来越多的学校能够基于自身的办学实际，积极构建内部的学科专业预警制度体系，把学科专业预警作为学科专业设置与调整的重要内控手段。以部分学校的学科专业预警制度为例，呈现出以下特征。

（一）将实施专业评估作为划定预警专业的重要手段

学校预警专业的确立必须经历严格的专业评估，综合考虑专业的招生、就业与运行质量情况。各学校以定期的专业评估或专业运行状态监测评价为抓手，以实际的评估（监测）结果作为对被评专业是否列入预警名单的主要依据。在监测指标上重点突出入口性的招生相关情况的表现与出口性的毕业相关情况的表现。

浙江财经大学确定的专业预警的主要依据为：各专业高考招生的志愿录取率、报到率、毕业生就业率、大类分流、专业准入数据等指标，以及学校组织的专业评估结果。学校每年 3 ~ 4 月组织开展专业预警与退出审核工作。只要满足以下任一条件的专业即被列入预警专业：校内专业评估结果为不合

①　山东省教育厅. 关于做好 2015 年度高等学校本科专业设置工作的通知 [EB/OL]. (2015 – 5 – 11) [2022 – 7 – 18]. https：//fzgh. sdwu. edu. cn/info/1103/1330. htm.

②　山东省教育厅. 关于做好 2018 年度高等学校本科专业设置工作的通知 [EB/OL]. (2018 – 5 – 9) [2022 – 7 – 18]. https：//jwc. ytu. edu. cn/info/1057/1356. htm.

格的专业；连续两年的高考招生计划数完成量过低或专业计划调剂率过高的专业；当学年实施专业分流后，剩余学生数不满 10 人的专业；当学年实施专业准入后，剩余学生数平均人数不满 10 人的专业；新生报到率低于 90% 的专业（类）；毕业生一次就业率明显偏低的专业。①

贵州师范学院每年 3～5 月对本科专业开展校内预警与退出审核工作。对出现以下两种及以上情形的专业实行校内预警，列入预警名单：连续三年第一志愿录取率低于 35% 的专业；新生报到率低于 90% 的专业；学生专业申请转出率高于 30% 的专业；上一年度毕业生初次就业率低于 70% 的专业；上一年度毕业生初次就业率排名后三位的专业；上一年度招生调剂率位列全校前三的专业；教育部公布的就业率较低且省教育厅公布的红、黄牌专业。②

华北科技学院采取专业评估的方式，对不符合学校办学定位和发展规划、不适应经济社会发展需要、人才培养质量不高、招生和就业形势不好的专业实行专业预警，减少、停止预警专业的招生计划或实施专业退出。根据学校学科专业调整需要，学校每 1 年或 2 年组织一次专业评估工作。评估内容包括专业的招生、人才培养质量、就业等情况。评估对象为已有两届（含两届）以上毕业生的专业。评估方式为各教学单位提交专业建设质量报告和评估表，教务处组织专家评审。评估指标涵盖一志愿报考率、调剂率、报到率；专业特色、专业建设（含课程及教材建设、实践教学、教改项目、科技创新等）、师资队伍、转专业情况、教学成果、学生获奖；初次就业率、专业对口率、升学率等。所有指标总分为 100 分，得分低于 75 分的专业，列入预警专业名单。③

（二）构建专业预警的量化评估指标体系

制定明确的专业预警评估的指标体系，尤其注重以量化方式来展示专业的运行状态。基于指标的综合实际表现，形成校内的专业表现排名，根据排

---

① 浙江财经大学本科专业动态调整管理办法［EB/OL］.（2018－5－28）［2022－7－18］. https：//jwc. zufe. edu. cn/info/1065/5223. htm.

② 贵州师范学院本科专业设置与调整管理办法［EB/OL］.（2018－10－18）［2022－7－18］. http：//www. gznc. edu. cn/info/1278/31624. htm.

③ 华北科技学院本科专业设置与预警退出管理办法（试行）［EB/OL］.（2020－6－18）［2022－7－18］. http：//jwc. ncist. edu. cn/article/2020－6－18/art36638. html.

名结果来判断预警专业范围。各学校之间的具体指标设置与指标的评价使用方式各有特色。

沈阳航空航天大学以专业适应性排序指数作为本科专业警示与退出的重要依据。该指数反映了专业建设水平高低，以及专业与社会经济发展需求的适应性强弱。根据招生指数、就业指数、专业综合评价指数（分为已经完成和未完成辽宁省专业综合评价的专业两类）、专业对学校办学特色的支撑度指数等四大指数表现相加综合来得出排序指数，四大指数分别赋予 0.2、0.3、0.4、0.1 的权重。排序指数的最后 5 名列入"黄牌"警示范围，连续两次被列入"黄牌"警示范围和近五年三次被列入"黄牌"警示范围的专业，经专家论证后决定专业是否减招、停招、合并及撤销。连续三次被列入"黄牌"警示范围和近五年四次被列入"黄牌"警示范围的专业，原则上直接撤销。[①]

江苏科技大学在人才需求与办学声誉、师资结构与数量、教学与教研水平、培养效果与质量 4 个一级指标下设立录取志愿率、严格就业率、副高以上职称及博士学位人数折合占比、生师比、学生评教、教研项目及成果获奖、毕业论文抽检合格率、学生专业满意度 8 个二级指标，进行专业办学状态监测，监测评价采用"弱项积分"制。所有本科专业进行比较排序，核算值排序在后 10% 的专业，判定其相应二级监测指标为"弱项"，并获得相应的"弱项积分"，"弱项积分"累计结果作为是否给予专业预警和动态调整的重要依据。累计"弱项积分"达到 10，对专业提出黄色预警，累计"弱项积分"达到 15，对专业提出红色预警。[②]

西安培华学院构建了本科专业预警评价的三级指标体系，在专业生源情况、专业社会需求、专业教学质量、专业社会评价、专业就业质量 5 项一级指标中下设了生源数量、生源质量、毕业生就业率等 11 项二级指标，以及本专业招录本科人数、本专业新生入学平均分、本专业就业人数占毕业总人数的比例等 24 项三级指标。每一级的每个指标都被赋予相应权重。以此构建专业综合评价模型，用以计算本科专业建设评价指标体系的指数。各专业

---

① 沈阳航空航天大学本科专业动态调整管理办法 [EB/OL]. (2018 – 11 – 6) [2022 – 7 – 18]. https：//jwc. sau. edu. cn/info/1096/1324. htm.

② 江苏科技大学本科专业预警与动态调整实施方案（试行）[EB/OL]. (2017 – 12 – 4) [2022 – 7 – 18]. https：//jwc. just. edu. cn/2018/0326/c5725a51542/page. htm.

综合评价指数按 A 级、B 级和 C 级三级进行最优分割：A 级专业状态稳定，优势强；B 级专业状态基本稳定，但优势不明显；C 级专业状态不稳定，处于劣势，属于全面整改专业，急需对专业结构和指标进行重新调整和优化。C 级专业会被列为预警专业。[①]

（三）高度重视被预警专业的整改

对于被确定为预警范围的专业的管理，事关专业在本校的"生死存亡"。因此，各学校对于这部分专业都提出了审慎、严格的整改与调整要求，着眼现实与未来，确保预警专业最终能够获得一个确实符合自身发展实际的"处理"结果。

南京财经大学要求校内被预警专业的所在学院认真分析专业建设和发展中存在的问题，提出整改方案并认真整改，整改期限一年。对于连续预警的专业予以减招或停招。对于连续三年列入预警名单的专业，则启动实施专业退出机制，予以撤销。[②]

滁州学院规定，校内第一次被预警的专业，该专业所在学院应组织学院教学指导委员会、专业负责人和专业教师认真分析专业建设和发展中存在的问题，提出整改方案，按期整改。连续三年列入预警名单的专业，学校会停止专业建设经费投入，实行专业退出。专业退出后，所有专业教师按学校的相关规定实行岗位培训，转岗分流。[③]

南宁学院对预警专业采取以下处理措施：预警专业所在学院应组织专业团队认真分析专业建设和发展中存在的问题，并在被列为预警专业之日起一个月内提交整改方案，在一年内落实整改措施，并在下一年开展专业预警与退出审核工作时，再次进行评估。未提交整改方案或整改措施落实不到位的预警专业，暂停招生。连续三年列入预警名单的专业，予以撤销，现有专业

---

① 西安培华学院本科专业建设评价与预警办法 ［EB/OL］. （2019 - 12 - 31）［2022 - 7 - 18］. http：//www. peihua. cn/xxgkwn/info/1033/1036. htm.

② 南京财经大学本科专业设置与调整管理办法 ［EB/OL］. （2017 - 11 - 10）［2022 - 7 - 18］. http：//jwc. nufe. edu. cn/info/1048/8182. htm.

③ 滁州学院本科专业设置与调整管理暂行办法 ［EB/OL］. （2019 - 9 - 5）［2022 - 7 - 18］. https：//www. chzu. edu. cn/public/2019/1104/c8911a201668/page. htm.

教师按照学校相关规定，实行岗位培训、转岗分流。①

安徽工业大学提出，受到一次校内预警的专业，必须及时整改。专业所在学院认真分析专业建设和办学中存在的问题，提出整改方案并认真整改，整改期为一年。对于连续两次受到校内预警的专业，减少招生计划。专业招生计划指标比上一年核减 10% ~20%。连续三次受到校内预警的专业则停止招生。②

可以说，地方高校在政府部门的学科专业预警外监与学校学科专业预警内控的合力作用下，其学科专业发展正在摒弃由通过逐热点、逐大流、逐综合来追求专业数量多、学科门类全的学科专业布局的"跟着感觉走"的老路，转而迈上以追求学科专业优势特色，注重学科专业结构质量的精准把脉调控的新路。以刚性的专业预警管理制度来实施学科专业的优胜劣汰，倒逼专业推陈出新已经成为地方高校的一种普遍选择，助力学科专业办学具有了更加强烈的危机意识、质量意识、竞争意识。同时，对于低质量专业的"出路"的安排既给予了循序渐进的回旋性周转空间，也给予了专业彻底退出后所带来的专业资源重组路径，尤其是人事资源的配置的解决方案，以降低专业的调整阻力。

第三节　地方高校学科专业结构变化趋势

2022 年 6 月 17 日教育部发布的《全国高等学校名单》数据显示，截至 2022 年 5 月 31 日，全国共有本科院校 1270 所。③ 其中，由地方政府主管的本科院校为 1156 所，占比达到了 91%，是我国本科教育的主力军。地方本科高校承担着为地方产业发展提供应用型人才支撑的重任。2001 年教育部《关于做好普通高等学校本科学科专业结构调整工作的若干原则意见》中指

---

① 南宁学院本科专业动态调整管理办法（试行）［EB/OL］.（2019 - 10 - 12）［2022 - 7 - 18］. http：//jwc. nnxy. cn/info/1038/1894. htm.

② 安徽工业大学本科专业动态调整实施办法（试行）［EB/OL］.（2018 - 12 - 29）［2022 - 7 - 18］. http：//jwc. ahut. edu. cn/info/1158/2880. htm.

③ 教育部. 全国高等学校名单［EB/OL］.（2022 - 6 - 17）［2021 - 10 - 30］. http：//www. moe. gov. cn/jyb_xxgk/s5743/s5744/A03/202206/t20220617_638352. html.

出，"高等学校尤其是地方高等学校，要紧密结合地方经济建设发展需要，科学运用市场调节机制，合理调整和配置教育资源，加强应用性学科专业建设，积极设置主要面向地方支柱产业、高新技术产业、服务业的应用性学科专业，为地方经济建设输送各类应用型人才。"① 2020 年 2 月，教育部公布了《普通高等学校本科专业目录（2020 年版）》，在 2012 年版本基础上，对近年来批准增设的目录外新专业进行了增补。② 2021 年初，教育部又进一步将 2020 年增设的 37 个新专业列入了普通高等学校本科专业目录③，确保了目录的及时更新。目录更新体现了过去若干年间本科专业的发展变化，同时也是未来若干年高校本科专业设置与调整的重要依据。通过对教育部公布的 2016～2020 年④⑤⑥⑦⑧的普通高校本科专业设置备案或审批结果中地方高校的专业设置与调整数据进行统计分析，可以归纳其学科专业结构的变化趋势。

----

① 教育部 . 关于做好普通高等学校本科学科专业结构调整工作的若干原则意见［EB/OL］.（2001 - 10 - 25）［2022 - 7 - 18］. http：//www. moe. gov. cn/s78/A08/gjs_left/moe_1034/201005/t20100527_88506. html.

② 教育部 . 普通高等学校本科专业目录（2012 年）［EB/OL］.（2020 - 2 - 21）［2022 - 7 - 18］. http：//www. moe. gov. cn/srcsite/A08/moe_1034/s4930/202003/W020200303365403079451. pdf.

③ 37 个新专业包括社会政策、反恐警务、消防政治工作、融合教育、古文字学、量子信息科学、化学测量学与技术、气象技术与工程、增材制造工程、智能交互设计、应急装备技术与工程、能源服务工程、能源互联网工程、柔性电子学、智能测控工程、智能工程与创意设计、密码科学与技术、城市水系统工程、智能采矿工程、智慧交通、智能飞行器技术、食品药品环境犯罪侦查技术、生物农药科学与工程、土地科学与技术、饲料工程、智慧牧业科学与工程、兽医公共卫生、运动与公共健康、生物医药数据科学、智能影像工程、创业管理、海关检验检疫安全、海外安全管理、自然资源登记与管理、非物质文化遗产保护、音乐教育、纤维艺术。

④ 教育部 . 2016 年度普通高等学校本科专业备案和审批结果［EB/OL］.（2017 - 3 - 13）［2022 - 7 - 18］. http：//www. moe. gov. cn/srcsite/A08/moe_1034/s4930/201703/t20170317_299960. html.

⑤ 教育部 . 2017 年度普通高等学校本科专业备案和审批结果［EB/OL］.（2018 - 3 - 15）［2022 - 7 - 18］. http：//www. moe. gov. cn/srcsite/A08/moe_1034/s4930/201803/t20180321_330874. html.

⑥ 教育部 . 2018 年度普通高等学校本科专业备案和审批结果［EB/OL］.（2019 - 3 - 21）［2022 - 7 - 18］. http：//www. moe. gov. cn/srcsite/A08/moe_1034/s4930/201903/t20190329_376012. html.

⑦ 教育部 . 2019 年度普通高等学校本科专业备案和审批结果［EB/OL］.（2020 - 2 - 21）［2022 - 7 - 18］. http：//www. moe. gov. cn/srcsite/A08/moe_1034/s4930/202003/t20200303_426853. html.

⑧ 教育部 . 2020 年度普通高等学校本科专业备案和审批结果［EB/OL］.（2021 - 2 - 10）［2022 - 7 - 18］. http：//www. moe. gov. cn/srcsite/A08/moe_1034/s4930/202103/t20210301_516076. html.

一、地方高校本科专业的增设

地方高校以经济社会需求为导向，基于办学基础与发展定位所增设的学科专业是对地方经济社会发展之于特定类型专业人才的现有或潜在需求的直接回应。2016～2020 年，共有 1193 所地方高校总计新增备案或审批本科专业点 9351 个。

（一）工、艺、管学位门类专业布点增量优势突出

2016～2020 年，地方高校的新增本科专业布点数在各学位门类之间呈现出较大差异，布点数高度集中于某些学位门类的趋势非常明显（见表 1 – 12）。

表 1 – 12　2016～2020 年地方高校增设的各学位门类备案与审批本科专业布点数

学位门类	备案专业数量（个）	比例（%）	审批专业数量（个）	比例（%）	总增设量（个）	比例（%）
工学	3544	41.4	221	28.2	3765	40.3
艺术学	1106	12.9	186	23.7	1292	13.8
管理学	1050	12.3	117	14.9	1167	12.5
理学	918	10.7	92	11.7	1010	10.8
文学	786	9.2	48	6.1	834	8.9
经济学	457	5.3	37	4.7	494	5.3
教育学	353	4.1	36	4.6	389	4.2
法学	185	2.2	27	3.4	212	2.3
农学	115	1.3	17	2.2	132	1.4
历史学	47	0.5	4	0.5	51	0.5
哲学	5	0.1	0	0	5	0.1
总计	8566	100.0	785	100.0	9351	100.0

资料来源：整理自 2016—2020 年度教育部公布的普通高等学校本科专业设置备案或审批结果。

表 1 – 12 显示，2016～2020 年，地方高校增设的备案本科专业中，工学、艺术学、管理学学位门类的专业布点数分列前三位，总计占比达到了 2/3。

其中，工学学位门类专业布点数占据了绝对优势，占比达到了41.4%。在地方高校增设的审批专业中，同样是由工学、艺术学、管理学学位门类的专业布点数居于前三位，且总占比达到了2/3，工学学位门类专业布点数最多。显然，近年来，地方高校整体上在增加工学、艺术学、管理学学位门类的专业人才培养规模方面着力更多，加强工科教育规模的发展则尤为突出，致力于加大培养工程技术、艺术与管理人才培养力度的趋势非常明显。

（二）数字经济与民生服务类专业增长势头强劲

2016～2020年，地方高校增设的备案专业当中，单一专业布点数最高的为611个。如果以增设布点数≥100个为热门线，共有11个备案热门专业。地方高校增设的审批专业当中，单一专业布点数最高的为64个，如果以布点数≥30个为热门线，共有6个审批类热门专业。根据《国民经济行业分类》国家标准①与《数字经济及其核心产业统计分类（2021）》②，可以对热门专业所对应的行业类属情况进行划分（见表1-13和表1-14）。

表1-13 2016～2020年地方高校增设备案的热门专业的行业类属分布

专业	数量（个）	行业类属	
		门类	大类
数据科学与大数据技术	611	数字技术应用业	互联网相关服务
人工智能	270	数字要素驱动业	其他数字要素驱动业
机器人工程	270	数字产品制造业	智能设备制造
智能制造工程	193	数字化效率提升业	智能制造
网络与新媒体	164	数字技术应用业	互联网相关服务
智能科学与技术	150	数字化效率提升业	智能制造
数字媒体艺术	144	数字要素驱动业	数字内容与媒体
商务英语	118	租赁和商务服务业	商务服务业

---

① 国家质量监督检验检疫总局，中国国家标准化管理委员会.《国民经济行业分类》国家标准［S/OL］.（2017-6-30）［2022-7-18］. http：//www.sac.gov.cn/gzfw/ggcx/gjbzgg/201717/.

② 国家统计局. 数字经济及其核心产业统计分类（2021）［EB/OL］.（2021-5-27）［2022-7-18］. http：//www.stats.gov.cn/tjsj/tjbz/202106/t20210603_1818134.html.

续表

专业	数量（个）	行业类属	
		门类	大类
健康服务与管理	117	卫生和社会工作	卫生，社会工作
大数据管理与应用	113	数字技术应用业	互联网相关服务
学前教育	104	教育	教育

资料来源：整理自 2016～2020 年教育部公布的普通高等学校本科专业设置备案或审批结果。

表 1 - 14　　2016～2020 年地方高校增设审批的热门专业的行业类属分布

专业	数量（个）	行业类属	
		门类	大类
航空服务艺术与管理	64	交通运输、仓储和邮政业	航空运输业
网络空间安全	56	信息传输、软件和信息技术服务业	互联网和相关服务
会计学	54	租赁和商务服务业	商务服务业
信息安全	40	数字技术应用业	软件开发
儿科学	32	卫生和社会工作	卫生
旅游管理	31	租赁和商务服务业	商务服务业

资料来源：整理自 2016～2020 年教育部公布的普通高等学校本科专业设置备案或审批结果。

　　热门专业背后的主要推手在于人才市场结构的变化。表 1 - 13 和表 1 - 14 中的热门专业的行业类属信息显示，近年来地方高校所热衷开设的专业主要集中于国家大力发展的数字经济领域的相关专业，包括数字技术服务人才与数字装备制造人才的培养。正如中国信息通信研究院政策与经济研究所所长鲁春丛所指出，从《国家信息化发展战略纲要》到《"十三五"国家信息化规划》，再到网络提速降费、大数据、分享经济、工业互联网、信息消费等一系列重大政策的推进实施，各地对数字经济支持力度不断加大。① 近年来，四川、内蒙古、山西、山东、上海、贵州、广东、广西、湖南、浙江等省份以及石家庄、福州、郑州、杭州等城市纷纷出台了本地的数字经济发展规划或发展意见，对数字经济人才形成了强烈的市场需求。此外，教育、医疗保健等民生领域相关专业也受到热捧。从 2016 年 1 月 1 日起，我国开始

---

① 陈静．数字经济成为带动增长核心动力 [N]．经济日报，2018 - 5 - 17（05）．

实施全面二孩政策。这一政策刺激了学前教育、儿科学等相关专业的发展需求。2016 年 10 月，中共中央、国务院印发了《"健康中国 2030"规划纲要》①，推动了健康服务与管理专业的发展需求。同时，地方高校越来越多地瞄准航空运输业领域、商务服务领域的专业服务人才需求潜力来布设相关专业。热门专业的增设契合了我国经济产业结构中大力发展现代服务业与高端生产制造业的导向，彰显了地方高校越来越注重紧贴市场脉搏，以及主动对接地方新兴行业产业和重点行业产业发展需求的积极意识。

（三）战略性新兴产业相关专业稳步增长

战略性新兴产业是推动供给侧结构性改革，提升经济社会发展竞争力的关键产业领域。面向未来的产业发展，战略性新兴产业的地位举足轻重。2010 年《国务院关于加快培育和发展战略性新兴产业的决定》中指出，战略性新兴产业是以重大技术突破和重大发展需求为基础，对经济社会全局和长远发展具有重大引领带动作用，知识技术密集、物质资源消耗少、成长潜力大、综合效益好的产业。② 为给战略性新兴产业发展提供高质量的人才支撑，2010 年教育部专门组织实施了战略性新兴产业相关专业的申报和审批工作，获批的专业全部为目录外专业。③《普通高等学校本科专业目录（2012 年)》随之将这批专业转列为目录内专业。自此，战略性新兴产业相关专业在地方高校中的增设数量快速增长（见表 1 - 15）。

---

① 中共中央，国务院．"健康中国 2030"规划纲要［EB/OL］．（2016 - 10）［2022 - 7 - 18］．http：//www. gov. cn/zhengce/2016 - 10/25/content_5124174. htm.

② 国务院．关于加快培育和发展战略性新兴产业的决定［EB/OL］．（2010 - 10 - 10）［2022 - 7 - 18］．http：//www. gov. cn/zwgk/2010 - 10/18/content_1724848. htm.

③ 2010 年，教育部审批同意设置的 25 种战略性新兴产业相关专业包括物联网工程、传感网技术、新能源材料与器件、功能材料、新能源科学与工程、能源化学工程、资源循环科学与工程、建筑节能技术与工程、光电子材料与器件、纳米材料与技术、生物制药、中药制药、海洋油气工程、海洋资源开发技术、水声工程、智能电网信息工程、微电子材料与器件、环保设备工程、药物化学、能源经济、数字电影技术、核安全工程、药物分析、新媒体与信息网络、海洋工程与技术，布点 140 个，覆盖高校 83 所，涉及新能源产业、信息网络产业、新材料产业、农业和医药产业、空间、海洋和地球探索与资源开发利用等领域。

表 1－15　　2012～2020 年地方高校增设的战略性新兴产业相关专业布点　　单位：个

专业	2012～2015 年	2016～2020 年	合计
物联网工程	316	98	414
网络与新媒体	116	164	280
生物制药	52	43	95
光电信息科学与工程	46	33	79
新能源科学与工程	36	34	70
新能源材料与器件	29	52	81
能源化学工程	28	22	50
影视摄影与制作	19	30	49
建筑环境与能源应用工程	14	16	30
微电子科学与工程	14	24	38
智能电网信息工程	11	16	27
中药制药	10	8	18
能源经济	9	2	11
药物分析	11	6	17
功能材料	7	15	22
资源循环科学与工程	6	14	20
环保设备工程	5	6	11
海洋资源开发技术	3	4	7
药物化学	3	3	6
纳米材料与技术	3	4	7
海洋油气工程	2	3	5
水声工程	1	0	1
海洋工程与技术	1	2	3
辐射防护与核安全	0	0	0
总量	742	599	1341

资料来源：整理自 2012～2020 年教育部公布的普通高等学校本科专业设置备案或审批结果。

　　由表 1－15 可见，25 种战略性新兴产业相关专业在地方高校中的增设数量稳步增加。2012～2015 年的增设布点数量达到了 742 个，年均 185.5 个，属于开局的爆发式增长期。2016～2020 年的增设布点数量虽然仅有 599 个，但年均也达到了 119.8 个。从两个阶段总体来看，物联网工程、网络与新媒体两个专业的增设布点数最多，分别达到了 414 个和 280 个。生物制药、光电信息科学与工程、新能源科学与工程、新能源材料与器件、能源化学工程、影视摄影与制作等新兴专业的增设进展明显。但环保设备工程、海洋资源开发技术、药物化学、纳米材料与技术、海洋油气工程、水声工程、海洋工程与技术、辐射防护与核安全等专业仍然存有很大的发展空间。

（四）新建本科院校的专业增量优势突出

2016～2020 年，地方高校中增设专业数量最多的主要集中于新建本科院校。以专业增设数量≥20 的学校为例，其专业增设数量具体数量分布见表 1－16。

表 1－16　　　　　**2016～2020 年专业增设数量≥20 的地方高校**　　　单位：个

院校	数量	院校	数量	院校	数量
云南经济管理学院	38	山西应用科技学院	23	福州理工学院	21
汉江师范学院	33	上海大学	23	南通理工学院	21
河南财政金融学院	33	滇西科技师范学院	23	深圳技术大学	20
河南工学院	31	滇西应用技术大学	23	云南大学	20
福建技术师范学院	30	豫章师范学院	23	太原学院	20
河南牧业经济学院	30	天津外国语大学	22	宁夏理工学院	20
河北水利电力学院	28	普洱学院	22	兰州城市学院	20
宿迁学院	27	南昌理工学院	22	黄河交通学院	20
郑州工程技术学院	27	青岛恒星科技学院	22	广西警察学院	20
郑州财经学院	27	齐鲁理工学院	21	青岛黄海学院	20
河北外国语学院	27	兰州文理学院	21	桂林旅游学院	20
福建商学院	26	燕京理工学院	21	山西工商学院	20
九江学院	26	海南大学	21	广西科技师范学院	20
亳州学院	25	信阳农林学院	21	山西能源学院	20
辽宁传媒学院	23	河北工程技术学院	21	北京吉利学院	20
新乡学院	23	江西应用科技学院	21	—	—

资料来源：整理自 2016～2020 年教育部公布的普通高等学校本科专业设置备案或审批结果。

表1-16包含的47所学校中，除了上海大学、天津外国语大学、海南大学、云南大学4所老牌本科院校，其他全部为新建本科院校。更为醒目的是，专业增设数量≥25的全部为新建本科院校，凸显了新建本科院校专业增长的迅猛势头。新建本科院校作为1999年以来本科院校群体的新加盟者，整体处于发展的初级阶段，它们原来大多是专科教育的佼佼者，但本科教育基础薄弱，面临着跨越式发展、不断达标和提升的紧迫需求。① 因此，专业设置方面，相比老牌本科院校普遍已经形成的专业数量庞大的学科专业结构，新建本科院校着力将增加专业的数量，扩大专业的学科门类覆盖范围，扩大办学规模，实现综合化办学作为提升学校综合办学实力的重要手段。

从上海大学、天津外国语大学、海南大学、云南大学4所老牌本科院校增设的专业本身来看，天津外国语大学由于自身特殊的学科专业特色性质而增设了大量的外语小语种专业，其他专业主要为战略性新兴产业相关的高端信息智能类专业。上海大学、海南大学、云南大学面向所在区域的经济社会发展的特殊需求，积极发展高端信息智能类专业与地区特色性产业发展相关专业（见表1-17）。

表1-17　　　2016~2020年上海大学等4所老牌本科院校增设的专业分布

学校	备案专业	审批专业
上海大学	戏剧影视导演、戏剧影视文学、戏剧影视美术设计、智能科学与技术、光电信息科学与工程、知识产权、信息资源管理、机械电子工程、机械设计制造及其自动化、思想政治教育、中国画、网络与新媒体、法语、人工智能、数据科学与大数据技术、生物制药、考古学、新能源材料与器件、机器人工程	电影制作、智能制造工程、网络空间安全、会展
天津外国语大学	波兰语、土耳其语、乌尔都语、希伯来语、印地语、乌克兰语、波斯语、豪萨语、柬埔寨语、匈牙利语、捷克语、芬兰语、希腊语、塞尔维亚语、保加利亚语、罗马尼亚语、蒙古语、网络与新媒体、大数据管理与应用、数字媒体艺术	白俄罗斯语、国际组织与全球治理
海南大学	种子科学与工程、园艺教育、农艺教育、野生动物与自然保护区管理、林学、森林保护、生态学、海洋资源与环境、休闲体育、音乐学、表演、审计学、电子商务、商务经济学、数据科学与大数据技术、智能科学与技术、应用物理学、生物医学工程、人工智能	国际组织与全球治理、密码科学与技术

① 曾天山. 合理定位、明确目标、突出特色、和谐发展——关于新建本科院校发展战略若干问题的思考 [J]. 龙岩学院学报，2006（2）：5-8.

学校	备案专业	审批专业
云南大学	印地语、马来语、僧伽罗语、孟加拉语、柬埔寨语、老挝语、尼泊尔语、建筑学、材料科学与工程、地理科学、数据科学与大数据技术、智能科学与技术、舞蹈学、环境科学与工程、人工智能、信息资源管理	金融学、会计学、网络空间安全、临床医学

资料来源：整理自 2016~2020 年教育部公布的普通高等学校本科专业设置备案或审批结果。

上海大学围绕《上海市国民经济和社会发展第十三个五年规划纲要》[①]中提出的大力发展电影、演艺等文化创意产业，推进环上大影视产业基地等建设的发展任务，增设系列影视类专业。策应规划提出的推进信息技术与制造技术深度融合，发展基于工业互联网的新型制造模式，实施"＋互联网"行动，推动传统制造业拥抱互联网，实施设施装备智能化改造，加快生产方式向数字化、网络化、智能化、柔性化转变，以及大力培育新技术、新产业、新业态、新模式，促进平台经济、移动互联网、大数据、云计算、物联网等加速发展等产业发展布局，布设了一批高端信息智能类专业。同时，服务规划确立的提升会展业的规模和水平，打造若干具有国际影响力的综合性和专业性品牌展会的发展目标，开设会展专业。

海南大学响应《海南省国民经济和社会发展第十三个五年规划纲要》[②]中提出的全力推进互联网产业，重点发展电子商务、游戏动漫和服务外包等应用服务产业，大数据、研发设计、数字内容、物联网和卫星导航等平台支撑产业，增设了电子商务、商务经济学、人工智能、数据科学与大数据技术、智能科学与技术等相关专业。围绕做强做优热带特色高效农业，增设了种子科学与工程、园艺教育、农艺教育等专业。着眼服务建设全国生态文明示范区，增设了野生动物与自然保护区管理、林学、森林保护、生态学等专业。融入发展现代海洋经济产业布局，增设海洋资源与环境等专业。

---

① 上海市人民政府. 上海市国民经济和社会发展第十三个五年规划纲要 [EB/OL]. (2016 – 1) [2022 – 7 – 18]. https://www. shanghai. gov. cn/nw39378/20200821/0001 – 39378_1101146. html.

② 海南省"十三五"规划纲要编制工作领导小组办公室. 海南省国民经济和社会发展第十三个五年规划纲要 [EB/OL]. (2016 – 3 – 16) [2022 – 7 – 18]. http：//plan. hainan. gov. cn/sfgw/gzdt/201603/e144e0d229cc449595d8dbb6271790a1. shtml.

云南大学服务《云南省国民经济和社会发展第十三个五年规划纲要》①中确立的云南省主动参与中国—中南半岛、孟中印缅经济走廊建设以及中国东盟自贸区、澜沧江—湄公河次区域经济合作的开放战略，增设了东南亚区域的小语种专业。同时积极对接规划纲要中提出的传统优势产业改造升级重点当中的建筑业、地理信息服务，战略性新兴产业培育重点当中的新材料、电子信息和新一代信息技术，生产性服务业发展重点当中的金融业、商务服务业，生活性服务业发展重点当中的健康服务业等增设相关专业。

二、地方高校本科专业的撤销

按照教育部 2012 年发布的《普通高等学校本科专业设置管理规定》，高校调整专业名称时，如调整为《普通高等学校本科专业目录》专业（除国家控制布点专业外），按备案程序办理；如调整为国家控制布点专业或新专业，按审批程序办理。被调整的专业按撤销专业处理。高校现设专业连续五年不招生的，原则上按撤销专业处理。被调整专业名称的专业按撤销专业处理。② 除了该刚性规定之外，地方高校在办学过程中通常也会根据专业运行的实际状态而及时选择对部分专业进行撤销报备。2016～2020 年，地方高校中共有 1524 个本科专业点被撤销，共涉及 473 所地方高校。

（一）工、艺、管学位门类专业撤销数量居多

由前述可知，2016～2020 年，地方高校的增设专业中，工学、理学、管理学、艺术学四大学位门类增设专业最多。在撤销专业点中，同样也是这四大学位门类撤销专业数量最多（见表 1–18）。其中，工学学位门类专业的增设与撤销数量都是最多的。但从比例上来看，工学学位门类专业的新增力度要远远大于撤销力度。理学、管理学、艺术学学位门类专业的撤销数量比例都达到了 15% 以上，撤销力度略大于各自的增设力度。

---

① 云南省人民政府. 云南省国民经济和社会发展第十三个五年规划纲要［EB/OL］.（2016–4–22）［2022–7–18］. http://www.yn.gov.cn/zwgk/zcwj/zxwj/201911/t20191101_184085.html.

② 教育部. 普通高等学校本科专业设置管理规定［EB/OL］.（2012–9–14）［2022–7–18］. http://www.moe.gov.cn/srcsite/A08/moe_1034/s3882/201209/t20120918_143152.html.

表1-18　　　　2016～2020年地方高校撤销的各学位门类专业数量

学位门类	专业数量（个）	比例（%）	学位门类	专业数量（个）	比例（%）
工学	439	28.8	法学	54	3.5
理学	271	17.8	经济学	49	3.2
管理学	247	16.2	农学	38	2.5
艺术学	235	15.4	历史学	3	0.2
文学	119	7.8	医学	2	0.1
教育学	66	4.3	哲学	1	0.1

资料来源：整理自2016～2020年教育部公布的普通高等学校本科专业设置备案或审批结果。

（二）高频撤销专业涉及领域广泛

2016～2020年，地方高校撤销的本科专业有286种（见表1-19）。其中，撤销布点数量≥10个的专业有45种，服装与服饰设计、公共事业管理、信息管理与信息系统3种专业的撤销最为普遍，均达到了50个左右。产品设计、信息与计算科学、电子信息科学与技术、教育技术学、生物技术、工业设计、应用统计学、服装设计与工程、社会工作、市场营销等传统专业的撤销数量也都超过了20个，反映了这些专业逐渐被市场"淘汰"，与同期备案的新兴产业相关热门专业形成了鲜明的对比。此外，环境科学、经济统计学、应用物理学、网络工程、自然地理与资源环境等专业的市场热度也呈现出下降趋势。

表1-19　　2016～2020年地方高校撤销布点数≥10个的本科专业　　单位：个

专业	数量	专业	数量	专业	数量
服装与服饰设计	52	应用物理学	17	音乐表演	12
公共事业管理	50	网络工程	17	材料成型及控制工程	12
信息管理与信息系统	48	自然地理与资源环境	17	生物工程	12
产品设计	38	广告学	16	科学教育	12
信息与计算科学	36	舞蹈表演	16	工业工程	11
电子信息科学与技术	31	轨道交通信号与控制	16	电子科学与技术	11
教育技术学	27	文化产业管理	16	统计学	11
生物技术	25	测控技术与仪器	16	人文地理与城乡规划	11

续表

专业	数量	专业	数量	专业	数量
工业设计	23	广播电视学	15	交通运输	11
应用统计学	22	生物科学	14	英语	10
服装设计与工程	20	艺术教育	13	动画	10
社会工作	20	秘书学	13	信息工程	10
市场营销	20	应用化学	13	政治学与行政学	10
环境科学	19	日语	13	数学与应用数学	10
经济统计学	19	编辑出版学	13	旅游管理	10

资料来源：整理自 2016~2020 年教育部公布的普通高等学校本科专业设置备案或审批结果。

关于专业撤销的原因，青岛工学院电子商务教研室主任王建伟（2021）认为，生源不理想以及相关专业学生不能适应社会需求是专业被撤销的重要因素。例如，招聘网站数据显示，对公共事业管理专业的职位需求，2019 年比 2018 年下降了 31%，2020 年比 2019 年又下降了 37%。天津大学教育学院副教授高耀（2021）认为，专业设置陈旧、人才培养缺乏特色、软硬件支持度不够是撤销专业的三个最主要的原因。东北财经大学发展规划与学科建设处处长汪旭晖（2021）教授指出，有些专业被撤销是因为它们明显偏离了学校的办学定位或者游离于学校主体学科群建设体系之外，从而导致其办学水平低，缺乏办学特色和核心竞争力。①

（三）老牌本科院校的专业撤销力度较大

对于大多老牌地方本科院校而言，面临对既有传统专业的革新升级，加强传统专业的"除旧布新"、优化调整，打造特色，适应新的社会需求的挑战。就撤销专业的学校分布来看，2016~2020 年地方高校撤销专业数量最多的主要是老牌本科院校（见表 1-20）。

表 1-20　　　2016~2020 年撤销专业数量 ≥9 的地方高校分布　　　单位：个

学校	专业数量	学校	专业数量	学校	专业数量
云南大学	30	邵阳学院	12	西安工业大学	9

---

① 柴如瑾. 本科专业为何这样调整 [N]. 光明日报，2021-3-5（10）.

续表

学校	专业数量	学校	专业数量	学校	专业数量
江苏师范大学科文学院	15	安徽大学	12	渭南师范学院	9
东华理工大学长江学院	15	安徽财经大学	12	北京联合大学	9
江西农业大学	15	山西大学	11	温州大学	9
仰恩大学	14	河北师范大学	10	桂林理工大学	9
云南师范大学	14	西安工程大学	10	南华大学	9
江西科技学院	13	云南民族大学	10	—	—
武汉纺织大学外经贸学院	13	广西科技大学	10	—	—

资料来源：整理自 2016～2020 年教育部公布的普通高等学校本科专业设置备案或审批结果。

以撤销专业数量≥9 个的学校为例，共有 22 所学校，绝大部分都属于老牌本科院校，从一定程度上体现了老牌本科院校在办学过程中积极适应部分传统本科专业人才市场需求变化。王建伟（2021）指出，在高校本科招生数量增长速度趋稳的背景下，预计撤销专业的数量还将会持续增大。高校将在专业设置上回归理性，围绕办学特色、办学定位、办学条件进行专业设置和调整，不断优化学科专业结构。① 地方高校学科专业在数量增长的过程中越来越注重学科专业结构的质量内涵，在发展新专业的同时会淘汰落后专业，在专业的"有进有出"过程中，保持学科专业结构能够符合产业人才需求变化。

① 柴如瑾. 本科专业为何这样调整 [N]. 光明日报，2021－3－5（10）.

| 第二章 |

地方高校学科—专业—产业链建设的动力

　　地方高校办学，学科建设是龙头，专业建设是基础。学科建设与专业建设作为牵引高校发展与改革的两条主线，主导着学校办学资源的配置，其建设质量直接决定着高校人才培养、科学研究、社会服务、文化传承等职能作用发挥的成效。学科与专业虽然内涵各异，使命有别，但相互之间具有天然的依存关系。对于广大的地方高校而言，破解自身长期存在的学科专业体系与区域产业发展需求吻合度低，学科专业布局分散，学科专业设置趋同，新型边缘交叉学科专业生长缓慢等困局，谋求学科专业建设理念与模式的革新，实现学科专业建设思路的转型，致力于提升学科专业对地方经济社会发展的贡献度，既是职责所系，也是图存之道。当前，创业型大学建设、区域创新模式与知识生产模式演变，以及向应用型大学转型发展的重大现实背景，要求地方高校转变传统上疏离产业发展的封闭式、孤立式、割裂式的学科专业建设的旧范式，构建开放式、集群式、融合式的学科专业与产业互动发展的新范式，为地方高校开展学科—专业—产业链建设提供了混合式动力。

第一节　地方高校的创业使命

　　大学自产生以来，始终都在与经济社会之间进行着形态各异的交往与对话，在互为影响的过程中经历着各自内涵的变化与发展思路的转型。以后工业知识经济为隐喻的现代经济背景下，一个经济体的成功主要取决于其获取、吸收、应用与传播高深专业知识的能力。在以知识、创新、创业为核心特征的现代经济时代，凸显了大学作为一种天然的高深专业知识组织的重要性，同时也催生与扩张了大学的新使命——创业。因此，面向区域现代经济社会发展，创业不仅是地方高校学科专业发展的一种重要属性和生存逻辑，也是地方高校的学科专业服务现代经济发展，履行其现代社会责任的一种重要的实践逻辑。

一、现代经济的核心特征

与传统经济增长理论中将劳动力、资本、原材料与能源作为经济产出的主要依靠因素不同，知识、创新、创业被视作现代经济发展的关键驱动要素，且三者之间具有紧密的内在作用关系。以创新为核心的创业、基于知识的创业是现代经济发展的重要诉求与核心特征，知识经济、创新型经济与创业型经济也成为对现代经济的不同视角的一种表征。

（一）现代经济是基于知识的经济

知识作用的凸显是 20 世纪后期人类经济社会发展的一种主流趋势。奥德斯（David B. Audretsch，2009）认为，第二次世界大战前后至今半个多世纪，全世界经历了两种重要的经济模式。第一种是强调实物资本和无技能劳动力对于经济发展的重要性的索罗（Solow）模式（得名于美国经济学家索罗），在政策上强调对实物资本的投资；第二种是强调知识资本对于经济发展的重要性的罗默（Romer）模式（得名于美国经济学家罗默），在政策上强调对人力资本、科学研究的投资与知识产权的保护。[①] 知识经济也自然而然地成为了新时期经济发展形态的代名词。知识经济的提法虽然早在 20 世纪 60 年代早期就已经出现，但直到 1996 年，经济合作与发展组织（OECD）才最早对知识经济进行系统界定，将其定义为直接基于知识和信息生产、分配与应用的经济。为了对知识经济作进一步的说明，经济合作与发展组织还提出了两个相关的概念：一个是"知识投资"，即直接投入到以增强既有知识或者获取新知识及传播知识为目的的活动中的经费；另一个是"知识产

---

① David B. Audretsch. The entrepreneurial society ［J］. J Technol Transf, 2009 （34）：245 – 254.

业",具有以下三个特征:高水平的创新投资,对技术的重用,高教育程度的劳动力。[1] 简言之,知识经济这个术语指出现代经济的至少两个特征:知识不论在数量上还是质量上都要比以前更加重要;知识投资与知识创新将是现代经济的重要驱动力。

(二) 现代经济是创新驱动的经济

创新型经济是以知识和高素质人才作为依托,以创新为主要驱动力,以创新产业为标志的经济。波特等(Michael E. Porter et al.,2002)从经济竞争力的视角出发,将一个国家或地区的经济发展分为三个阶段,即要素驱动型阶段、效率驱动型阶段、创新驱动型阶段,三个阶段渐次递进,其间包含了两个过渡阶段。要素驱动型的经济主要依靠商品生产的低成本或者低附加值的产品来体现其竞争力,其明显特征是非农业领域的高自我雇佣率;效率驱动型的经济主要依靠高效的大市场和规模经济来体现竞争力,其典型特征是自我雇佣率的下降;创新驱动型经济是以产品、模式或服务的创新来体现竞争力,其主要特征是以创新为核心的创业活动的增加。之所以如此,一是得益于制造业份额下降,商业服务的份额相对会上升,而服务业领域会提供更多的创业机会;二是信息技术的发展大大降低了信息交换的经济与时间成本,可增加创业的回报;三是创新要素对传统要素的高替代弹性使个人创业更加容易。佐尔坦等(Zoltan J. Acs et al.,2008)认为,包括巴西、俄罗斯、印度、中国在内的大部分发展中国家的经济都正在处在效率驱动为主,向创新驱动型经济的过渡阶段,要顺利进入这个阶段,必须创造有利于创业的环境条件。[2]

(三) 现代经济是强调创业的经济

基于波特等(2002)提出的以创新性创业的增加为主要特征的现代经济的观点,奥德斯(2009)进一步提出,新的经济强调基于知识的创业,是构建创业型社会的模式。创业型社会是这样的地方,基于知识的创业已经成为

① Benoit Godin. The Knowledge - Based Economy:Conceptual Framework or Buzzword? [J]. Journal of Technology Transfer,2006(31):17 - 30.

② Zoltan J. Acs,Sameeksha Desai,Jolanda Hessels. Entrepreneurship,economic development and institutions [J]. Small Bus Econ,2008(31):219 - 234.

促进经济增长、创造就业岗位、提升全球市场竞争力的重要驱动力。因此，创业型社会主要是一种经济学意义上的概念（模式），也可称之为创业型经济。在创业型经济中，除了劳动力、实物资本、知识资本外，创业资本对于经济增长的作用至关重要。所谓的创业资本指的是有助于创办新企业的制度、文化与历史背景。其中包括很多方面，例如社会对于创业行为的接受程度、个人愿意承担创办新企业的风险、银行家的活跃程度、愿意分享风险和利益的风险投资商等。创业资本反映了很多不同的法律、制度与社会因素和力量，这些因素和力量共同构成了一个经济体的创业资本，从而创造了创业活动的能力。① 实际上，创业已经越来越多地被各经济体视为提升就业率、拉动经济增长、创造国家福利的一个重要"引擎"。在艾森伯格（Isenberg D，2010）看来，推动创业，构建良好的创业生态系统甚至应该被作为推动现代经济发展的一项战略。创业生态系统是一套网络化的制度，它可以被理解为一个服务网络，旨在辅助创业者顺利通过新创企业发展过程的每个阶段。②

二、现代经济中大学创业使命的确立

大学是遗传与环境的产物。随着经济社会的发展越来越依赖知识，大学的作用也愈显重要。传统上，创造新知识、新思想、新理论始终处于大学的中心，对于诸如有用的装备技术的发明通常只是其带来的一种自然的副产品，但现代经济社会的发展要求将大学作为一种直接的利用工具，越来越强调大学的"实用性"。③ 大学不仅被视作高级人才的来源，以及潜在的可供开发利用的思想的来源，同时还要通过衍生公司以及对技术专利转让的开发利用等，为国家与区域经济发展作出直接的贡献。

（一）创业是大学服务社会职能的拓展

在人才培养与科学研究之外，服务社会虽然一直以来被视作大学的第三

① David B. Audretsch. The entrepreneurial society [J]. J Technol Transf, 2009 (34)：245 – 254.

② Georg Fuerlinger, Ulrich Fandl, Thomas Funke. The role of the state in the entrepreneurship ecosystem：insights from Germany [J]. Triple Helix, 2015 (2)：3 – 28.

③ J. Stanley Metcalfe. University and Business Relations：Connecting the Knowledge Economy [J]. Minerva, 2010 (48)：5 – 33.

职能，但如今这种职能在新经济社会背景下有了新的内涵。20世纪后期，随着知识经济社会的到来，大学的角色也悄然发生了一些变化。尤蒂等（Youtie, J. et al., 2008）认为，在最初的手工业生产为主的经济发展背景下，大学是知识的储存库，是一种宗教性或精英性的"超越社会之外"的存在机构，以人才培养为使命；在以工业大规模生产为主的经济发展背景下，大学是知识的工厂，是知识投入与产出的"供给者"，凸显了科学研究的使命；在后工业时代以知识驱动为主的经济发展背景下，大学是知识的"集散中心"（knowledge hub），是智能区域内的综合性机构，积极寻求运用知识去推动地方发展和区域内外新的发展能力的形成。在这种角色之下，大学被深深嵌入到创新系统中，积极建立与外界的互动与知识外溢机制，将科研与应用和商业化连接起来，承担着催化与驱动经济与社会发展的职能，而决定职能发挥的核心因素即是知识的创造、获取、传播与应用。① 大学的这种新角色也被视作大学第三职能的新表现形式——创业。创业使命是对传统的服务社会职能的一种全方位的拓展与深化。例如，在大学服务社会职能的原始形式中，教师与管理者属于公共服务者的角色，而这与其作为创业者的角色有着很大的差别。前者强调参与社会服务的责任，后者意味着机会与商机，商业参与。② 现代大学则普遍处于开展传统的社会服务以及创业性活动的服务之间。

（二）创业是现代大学的生存方式

现代经济社会中，创业是大学的一种使命履行逻辑，也是一种生存逻辑。在科尔（Clark Kerr, 1998）看来，当前的所有大学都应该适应且变得更具创业性，以"创业性"方式来回应高等教育的增长需求，即大学应该通过它们的知识开发来获取外部资金的支持，减少对政府的财政依赖，从而在知识经济社会中维护自己的生存。科尔将这种演化进程中的大学创业角色的增加视作一种必然的趋势，在这种趋势下，致力于提升大学的创业性无疑对

---

① Mervat H. N. Sharabati, Shahin, K. Thiruchelvam. The role of Diaspora in university – industry relationships in globalised knowledge economy: the case of Palestine [J]. High Educ, 2013 (65): 613 – 629.

② Libby V. Morris. Understanding the Contemporary University [J]. Innov High Educ, 2010 (35): 127 – 128.

很多大学来说是一种理性的选择。在一个完整的意义上，现代大学的创业既是一种实践活动，也是一种态度。正如横山（Keiko Yokoyama, 2006）所述，大学背景中的"创业性"（entrepreneurial）与"创业主义"（entrepreneurialism）等名词不必非要被狭隘地理解为获取收益、承担风险，甚至商业活动，它还可以被理解为大学试图发力"崛起"与"自立"的一种态度，该理解中的创业性活动与大学提升自身对社会的责任有关，而创业主义则是指相比传统的大学更多地参与创业活动的过程。① 就大学创业活动的导向来看，除了主流观点所认为的大学创业活动就是指现代大学环境中所发生的以市场为导向的活动，通常包括教师的咨询服务、大学与产业的合作、技术转移、知识产权保护、新企业的创办、教师与学生的创业等，还应该包括社会导向的创业（social entrepreneurship），意指大学内部的活动主体通过创新及创造性的策略，解决一系列的社会现实问题。② 总之，大学创业不仅是大学大力服务社会，履行现代社会责任的一种新图景，也是大学在新形势下的一种求生发展方式。

三、大学创业服务于现代经济发展的形式

大学创业的实质是知识的创业，基于知识的创业是现代大学创业与现代经济创业的共同特征，也是连接两者之间的纽带。而大学创业本身不仅是现代经济中知识创业体系的有机组成部分，也是促进与推动该体系建设的核心性力量。

（一）以知识溢出与转化服务现代经济发展

在高等教育发展史上，第一次学术革命将大学由纯教学机构转变为将科研纳入教学，教育与科研并重的机构，但大学所开展的科研主要被视作一种人才培养的手段，为学生毕业后在学术领域之外的其他领域就业做准备。第二次学术革命则强调教学与科研之间的互动关系，将其两者之间的联合对经

① KEIKO YOKOYAMA. Entrepreneurialism in Japanese and UK universities: Governance, management, leadership, and funding [J]. Higher Education, 2006 (52): 523 - 555.

② Matthew M. Mars, Cecilia Rios - Aguilar. Academic entrepreneurship (re) defined: significance and implications for the scholarship of higher education [J]. High Educ, 2010 (59): 441 - 460.

济发展和社会进步的贡献作为一种学术使命引入学术活动中。两次学术革命使得大学功能从最初的知识保存与传播扩展到新知识的生产，通过知识的开发利用来推进创新。根据吉本斯等（Michael Gibbons et al.，1994）的观点，当代社会的知识生产模式正在发生根本性变化，传统的基于牛顿模式的科学研究，以单学科研究为主的知识生产模式Ⅰ正在向在应用情境中，以跨学科的研究方法，且更加强调知识产出的绩效和对社会的作用的知识生产模式Ⅱ转移。① 这种变化具有深远的意义，它意味着对大学学术活动的全面评价，对学术水平的全面评估，不仅要考虑其学术贡献，而且要考虑其社会贡献和经济贡献；不仅要考虑其"学术影响力"，而且要考虑其"社会适当性"。② 也就是说，大学创业是第二次学术革命所伴生的一种直接结果，它将市场引入大学的中心，构建知识的有效溢出机制，促使大学科研产生的新知识实现商业化，将知识转化成有形与无形的产品。

关于知识的转化，不论是强调产业、大学与政府之间的合作、互动关系的重要性的三螺旋模型理论，还是强调政府、产业、市民社会（如非营利性组织）、学术界相互合作的重要性的四螺旋模型理论，它们都认为，要有效实现这个过程，需要大学、产业与政府之间结成合作同盟，以帮助大学、产业实体与政府之间形成信任、忠诚的互动关系，促使创造性、思想、技能与人员进行扩散，目的是创造长久的共同价值。根据创业的知识溢出理论，在某一背景和目的下所创造出的知识，从创造该知识的组织溢出至实际上尝试将其商业化的组织。创业的机会不是外生的，而是新知识的投资程度内生的。大量的实证研究也表明，在知识产出比较丰富的地区，其创业的机会也要更多。③ 大学作为创造知识的重要组织，既可以通过自身创办新企业的方式来实现知识溢出的效益，也可以通过知识专利授权、交易的方式将知识转移至那些寻求与运用知识去形成创新产出的组织。在此过程中，政府将主要通过有效的政策手段来激励、促成知识的外溢，将知识最终转化为社会的财

---

① ［英］迈克尔·吉本斯，等. 知识生产的新模式：当代社会科学与研究的动力学［M］. 陈洪捷，沈文钦，等，译. 北京：北京大学出版社，2011：23 - 29.

② Mervat H. N. Sharabati，Shahin，K. Thiruchelvam. The role of Diaspora in university - industry relationships in globalised knowledge economy：the case of Palestine［J］. High Educ，2013（65）：613 - 629.

③ David B. Audretsch. From the entrepreneurial university to the university for the entrepreneurial society［J］. J Technol Transf，2014（39）：313 - 321.

富。但需要注意的是，大学不只是以专利、大学企业创办等形式形成知识的转移，它还扮演着创造创业思想、创业举措、创业制度等的贡献者与领导者的角色。

（二）以创业人才的培养服务现代经济发展

推动创业教育，培养创业人才，培养互联网经济时代的"创客"，是大学创业的一种重要路径。创业教育在概念上有狭义、广义之分。狭义上的创业教育普遍被理解为诸如如何识别商业机会、如何整合资源应对风险、如何创办一个企业的教育，以及旨在训练与教育那些对企业创办或小企业发展感兴趣者的一套教学系统；广义上的创业教育则不仅指为志在创办企业，实现自我雇佣的"创业人"做准备的教育，还包括培养个人作为一名雇员在职业中具有进取心和创新精神的教育。① 因此，创业教育并非单纯的创业技能教育，还是一种职业进取心态的教育，而这也完全符合更加强调灵活性及应对劳动力市场的不同可能性的现代职业概念。在过去的二三十年间，开办创业教育项目已经成为一种国际化趋势，其背后所基于的一项基本假设为：一个有活力的经济需要大量的年轻人有志于成为且能够成为企业家。以欧美地区为代表，欧美国家的政府将创业教育作为刺激经济增长的一项重要战略举措，积极推动构建从小学一直到大学的学校创业教育体系。例如，20 世纪90 年代末期起始于美国的小学生"BizWorld"创业教育项目自运行以来，共有来自 84 个国家的 35 万余名小学生参与了该项目的学习。② "学生迷你公司（SMC）"大/中学生创业教育项目，仅在 2005—2006 学年就吸引了来自 40个欧洲国家的 200 余万名学生参与学习。③

大学生是一个庞大的知识群体和求职群体，是富有创新意识与创新能力的人力资源群体。新形势下，转变学生的传统的守成性的就业观念为创业性的就业观念，提升学生的创业性是大学所应承担的一项重要职责，也是大学

① Merle Küttim. Entrepreneurship education at university level and students' entrepreneurial intentions [J]. Social and Behavioral Sciences，2014（110）：658 – 668.

② Laura Rosendahl Huber. The effect of early entrepreneurship education：Evidence from a field experiment [J]. European Economic Review，2014（72）：76 – 97.

③ Hessel Oosterbeek. The impact of entrepreneurship education on entrepreneurship skills and motivation [J]. European Economic Review，2010（54）：442 – 454.

创业服务于现代经济发展的一种重要形式。实践中，越来越多的大学将创业教育课程纳入学校的课程体系当中，并通过多种途径实施创业教育，将培养直接的或潜在的大学生创业者作为重要任务，以大学生创业来带动就业，提升大学生的就业率，进而促进区域与国家的创业水平。具体而言，大学实施创业教育通常有三大基本目标：开发学生的创业意愿，提升学生将自我雇佣作为一种职业选择的意识；为学生提供识别及运用商业机会、创办新公司、公司发展管理所必需的技术和商业技能；促进与创业有关的个性品质的发展，例如创造性、风险承担与责任感等。① 大量的研究结果也表明，修习过创业课程或参与过创业项目学习的学生相比没有这种经历的人，在其人生中的某一个节点上具有更高的创办自己的事业的倾向。② 总体来说，大学实施创业教育，是大学创业的重要内容，是大学通过知识转移促进创业之外，直接以创业性人才培养为手段，提升自身竞争力，服务于现代经济的又一种重要途径。

（三）以创业型大学建设服务现代经济发展

创业型大学（entrepreneurial university）是大学创业所催生出的一种新的大学形态与大学发展模式，其概念最早由埃兹科威茨（Henry Etzkowitz）与克拉克（Burton R. Clark）等于 20 世纪 80 年代提出。从高等教育发展的历史来看，创业型大学自身所携有的创业"基因"基础是对不同高等教育模式的一种历史杂合与创新的结果。萨姆（Chanphirun Sam, 2014）与皮特（Peter van der Sijde, 2014）分析了古典的高等教育模式与创业型大学的内涵之间的关系后得出，以基于研究的学习、研究与学习的学术自由和集权型管理体制为基本特征的洪堡（Humboldt）模式的产生使得研究成为现代高等教育的一个中心领域；以高水平的职业训练、专业教育、集权型管理体制为基本特征的拿破仑（Napoléon）模式使得职业和技术训练成为学生适应快速变化的劳动力市场的一种重要准备；以通过自由教育促进个性发展、重视职业的基本素质而非技术或职业知识和技能、机构自治为基本特征的盎格鲁－撒克逊

---

① Ana Lanero. The impact of entrepreneurship education in European universities: an intention－based approach analyzed in the Spanish area [J]. Int Rev Public Nonprofit Mark, 2011 (8): 111－130.

② Mery Citra Sondari. Is Entrepreneurship Education Really Needed？—Examining the Antecedent of Entrepreneurial Career Intention [J]. Social and Behavioral Sciences, 2014 (15): 44－53.

（Anglo - Saxon）模式使得现代高等教育重视那些旨在使学生能够灵活、智慧地应对环境的变化与挑战的软技能的培养。作为当今世界主导性的高等教育模式，盎格鲁 - 美国模式将洪堡模式中强调的科学研究、拿破仑模式中强调的职业技术训练，以及盎格鲁 - 撒克逊模式中强调的职业基本素质培养纳入世界范围的高等教育体系中，并明确表达了高等教育机构的创业主义模式在学术市场竞争中至关重要的地位。盎格鲁 - 美国模式的大学主要是一种整合性的、自治的教学与科研机构，在开放的市场中提供各种专业活动与服务。该模式基于一种实用主义的方式和问题解决的逻辑，鼓励通过跨学科的合作以满足社会或市场需求。① 这种模式也是创业型大学所遵循的基本的大学发展模式。

埃兹科威茨（1983）指出，创业型大学通过专利、研究合同和与私人企业结成伙伴等方式开拓新的资金来源。② 这也表明，创业型大学是以一种交易的思维来参与社会服务，教师与学校通过专利与收费等形式来形成创收源。在埃兹科威茨的思想体系中，创业型大学要具备以下五个基本条件：一是知识的资本化和商业化；二是与产业、政府等的相互依存性；三是不从属于任何一个机构范围，具有相对独立性；四是通过诸如孵化器、科技园等混成组织来实现相互依存性与相对独立性；五是具有不断调整自身的自我反应性，以应对经济社会的发展。③ 在古瑞罗（Maribel Guerrero，2014）所构建的创业型大学模型中，创业型大学需要具备的条件分为环境条件与内部条件，前者出于制度经济学视角的考量，后者出于基于资源的公司的视角的考量。环境条件包括具有创业性的组织与治理结构（包括大学内部管理结构、决策机制和领导功能）、支持创业的措施、创业教育项目、对于创业的积极态度、创业典型的榜样激励、用于促进创业的奖励体系（包括诸如资金、资源的可利用等货币性奖励，以及诸如晋升、认可等非货币奖励）；内部条件包括具有创建创业型大学的高水平人力资本（如领导者与学术创业者）、多

① Chanphirun Sam, Peter van der Sijde. Understanding the concept of the entrepreneurial university from the perspective of higher education models [J]. High Educ, 2014 (68)：891 –908.

② Etzkowitz H. Entrepreneurial Scientists and Entrepreneurial Universities in American Academic Science [J]. Minerva, 1983 (21)：198 –233.

③ [美] 亨利·埃兹科威茨. 三螺旋：大学·产业·政府三元一体的创新战略 [M]. 周春彦，译. 北京：东方出版社，2005：51 –52.

渠道来源的财务资本、雄厚的技术资本（包括物力资源，以及用于消除传统上大学与外部世界之间的界限，以服务于社会需求的基础设施）、可利用开发的社会资本（大学要构建跨学科、多样性的结构、混成组织或与产业、政府合作，以助于大学开发利用社会资本）、学校的地位与社会声望（吸引外部合作与资金）。① 显然，与其他类型的大学相比，创业型大学是一种具有特殊标准的大学，是体现大学创业水平的一种最高组织形态，也是大学创业服务于现代经济社会的一种特殊组织形态。

在以知识、创新、创业为核心特征的现代经济背景下，面对着一种与现代经济相联系的新的创新与知识生产模式，除了教学与科研，地方高校需要积极融入经济社会，通过与产业、政府和区域社会建立联系，弥合学术与产业社会之间的缺口，为现代经济发展和社会关切创造实实在在的红利。对于自身的发展来讲，由于有限的预算资源、激烈的竞争和社会更多的期望，地方高校应该确保的是它的使命不仅仅是提供教育，或为了追求知识而追求知识，也要能促进知识转化成有形与无形的产品，以确保其能够在今天的环境中获得认可及更好地生存发展。如今，地方高校已经经历了根本性的变化，从传统的教学与科研使命到如今将创业性角色作为其新的职能要素，而如何提升自身的学科专业的创业性和创业水平，以更好地带动现代经济社会的发展，无疑是地方高校所面临的一项重大挑战。

第二节 区域创新模式与知识生产模式的演变

知识经济社会是追求知识流通与集聚的创新时代，高度弘扬知识的生产与应用价值，社会中所有行业的边界都因知识的生产而被打破并产生新的知识汇聚与融合，"知识社会的社会形态越来越呈现出复杂多变的流体特性，传统的社会组织及其活动边界正在'融化'"。② 从知识生产模式 I 到生产模式 III，从三螺旋到四螺旋、五螺旋，区域创新生态系统中应用性知识生产的

---

① Maribel Guerrero. Entrepreneurial universities in two European regions: a case study comparison [J]. J Technol Transf, 2014 (39): 415 –434.

② Slaughter, S. Archerd, C. J. Campbell T. Boundaries And Quandaries: How Professors Negotiate Market Relations [J]. Review of Higher Education, 2004 (1): 129 –165.

核心参与主体在增加，知识生产的开放性在增强，这种变革力要求地方高校要致力将应用型角色使命的作用发挥与产业及社会公众对于这种角色使命的作用期待实现高度契合，深度融入区域创新生态体系，全方位、多维度构建完善学科专业与产业间的集群式、网络式对接关系，发挥不同学科专业间的合成与协同效应。

一、五螺旋创新模式的社会环境与结构

五螺旋创新模式是在经典的"大学—产业—政府"三螺旋创新模式基础上进一步增加了第四螺旋，即"基于媒体和基于文化的公众"和"公民社会"，以及第五螺旋，即"自然环境（社会的自然环境）"而形成的新的区域创新模式。

（一）从三螺旋到四螺旋、五螺旋创新模式

20 世纪 90 年代中期，埃兹科威茨与莱德斯多夫（Etzknowiz H. & Loet Leydesdorff）提出了"大学—产业—政府"三螺旋创新理论，用以阐释知识经济背景下基于大学—产业—政府三边互动关系的国家创新模式的运行特征。对于是否存在第四个螺旋，埃兹科威茨（2003）认为，第四螺旋的想法的缺陷在于其无法像三螺旋那样形成相对稳定的系统和动力，创新体系的动力来自大学、产业、政府三个最为核心性的一级主体要素之间的螺旋式相互作用，其他创新参与要素只是三个一级主体要素之间相互作用而在功能交织的外场空间中产生的起辅助作用的二级主体要素，不能单独作为一个螺旋而存在。[①] 针对部分学者将"公众"作为第四螺旋的提议，埃兹科威茨与莱德斯多夫（2003）认为，如果仅仅将"公众"概念化为第四螺旋，那只不过是将"公众"窄化为一个私人领域，而不是将公民社会作为创新事业的基础。个人和团体自由组织、辩论和采取未经政府许可的行动的能力是发展大

---

① ［美］亨利·埃兹科威茨. 国家创新模式：大学、产业、政府"三螺旋"创新战略［M］. 周春彦，译. 北京：东方出版社，2014：16.

学—产业—政府关系的三螺旋动力的必要条件。① 为了制约创新三螺旋单纯追求利益最大化的价值导向，埃兹科威茨（2003）提出"大学—公众—政府"可持续发展三螺旋，彰显公众的监督、约束、建议和问责权。②

卡若扬尼斯（Elias Carayannis，2010）与卡莫贝尔（David F. J. Campbell，2010）立足于21世纪经济社会的发展特征，围绕创新生态系统的构建这一理念，在"大学—产业—政府"三螺旋创新模式基础上进一步提出了四螺旋、五螺旋创新模式。其中，第四螺旋为"基于媒体和基于文化的公众"和"公民社会"，第五螺旋为"自然环境（社会的自然环境）"。在三者的关系形式上，三螺旋模式嵌入于四螺旋模式，四螺旋模式嵌入于五螺旋模式，形成了一种逐层递进的嵌入性关系，并最终统一于五螺旋模式之中（见图2-1）。③ 在四螺旋创新模式语境下，三螺旋模式的运行需要充分承认和考虑弥散在整个社会的"公众"对于知识与创新政策与策略的理解、认可和支持所具有的重要作用。在这一过程中，政策与策略的内涵与价值离不开媒体向公

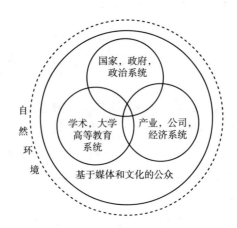

图2-1　三螺旋、四螺旋、五螺旋创新模式嵌套

① Leydesdorff L, Etzkowitz H. Can "the public" be considered as a fourth helix in university – industry – government relations? Report of the fourth Triple Helix conference [J]. Science Public Policy, 2003（1）：55 – 61.

② 周春彦，亨利·埃兹科威茨. 双三螺旋：创新与可持续发展 [J]. 东北大学学报（社会科学版），2006（3）：170 – 174.

③ Elias Carayannis, David F. J. Campbell. Triple Helix, Quadruple Helix and Quintuple Helix and How Do Knowledge, Innovation and the Environment Relate To Each Other? A Proposed Framework for a Trans – disciplinary analysis of Sustainable development and Social Ecology [J]. International Journal of Social Ecology and Sustainable Development, 2010（1）：41 – 69.

众的宣传、解读以及相应的文化形式和产品对于公众认识的思想渗透和传播。作为第五螺旋的"自然环境（社会的自然环境）"的提出，主要目的则在于将知识、创新和环境紧密联系，形成一个针对可持续发展和社会生态问题的跨学科与超学科分析框架，使知识的生产、使用和创新必须在支持可持续发展、优化社会生态的背景下进行。

对于四螺旋和五螺旋创新模式的构建，莱德斯多夫（2012）指出，人们可能希望超越三螺旋的创新选择，但是对于所提出的第四或第五螺旋，则需要基于潜在的相关数据对其进行实质性的说明和操作，甚至还需要进一步制定相关指标。如果缺乏这一视角的支撑，那么简约本身不失为一种明智的方法策略，在考虑将三螺旋模型向 N 螺旋模型扩展时必须慎之又慎。[①] 然而，实际上不论是第四螺旋还是第五螺旋，各自指涉的螺旋内容与埃兹科威茨提出的"大学—公众—政府"可持续发展三螺旋模型所欲表达的核心内涵并无本质性的区别，均高度肯定了创新体系中公众主体的参与作用和积极影响，以及实现环境可持续发展的价值追求。因此，从某种程度上完全可以"搁置争议"，将四螺旋与五螺旋模型视为对埃兹科威茨的双三螺旋理念的一种有机整合。调和性的双三螺旋中的要素与集成性的四螺旋、五螺旋中的要素，为区域创新体系的建设提供了共同的、一致性的指导。

（二）五螺旋创新模式运行的核心特征

第一，以实现可持续发展为动力。从三螺旋、四螺旋到五螺旋创新模式，其着眼点相应经历了由注重经济、注重社会到注重自然环境的演变，最终基于社会生态学的视角将社会生态系统与自然生态系统的发展有机统一起来，追求经济、社会与自然之间的和谐、可持续发展。三螺旋创新模式以推动知识经济发展作为知识生产与创新的驱动力，侧重于自上而下的政府、大学和产业政策和实践。四螺旋创新模式将社会发展作为知识生产与创新的驱动力，强调将促进知识社会的发展作为知识经济发展的一项必要条件，侧重于兼顾自上而下的政府、大学和产业的政策和实践以及自下而上和中间层次的公民社会的"草根"所实施的有助于更好地塑造、调整和提高政府、大学

---

① Loet Leydesdorff. The Triple Helix, Quadruple Helix, …, and an N – Tuple of Helices: Explanatory Models for Analyzing the Knowledge – Based Economy? [J]. J Knowl Econ, 2012 (3): 25 – 35.

和产业政策与实践成效的行为举动。五螺旋创新模式则进一步将保护自然环境作为知识生产与创新的驱动力，确保上述的自上而下、自下而上和中间层次的政策、实践和行动尽可能地富有智慧、可持续性和包容性。[①] 就本质而言，四螺旋、五螺旋创新模式的构建是对知识经济发展主导下的三螺旋创新模式中对于知识生产与创新意义的理解的进一步拓展和局限的矫正，从更为宏观与综合性的视角阐释了创新发展的深刻内涵，表达宣示了一种全新的、多领域共赢的创新发展理念。

第二，以社会的民主环境为前提。在卡若扬尼斯（2011）与卡莫贝尔（2011）看来，无论是在民主社会还是非民主社会，政府是以行政指令的方式还是引导激励的方式，三螺旋创新模式都可以得以有效建立和运行。然而，在非民主的国家和政体当中，很难去尝试四螺旋、五螺旋创新模式，在民主之外没有四螺旋与五螺旋，即四螺旋与五螺旋模式必须要置于民主的背景之下。不论是四螺旋的社会敏感性还是五螺旋的生态敏感性，只有在知识生产与应用的民主框架之下才能够得以有效落实。"民主"并非狭义上的政治选举民主，而是指涉自由、平等、控制与可持续发展等内涵的广义民主，高质量的民主会为知识的生产和创新提供强有力的支持和鼓励。21世纪的"柏拉图式理想国"是一种基于知识和创新的民主政体，民主的进步和知识、创新的进步互为依靠。只有大力尊重、支持知识和创新，使知识和创新流经各个部门、领域，才能构建高质量的民主和真正的公民社会。民主是推动知识生产与创新转化为社会与人民发展机遇与福利的一大重要杠杆，鼓励、倡导通过智慧的、可持续的、包容性的增长来实现可持续的发展。同时，民主社会允许不同的知识与创新模式的集成、共存与共同进化，从而针对不同的知识与创新模式制定相应的知识和创新政策。[②]

第三，以知识资源的投入—产出转化为路径。五螺旋创新模式以对生态创新和生态创业的阐释为主线，呈现了知识资源在教育、经济、政治、基于

① Han Woo Park. Transition from the Triple Helix to N – Tuple Helices? An interview with Elias G. Carayannis and David F. J. Campbell ［J］. Scientometrics，2014（99）：203 – 207.

② Elias G. Carayannis，David F. J. Campbell. Open Innovation Diplomacy and a 21st Century Fractal Research，Education and Innovation（FREIE）Ecosystem：Building on the Quadruple and Quintuple Helix Innovation Concepts and the "Mode 3" Knowledge Production System ［J］. J Knowl Econ，2011（2）：327 – 372.

媒体和文化的公众、自然环境等五大社会子系统（螺旋）各自提供的人力资本、经济资本、政治与法律资本、信息与社会资本、自然资本之间的转化与流转。流转表现为知识资源的投入与产出循环，产出包括支持可持续发展的创新成果与创新成果的流转方式。卡若扬尼斯等（2012）以全球变暖问题为例予以说明。如果以对教育系统的专项投资为起始，各系统产出的创新成果分别为可持续性方面的知识、减少碳排放、可持续性框架与法律框架、与自然的新平衡、绿色技术与知识。在流转方式上，教育系统的投资产出了具有可持续发展价值和理念的高技能人力资本，人力资本投入经济系统，产出高质量的经济、新的自由市场经济和新的就业与增长，高质量发展内含的环保理念投入自然环境系统，产出自然生态修复与绿色发展科技，科技带来的绿色生活方式投入基于媒体和文化的公众系统，产出新的生活质量，公民对于新生活质量的看法、满意度和参与性信息投入政治系统，产出新的发展思想与解决方案、项目与法律，方案、项目与法律中加强对可持续发展方面的教育的投资决策投入教育系统，然后开始新一轮循环。①

二、五螺旋创新模式的知识生产与创新形态

创新以知识为核心，是基于知识的创新。因此，知识的生产与创新是螺旋式创新模式的核心，螺旋式创新模式的演变的根本动力在于知识生发的时代性变迁。历史上，螺旋式创新模式的演变与知识生产模式的演变相辅相成，始终存在着紧密的内在逻辑关系。以三螺旋创新理论的出现为标志，直观揭示了这种关系的关联机理。相对于三螺旋，四螺旋与五螺旋创新模式所对应的知识生产形式与类型被称为知识生产模式Ⅲ。

（一）从知识生产模式Ⅰ、模式Ⅱ到模式Ⅲ

吉本斯等（1994）提出的知识生产模式Ⅰ以制度化的学科为场域，主要在学科认知的语境中进行知识的生产，由学科共同体来决定学科知识的生产流程且把关知识的生产质量，主要表现为一种高度稳定的极具规范性和程式

---

① Elias G Carayannis, Thorsten D Barth, David F J Campbell. The Quintuple Helix innovation model: global warming as a challenge and driver for innovation [J]. Journal of Innovation and Entrepreneurship, 2012 (1): 2–11.

化的知识生产范式，偶有的对应用情境中的问题设置和解决的关注只是一种特定共同体的兴趣所主导的行为。大学的研究遵循的是学科性的学术研究结构框架，学科的学术同行掌管着研究质量的评价与控制，注重的是纯粹的知识发现，并不关心知识在学术圈外的传播与应用，无关经济社会的问题解决，属于典型的象牙塔式的知识生产。模式Ⅱ则将知识生产置于实际的应用情境当中，围绕现实问题的解决来组织相关的多种学科的资源力量实施协同攻关，同时，根据问题解决的进展和要求对攻关力量配置进行高度灵活的调整。这对于知识生产带来的实际影响客观上要求更多的社会问责和反思，质量的标准和控制也更为复杂。大学的研究遵循的是问题解决性的应用研究结构框架，由经济社会的实践者来评判研究的质量，所有的参与者关注的是产出切实有用的知识，同时要兼顾研究的社会责任与影响。①

关于知识生产模式与螺旋创新之间，埃兹科威茨（2000）与莱德斯多夫（2000）指出，"三螺旋创新理论在知识经济的社会结构层面将知识生产模式Ⅱ解释为一种历史上逐步出现的科学知识生产结构，以及知识生产模式Ⅱ与知识生产模式Ⅰ之间的关系的模型。"② 卡若扬尼斯（2009）与卡莫贝尔（2009）将四螺旋、五螺旋创新模式所对应的知识生产形式与类型称之为知识生产模式Ⅲ。模式Ⅲ是一种对现实和虚拟的知识存储与知识流动形态进行概念化、设计和管理的多层次、多边性、多节点、多模式的创新生态系统，旨在以自上而下、政策驱动和自下而上、强化创业的方式来催化创造力、触发发明、加速创新，支持协同专业化的知识资产的创造、传播、分享、吸收和使用。模式Ⅲ鼓励跨学科思维以及跨学科知识的超学科应用，通过不同知识生产与创新模式的结合来解决经济社会问题。其所基于的一个根本前提性认识就是，接纳并塑造多元化的知识生产与创新模式对于现代知识经济社会至关重要，不同的模式在共存与共同演进中相互借鉴、优胜劣汰、有机整合。③

① ［英］迈克尔·吉本斯，等. 知识生产的新模式：当代社会科学与研究的动力学［M］. 陈洪捷，沈文钦，等，译. 北京：北京大学出版社，2011：4-5.

② Henry Etzkowitz, Loet Leydesdorff. The dynamics of innovation：from National Systems and "Mode 2" to a Triple Helix of university – industry – government relations［J］. Research Policy, 2000（2）：109 – 123.

③ Elias Carayannis, David F. J. Campbell. "Mode 3" and "Quadruple Helix"：Toward a 21st century fractal innovation ecosystem［J］. International Journal of Technology Management, 2009（3）：201 – 234.

（二）知识生产模式Ⅲ运行的核心特征

第一，知识民主。卡若扬尼斯（2009）与卡莫贝尔（2009）借由政治民主的概念引申出了"知识民主"的概念。一方面指称基于知识的社会民主，以知识为基础的社会可有效推动实现政治上的民主，这也是模式Ⅲ存在、运行的重要社会背景。另一方面指称模式Ⅲ具有对诸多知识生产与创新模式的包容性和适应性，能够接受并且鼓励促进多元化的知识和创新模式的共存、共同进化和协同专业化，如线性创新模式（强调基础研究、应用研究和实验开发之间的单向性顺序关系）与非线性创新模式（强调基础研究、应用研究和实验开发之间平行的耦合关系，注重在知识生产与应用之间建立更为直接的联系），知识生产模式Ⅰ、模式Ⅱ和三螺旋创新模式等，通过对不同模式的灵活集成来达成模式之间的额外效应、溢出效应。恰如"政治波动"下的政治民主选择与多元化政治格局的驱使一样，"知识波动"之下的知识民主决定着特定背景下的主导性和非主导性的知识模式是什么，且呈现为一种诸多知识模式平行存在的状态。[①] 各种模式之间"适者生存"，在相互的交流、碰撞中实现自主性的交叉学习和补充借鉴，通过"竞合"张力的扩张来达成各模式之间的有效共存。

第二，知识集群。模式Ⅲ作为一种高级知识体系，对于多元性知识与创新模式的高度集成性强调了不同的知识与创新主体围绕流动性、异质性的知识集群和创新网络形成矩阵式布列的重要性。卡若扬尼斯（2009）与卡莫贝尔（2009）基于系统理论，根据一个系统所具有的构成元素和运行逻辑的自洽性两大属性，将知识生产模式Ⅲ创新生态系统的基本构成元素定位为知识集群，系统运行逻辑的自洽性定位为创新网络。知识集群是以知识储存和知识流动的形式而进行协同专业化、相互补充和加强的一种开放性的知识资产的凝聚，具有自组织性、学习驱动性与灵活的适应能力，可以跨越不同的地理区位和产业部门。创新网络是一种服务于培育创造力、触发发明与催化创新的现实的和虚拟的基础结构与基础技术。[②] 知识集群和创新网络彰显了知识与创新交互的复杂性，是理解模式Ⅲ体系下知识储存和流动的本质与动力

①②　Elias Carayannis，David F. J. Campbell. "Mode 3" and "Quadruple Helix"：Toward a 21st century fractal innovation ecosystem ［J］. International Journal of Technology Management，2009（3）：201 – 234.

的关键所在。所有的知识集群和创新网络在包括政府、大学、产业、非政府组织等多边性主体在内的各种机构、政治、技术和社会经济领域中得以不断形成、重构和消解，能够根据情境和现实需求的不同而进行相应的调整和变化，具有高度的灵活性。

第三，知识分形。模式Ⅲ创新生态系统同步存在于全球、国家、区域、地方等多个地理层面，应和了人类可持续发展问题的地方化与全球化。这种多层次性的存在状态的关键支撑在于模式Ⅲ所具有的知识分析特征。美籍数学家曼德尔布洛特（Beno't Mandelbrot，1975）首先提出了分形（fractal）概念，并创立了分形几何学。分形指的是组成整体的各部分模块与整体之间在某种方式上呈现出高度相似的一种形体，每一个相对独立的组成模块都能够在一定程度上对整体进行再现，表现为整体的一个缩影。分形的诸多特征当中最为基本的特征就是自相似性，也就是局部与整体之间在形态上的相似性，抑或局部能够体现出整体所具有的基本精神与核心特征。① 卡若扬尼斯（2009）与卡莫贝尔（2009）以分形理论为基础，进一步提出了知识分形的概念，将其用以阐述模式Ⅲ基于知识集群和创新网络的知识分形所呈现出的一种自下而上和自上而下的连续体形态。不同层次的知识集群和创新网络之间形成嵌套，每一个知识集群和创新网络是更高层次的知识元集群（创新网络和知识集群的集群）和创新元网络（创新网络和知识集群的网络）的子组件（节点），每一个知识集群和创新网络下含的子组件（节点）都是一个微观型配置的知识集群和创新网络。②

三、五螺旋创新视域下地方高校学科专业的发展路向

2016年，中共中央、国务院印发的《国家创新驱动发展战略纲要》中提出，"明确各类创新主体在创新链不同环节的功能定位，激发主体活力，系统提升各类主体创新能力，夯实创新发展的基础"。其中，在关于大学主体的功能定位中指出，要系统提升人才培养、学科建设、科技研发三位一体

---

① 张越川，张国祺. 分形理论的科学和哲学底蕴 [J]. 社会科学研究，2005（5）：81-86.

② Elias Carayannis，David F. J. Campbell. "Mode 3" and "Quadruple Helix"：Toward a 21st century fractal innovation ecosystem [J]. International Journal of Technology Management，2009（3）：201-234.

创新水平，增强原始创新能力和服务经济社会发展能力。① 对于地方高校这一重要的区域创新主体，三位一体创新水平的系统提升的任务要求对地方高校的学科专业建设提出了新的挑战和要求。

（一）秉持社会可持续发展理念引领学校的创新活动

20 世纪初，熊彼特（Joseph Alois Schumpeter）提出了创新理论，将创新作为经济发展的动力，即生产者将生产要素和生产条件以一种从未有过的方式实现新的结合，包括产品、工艺、市场、供应链和生产组织的各方面的创新。② 创新一词被深深打上了经济的烙印，创新发展在很大程度上作为经济发展的代名词，成为各经济体提升经济发展核心竞争力的战略制高点。20 世纪后期，随着人力资本理论的提出与盛行，创新型科技、技能人才资源与科技的发明与创新一起成为了左右知识经济发展进程的"两翼"。以三螺旋创新理论为代表，高度彰显了大学在提升科技创新能力，产出高端创新创业人才方面所具有的关键主导地位。20 世纪 80 年代以来，以美国政府出台的系列技术转移相关法律政策为引领，各国政府部门纷纷围绕将大学的科技成果转化为现实的社会生产力来构建统摄多个领域的成果转化服务体系，积极引导激励大学参与技术型创新创业以服务知识经济发展。

当前，在我国大力实施创新驱动发展战略，经济发展已经进入新常态的时代背景下，坚持创新、协调、绿色、开放、共享的新发展理念是促进经济社会持续健康发展的国家意志。习近平总书记指出，创新发展注重的是解决发展动力问题，协调发展注重的是解决发展不平衡问题，绿色发展注重的是解决人与自然和谐问题，开放发展注重的是解决发展内外联动问题，共享发展注重的是解决社会公平正义问题。新发展理念相互贯通、相互促进，是具有内在联系的集合体，要统一贯彻，不能顾此失彼，也不能相互替代。③ 显然，新发展理念在本质上完全契合五螺旋创新模式所强调的生态创新和生态创业取向，两者都以创新为发展的根本动力，以经济、社会与自然的科学发

① 中共中央，国务院. 国家创新驱动发展战略纲要［EB/OL］.（2016 - 5）［2022 - 7 - 18］. http：//www. most. gov. cn/yw/201605/t20160520_125675. htm.

② 黄阳华. 熊彼特的"创新"理论——读《经济发展理论》［N］. 光明日报，2016 - 9 - 20.

③ 习近平. 在党的十八届五中全会第二次全体会议上的讲话（节选）［J］. 求是，2016（1）：2 - 4.

展与可持续发展为追求。近年来，随着我国"大众创业、万众创新"决策部署的深入快速推进，各级政府与大学都在加快构建、完善大学的创新创业体系，地方高校的学科专业建设以对接服务经济产业为主导逻辑，积极围绕国家的重大战略需求和区域经济社会发展需求实施创新，开展创新创业活动。在五螺旋创新时代和新发展理念之下，地方高校的学科专业建设需要跳出唯经济效益的思维定式，牢固树立大"生态"思维，在学科专业建设目标与理念中强调、彰显"生态"价值元素，将促进经济产业、社会文明与自然环境的共同可持续发展作为创新的重要导向。

（二）推动艺术与科学领域融合提升综合创新水平

四螺旋与五螺旋创新模式强调艺术、艺术研究、艺术类高校对于促进知识生产与创新的潜在重要作用，认为除了科学类大学之外，艺术类大学同样应该被视为对于促进创新系统的发展具有决定性作用的组织，因为科学与艺术之间的跨学科与超学科结合对于发展创新和创新系统至关重要。艺术除了美学维度外，还兼具知识、知识生产和创新维度。一方面，艺术研究本质上是跨学科性的研究，艺术研究可以推动跨学科研究平台以及研究与创新网络的形成，将科学中的不同学科与艺术中的不同学科进行联结，从而创造性地帮助加强与释放科学的跨学科动力，使科学中的跨学科计划得以加强和优化。另一方面，基于艺术的研究提供了与基于科学的研究中的知识生产进行跨学科、超学科配置、重新配置和网络连接的机会。基于艺术的创新将创新的概念从主要是经济驱动的关切和目的中解放出来，鼓励知识生产与创新的过程的创造，甚至有可能导向人们对经济增长模式的重新思考与重塑。①

诺贝尔物理学奖获得者李政道（1996）曾对科学与艺术的关系进行过精辟概括，"艺术与科学的共同基础是人类的创造力，它们追求的目标都是真理的普遍性""艺术与科学是不能分离的，它们的关系是与智慧和情感的二元性密切关联的""艺术与科学事实是一个硬币的两面。它们源于人类活动

---

① Elias G Carayannis, David F. J. Campbell. Developed democracies versus emerging autocracies: arts, democracy, and innovation in Quadruple Helix innovation systems [J]. Journal of Innovation and Entrepreneurship, 2014（3）：12 - 34.

最高尚的部分，都追求着深刻性、普遍性的永恒。"① 艺术与科学领域之间虽然有相对明确的界限，但要推动人类创新事业的发展则需要在两者之间实现有机融合。在 2019 年 9 月中国科学院大学艺术中心主办的"艺术与科学之问"学术论坛上，学者们力图将"钱学森之问"转换为"艺术与科学之问"的具体问题，并从学科建设的角度探讨了艺术与科学跨学科发展的可能性与方向。例如，韩子勇认为，"目前人类所应对的最重要的难题，最重要的科学与技术的目标，已经远远超出既有的学科分类。学科的单兵突进已成绝响……科学、艺术、哲学与人文研究，谁最先打破边界、谁在对方的领域融入最深，谁就最有可能获得一个新的世界"。② 仲呈祥认为，"二十一世纪进入到了科学思维与艺术思维互补的时代，人类在和平环境下要思考的科学目标是求真，这是一条开启人类通往把握规律、追求持续全面协调发展的通道"。③ 地方高校走出传统主要基于理工科的创新与应用思维，着力寻求艺术与科学领域的跨学科创新，将成为今后加强创新的重要潜力点与突破点。

（三）加强对接产业的学科专业集群创新

随着知识生产模式的演进，传统的知识生产模式已经不能满足知识经济社会中各利益相关主体的多元需求，现实的经济社会需求对地方高校的知识生产活动提出了深层次的挑战。知识生产模式Ⅲ将产业集群理念吸收、运用于对知识生产与创新领域的认识，彰显了模式Ⅲ的集群创新本质。④ 集群创新系统中的相关主体的集聚与互联在客观上形成了一套完整的产业链、知识链、价值链和创新链。每个主体都是一种重要的产业资产，网络互联关系则保障了资产之间的有效互通。就地方高校而言，对于模式Ⅲ集群创新的参与，不仅体现在与政府、产业、公众等外部相关利益主体的集聚合作，还体现在对接产业需求构建内部的学科专业集群，形成学科专业间的知识集群和

---

① 艺术和科学的理解都需要智慧——中央工艺美术学院授予李政道先生名誉教授［J］. 装饰，1996（4）：4 - 5.

②③ "艺术与科学之问"学术论坛在国科大雁栖湖校区举办［EB/OL］.（2019 - 9 - 9）［2022 - 7 - 18］. http：//news. ucas. cn/index. php？ Itemid = 176&catid = 340&id = 494392&option = com_content&view = article.

④ Mary G. Schoonmaker，Elias G. Carayannis. Mode 3：A Proposed Classification Scheme for the Knowledge Economy and Society［J］. J Knowl Econ，2013（4）：556 - 577.

创新网络。由此，地方高校的知识生产模式必须随着区域知识生产环境以及知识生产价值取向的变化而进行积极调整与创新，从封闭型走向开放型与应用情境型，从单学科走向跨学科、超学科，从单主体型走向网状主体型，从点状、线性关系走向多边与网络互动型共同体。基于区域情境中产业行业需求而建构的学科专业集群共同体在学科专业集群与区域产业链之间构建了一种长效的、相互尊重和支持的协同共赢机制，它的融合促进了知识在多元利益相关主体间的流动、交汇、创新与转化，推动地方高校摆脱传统的"研究型"的同质化知识生产制度的路径依赖，增加与区域创新实践情境的适切性，助力提升高校在多元复杂的知识生产环境中整合、创新和转化知识的能力。

近年来，我国政府在政策上积极支持、鼓励地方高校建立学科专业与产业之间的链式对接关系。《国家教育事业发展第十二个五年规划》提出，"建立地方特色优势产业和特色优势学科对接机制，促进人才培养链、科技创新链和产业价值链紧密结合"。[1]《国务院关于加快发展现代职业教育的决定》中指出，"鼓励多元主体组建职业教育集团，制定院校、行业、企业、科研机构、社会组织等共同组建职业教育集团的支持政策，发挥职业教育集团在促进教育链和产业链有机融合中的重要作用"。[2] 教育部、国家发展改革委、财政部《关于引导部分地方普通本科高校向应用型转变的指导意见》中指出，"建立紧密对接产业链、创新链的专业体系。按需重组人才培养结构和流程，围绕产业链、创新链调整专业设置，形成特色专业集群"。[3]《国务院办公厅关于深化产教融合的若干意见》中指出，"深化产教融合，促进教育链、人才链与产业链、创新链有机衔接……推动学科专业建设与产业转型升级相适应，建立紧密对接产业链、创新链的学科专业体系"。[4] 地方高校以

---

① 教育部. 国家教育事业发展第十二个五年规划 [EB/OL]. (2012 – 6 – 14) [2022 – 7 – 18]. http：//www. moe. gov. cn/srcsite/A03/moe_1892/moe_630/201206/t20120614_139702. html.

② 国务院. 关于加快发展现代职业教育的决定 [EB/OL]. (2014 – 5 – 2) [2022 – 7 – 18]. http：//www. scio. gov. cn/ztk/xwfb/2014/gxbjhzyjyggyfzqkxwfbh/xgbd31088/Document/1373573/1373573_1. htm.

③ 教育部，国家发改委，财政部. 关于引导部分地方普通本科高校向应用型转变的指导意见 [EB/OL]. (2015 – 10 – 21) [2022 – 7 – 18]. http：//www. moe. gov. cn/srcsite/A03/moe_1892/moe_630/201511/t20151113_218942. html.

④ 国务院办公厅. 关于深化产教融合的若干意见 [EB/OL]. (2017 – 12 – 5) [2022 – 7 – 18]. http：//www. gov. cn/zhengce/content/2017 – 12/19/content_5248564. htm.

产业链为基本依托构建形成的学科专业集群之间相互作用、紧密联系，并以此达成知识生产与应用、人才培养与应用的一体化的状态。这种状态集聚了多个创新主体、多路创新资源与多种创新元素，是推动学科专业集群创新的重要路径。在区域创新体系的构建过程中，地方高校的发展要积极适应知识生产模式Ⅲ的集群创新要求，必须着力改进学校内部的学科专业体系，通过学科—专业—产业链的构建来优化学科专业结构布局，从而达成学科专业之间的"化学反应"，形成良好的学科专业集群创新生态，以结构性改革的量变来推动实现学科专业发展质量的根本性质变。

（四）探索学术公司组织模式搭建新型创新创业平台

卡莫贝尔（2016）与卡若扬尼斯（2016）认为，知识生产模式Ⅱ和模式Ⅲ中的大学都具有"创业型大学"的特征，但模式Ⅲ中的大学兼重基础研究与知识应用以及两者之间的结合，因而可以采用学术公司（academic firm）这种新的创新创业组织形式。学术公司的核心特征为：目标导向上，以注重鼓励、支持和促进知识生产和应用为核心驱动力，致力于达成商业利益与推动知识生产和应用原则之间的完美平衡；运行逻辑上，在完全的基于知识的生态系统中运行，可以遵从线性创新的逻辑，但更倾向于运用和遵从非线性创新的逻辑，将应用背景下的基础研究视为一种机遇；组织管理上，注重与高校及各种科研活动机构构建多样化的合作网，并寻求与其他公司合作的可能性。注重营造内部的"创造性知识环境"，以学术价值来激励员工、培养信任感及构建公司和员工之间的良好关系，将员工的学科背景的多样性作为创造性地开展知识生产和应用的重要的潜在机会和资产。允许并鼓励员工开展学术研究，支持员工参与继续教育、进修和终身学习，通过灵活、弹性的工作机制来满足员工的学习与工作需求，接受与其他高等教育机构之间的员工联聘、互聘。基于模式Ⅱ的创业型大学代表了商业元素向学术界的部分延伸，学术公司代表了学术界向商业界的延伸。[①] 学术公司是一种新的商业模式，为地方高校提出了一条融学科专业与产业发展于一体的产学研合作及学科专业建设的新范式，不以赚取利润为主要目的，而重在致力于以公司的运

① David F. J. Campbell, Elias G. Carayannis. The academic firm: a new design and redesign proposition for entrepreneurship in innovation – driven knowledge economy [J]. Journal of Innovation and Entrepreneurship, 2016 (5): 12 – 21.

营形式来促进知识的生产和应用，其运行所倚重的是高度的学术性、跨学科性、开放性、合作性。

2018 年教育部等三部委发布的《关于高等学校加快"双一流"建设的指导意见》中指出，"创新学科组织模式……瞄准国家重大战略和学科前沿发展方向，以服务需求为目标，以问题为导向，以科研联合攻关为牵引，以创新人才培养模式为重点，依托科技创新平台、研究中心等，整合多学科人才团队资源……组建交叉学科，促进哲学社会科学、自然科学、工程技术之间的交叉融合"。① 基于这一政策导向，学术公司的理念对于地方高校的学科专业建设的学科组织模式创新提供了一种可供探索的思路和方向。实际上，21 世纪初以中南大学为代表的一批研究型高校创造与实施的学科性公司制就与学术公司的理念具有很大程度的契合性。中南大学前校长黄伯云（2002）指出，"学科性公司制旨在实现教育、科技、经济的一体化。其创新目标具体表现在以下三个方面：其一是创建基于人力资本实现的教育、科技、经济一体化发展的科技创新，突破以往的研究型大学的教育、科技一体化和技术创新的技术、经济一体化的固有模式；其二是创建基于大学学科建设的以人才和知识产出为目的的企业法人组织，突破以往单一的以盈利为目的的企业法人组织模式；其三是创建基于人才培养和研究发展的大学学科建设组织模式，突破以往的单一由政府主导的或社会资助的大学学科发展模式"。② 因此，至少从目标导向上来看，学科性公司制可以视为学术公司理念在中国的初步尝试与实践。今后，在学术公司理念的指导下，我国地方高校可以鼓励科研人员发展创办具有高度灵活开放的运行与治理机制的"学术公司"型企业，充分利用这一新的创新载体，从更大程度上激发学科专业的创新动能，释放优势学科专业的创新潜力。

---

① 教育部，财政部，国家发展改革委. 关于高等学校加快"双一流"建设的指导意见（教研〔2018〕5 号）〔EB/OL〕. （2018 – 8 – 20）〔2022 – 7 – 18〕. http：//www. moe. gov. cn/srcsite/A22/moe_843/201808/t20180823_345987. html.

② 黄伯云. 架构科技创新组织平台〔N/OL〕. （2002 – 12 – 25）〔2022 – 7 – 18〕. http：//t – cnki – net – s. ssl – vpn. yctu. edu. cn：8118/kcms/detail？v = psIwU9EV0ArIr4fFwvzHJC5pA8Jr_8EEMPywd7dOoRHZIoziQRzDvrEcs6AfjLD6x6kv7gqDFRagnHq2KOiruJs5PWVg0HQKwPsHfeofOI3gomzILjGfKg = = &uniplatform = NZKPT.

第三节　地方高校的应用型办学转型

当前，地方高校普遍选择向应用型大学转型，坚持推进扎根于区域产业行业发展需求的特色化与差异化的办学战略，致力于构建高校知识生产与人才培养活动与区域产业结构转型升级的紧密联动机制。地方高校具有与区域产业行业发展相对接的天然优势，应用型转型是地方高校与区域创新发展战略对接与耦合的必然产物，也是创新驱动下地方高校高质量发展的必由路径。应用型转型不但有利于使地方高校的学科专业结构与区域产业行业发展需求实现更有效地对接并且得到持续优化，更有利于通过学科、专业、产业之间的融合来不断提升地方高校为区域社会经济创新发展提供高质量的应用型人才的支撑能力，最终有效化解地方高校人才培养与区域创新发展人才需求之间供需不匹配的结构性矛盾，支撑区域创新发展，进而提升地方高校的内涵建设质量。

一、大学分类视野下的应用型大学学科专业定位

在政府管理层面，我国高等教育正在进入以实施分类发展为导向来推动高等学校分类管理改革的时代，建立科学的高等教育分类体系是优化高等教育结构，提升高等教育质量的一项重要内容。《教育部关于"十三五"时期高等学校设置工作的意见》中，根据人才培养定位将高校大体分为研究型、应用型和职业技能型三大类型，分别主要培养学术研究的创新型人才，从事服务经济社会发展的本科以上层次应用型人才，从事生产管理服务一线的专科层次技能型人才。[①] 这是国家制度层面首次将应用型作为一大重要高校类型纳入到院校设置工作当中。同时，《国家教育事业发展"十三五"规划》中提出，"推动地方开展高等学校分类管理改革试点，以人才培养定位为基础建立高等教育分类体系，研究制定高校分类设置、分类指导、分类拨款、

---

① 教育部. 关于"十三五"时期高等学校设置工作的意见 [EB/OL]. (2017 – 1 – 25) [2022 – 7 – 18]. http：//www. moe. gov. cn/srcsite/A03/s181/201702/t20170217_296529. html.

分类评估等制度"。① 从地方实际的改革进程上来看，以山东、浙江、吉林、重庆、上海、河南、云南等为代表，从制度上构建了省域高校分类体系。

（一）应用型大学的人才培养定位

各省份对于省域内高校的分类发展定位各有特点，总体来看，具体的分类逻辑大致可以概括为四种类型（见表2-1）。各省提出的高校分类框架虽然在分类的逻辑上互有差异，在分类名称上也有不同，但普遍明确将应用型大学作为重要发展类型，部分省份甚至将应用型大学进一步分为应用研究型与应用技术型大学。应用型大学类型确立的根本基准就在于培养集理论基础、实践能力与创新能力于一体的高层次应用型人才。

表2-1 　　　　　　　　　　部分省份的本科院校分类与人才培养定位

省份	本科高校类型	人才培养定位
山东②	博士学位高校	以培养创新型、复合型高层次人才为引领
	硕士学位高校	以培养卓越应用型人才为重点
	其他本科高校	以培养面向生产、建设、管理、服务一线的高素质应用型人才为主要目标
吉林③	研究型高校	重点培养学术研究的创新型人才
	应用研究型高校	重点培养具有较强理论基础、应用研究能力和创新能力的复合型人才
	应用型高校	重点培养具有一定理论基础、较强实践能力和创新转化能力的应用型人才

---

① 国务院. 国家教育事业发展"十三五"规划 [EB/OL]. (2017-1-10) [2022-7-18]. http：//www. moe. gov. cn/jyb_xxgk/moe_1777/moe_1778/201701/t20170119_295319. html.

② 山东省教育厅. 《山东省本科高校分类考核实施方案（试行）》解读 [EB/OL]. (2019-11-4) [2022-7-18]. http：//edu. shandong. gov. cn/art/2019/11/4/art_11992_7496230. html.

③ 吉林省人民政府办公厅. 关于加强普通高等学校分类管理和分类指导的意见 [EB/OL]. (2017-9-19) [2022-7-18]. http：//www. law-lib. com/law/law_view. asp? id=599793.

续表

省份	本科高校类型	人才培养定位
重庆①	综合研究型高校	主要培养有社会责任感、具有深厚人文素养、系统理论基础、强烈创新意识、宽广国际视野与家国情怀的拔尖创新人才、跨界融合的复合型高层次人才和高端智库人才
	应用研究型高校	主要培养有社会责任感、具有坚实理论基础和创新实践能力的卓越应用型人才，重点培养创新型工程师和高级管理人才
	应用技术型高校	主要培养有社会责任感、具有扎实理论基础、较强革新能力和实践操作能力的现场工程技术管理和社会管理服务人才
上海②	学术研究型高校	以培养学术研究人才为引领
	应用研究型高校	以培养应用研究与开发人才为重点
	应用技术型高校	以培养专业知识和技术应用人才为主
河南③	高水平综合大学	主要培养具有扎实的理论基础、实践能力和创新能力的复合型高素质人才
	特色骨干大学	主要培养具有较强的理论基础、实践能力和创新能力的专业型高素质人才
	应用技术大学	主要培养有一定理论基础、掌握新技术、具备较强实践能力和创新意识的本科层次技术技能人才
云南④	高水平大学	主要培养具有较强理论基础、实践能力和创新能力的高素质人才
	骨干特色高校	主要培养具有较强理论基础、实践能力和创新能力的专业型高素质人才
	应用型本科高校	主要培养具有一定理论基础、较强实践能力和创新意识的高层次应用人才

---

① 重庆市教育委员会，重庆市发展和改革委员会，重庆市财政局，重庆市人力资源和社会保障局．关于促进普通高等学校分类发展的意见［EB/OL］．（2017 - 11 - 27）［2022 - 7 - 18］．https：//www. cq. gov. cn/zwgk/zfgb/2018/d3q_42891/202001/t20200117_4763998. html.

② 上海市教育委员会，上海市发展和改革委员会，上海市人力资源和社会保障局，上海市财政局，上海市规划和国土资源管理局．上海高等教育布局结构与发展规划（2015 - 2030 年）［EB/OL］．（2015 - 12 - 28）［2022 - 7 - 18］．http：//xww. sspu. edu. cn/hxzl/jyzx/37338. htm.

③ 河南省人民政府办公厅．关于促进普通高等学校分类发展指导意见［EB/OL］．（2015 - 11 - 30）［2022 - 7 - 18］．http：//www. henan. gov. cn/2015/12 - 18/247453. html.

④ 云南省人民政府办公厅．关于加强全省高等学校分类发展和分类管理的指导意见［EB/OL］．（2016 - 9 - 14）［2022 - 7 - 18］．http：//www. yn. gov. cn/zwgk/zcwj/zxwj/201609/t20160926_144233. html.

续表

省份	本科高校类型	人才培养定位
浙江①	研究为主型	以本科生、硕士、博士研究生培养为主
	教学研究型	以本科生、硕士研究生培养为主
	教学为主型	以本科生培养为主

第一，"本科—研究生"教育层次逻辑。以山东为代表，按照博士学位授权高校、硕士学位授权高校、其他本科高校三类对本科院校进行分类考核。其中，博士学位授权高校以培养创新型、复合型高层次人才为引领，硕士学位授权高校以培养卓越应用型人才为重点，其他本科高校以培养面向生产、建设、管理、服务一线的高素质应用型人才为主要目标。

第二，"教学—研究"职能偏向逻辑。以浙江为代表，按照研究为主型、教学研究型、教学为主型三类对本科高校进行分类评价。三类高校分别以本科生、硕博士研究生培养为主，以本科生、硕士研究生培养为主，以培养本科生为主。

第三，"学术—应用"办学导向逻辑。以吉林、重庆、上海为代表，将本科院校分为研究型高校、应用研究型高校、应用型高校。研究型高校主要培养学术研究人才，应用研究型高校主要培养应用研究人才，应用型高校主要培养高级操作性管理与服务人才。

第四，多维混合式逻辑。以云南、河南为代表，将本科院校分为高水平大学、骨干特色高校、应用型本科（应用技术）高校，分别主要培养具有较强理论基础、实践能力和创新能力的高素质人才，培养具有较强理论基础、实践能力和创新能力的专业型高素质人才，具有一定理论基础、较强实践能力和创新意识的高层次应用型人才。

（二）应用型大学的学科专业建设定位

应用型大学以应用型人才培养为根本，但办学的"应用型"是涵盖人才培养、科学研究与社会服务活动的一种集中表征。学科专业作为所有活动开展的单元载体，在布局与定位方面具有区别于研究型大学的特殊性。从以上

---

① 浙江省教育厅. 浙江省普通本科高校分类评价管理改革办法（试行）［EB/OL］.（2016 - 8 - 8）［2022 - 7 - 18］. http：//jyt. zj. gov. cn/art/2016/8/9/art_1543960_28519742. html.

各省的高校分类制度框架来看，在关于应用型大学的学科专业发展思路与导向方面，主要表现出以面向产业行业企业需求来布局学科专业，以构建学科专业链/集群模式为明显特征的取向（见表2-2）。

表2-2　　　　　部分省份高校分类框架下的学科专业定位策略

省份	本科高校类型	学科专业分类定位策略
吉林①	研究型高校	以国家和地方重大需求为导向，加强战略性、全局性、前瞻性问题研究，提升原始创新能力，打造世界水平一流学科
	应用研究型高校	围绕振兴发展的重点产业、重点领域，凝练学科方向，加强应用基础研究，抢占创新制高点，打造国内领先的高水平学科
	应用型高校	主动适应行业和区域发展需求，推进学科链、专业链与产业链相融合，提升技术积累、技术转移、应用创新能力，建设服务区域发展的优势特色学科专业
重庆②	综合研究型高校	面向人类共同命运、国家发展重大战略和地方重大需求，根据知识创新、科技进步和学科发展前沿的需要，重点培育和建设一流学科、一流专业
	应用研究型高校	主动适应国家和地方经济社会与行业产业发展需要，专业设置以优势特色学科为重点和发展导向，有效发展应用型交叉学科，推动优势特色学科专业进入国内先进行列，并以此为基础，积极发展紧缺急需的应用学科专业
	应用技术型高校	以产教融合为目标，以建设标准化实训实习基地为突破口，专业设置以产业发展为导向，以特色专业为基础，积极发展应用技术型专业集群，进而培育应用技术型学科，建立与产业企业紧密对接的学科专业体系
河南③	高水平综合大学	加强学科建设，巩固优势学科，积极培育催生新兴学科和交叉学科
	特色骨干大学	根据行业发展实际，重点加强基础学科、应用学科建设，推动学校的优势学科、专业进入国内先进行列
	应用技术大学	重点加强服务区域主导产业和特色产业发展的专业集群建设，加快改造传统基础学科和专业，积极培育、发展应用型本科专业

①②　重庆市教育委员会，重庆市发展和改革委员会，重庆市财政局，重庆市人力资源和社会保障局. 关于促进普通高等学校分类发展的意见［EB/OL］. (2017 - 11 - 27)［2022 - 7 - 18］. https://www.cq.gov.cn/zwgk/zfgb/2018/d3q_42891/202001/t20200117_4763998.html.

③　河南省人民政府办公厅. 关于促进普通高等学校分类发展指导意见［EB/OL］. (2015 - 11 - 30)［2022 - 7 - 18］. http://www.henan.gov.cn/2015/12 - 18/247453.html.

续表

省份	本科高校类型	学科专业分类定位策略
云南①	高水平大学	面向经济社会发展重大战略需求，根据知识创新、科技进步和学科发展前沿的需要，重点建设一批优势特色重点学科（群）和品牌专业，积极培育催生新兴学科和交叉学科
	骨干特色高校	根据学校办学定位、办学基础、办学特色和行业发展实际需求，加强基础学科、应用学科建设，推动优势学科、专业进入国内先进行列
	应用型本科高校	主动适应经济社会发展需求，按照产业链对高层次技术技能人才的需求和国家职业资格要求设置专业，实施支撑产业升级重点专业群建设项目，积极培育、发展应用型专业，建立紧密对接产业链的专业体系和专业集群

应用型大学的类型属性决定着其学科专业的发展对于区域产业的需求与变化具有强烈依存性，以主动适应产业发展形势，提升服务产业发展能力为重要使命。而应用型大学的学科专业建设与运行质量高度依赖于过程质量，其知识的生产、创新以及人才的培养客观上要求来自产业主体的助力与合作，以寻求与产业之间形成深度、稳定、长远的一体化合作关系。因此，在加强主体间认知与互动的意义上，应用型大学的学科专业与产业之间需要确立共同的"局内者"的身份与对话地位，构建三者之间的战略性合作伙伴关系，以更好地消弭学科专业与产业发展之间的"误差"。

二、新建本科院校从新建到新型的战略变轨

新建本科院校是地方高校群体中向应用型大学转型发展的主体。着眼未来，新建本科院校发展的主轴在于全面、根本完成由新建到新型的蜕变，其实质在于实现旧的办学模式向新的办学模式的转型，形成一种创造性的、富有特色的应用型本科教育类型，补齐我国应用型高等教育体系的短板，壮大本科层次的应用型办学力量。

---

① 云南省人民政府办公厅. 关于加强全省高等学校分类发展和分类管理的指导意见［EB/OL］.（2016 – 9 – 14）［2022 – 7 – 18］. http://www.yn.gov.cn/zwgk/zcwj/zxwj/201609/t20160926_144233.html.

（一）时间之维的定性到类属之维的考量

新建本科院校首先是一个时间维度上的高校群体概念，原指 1999 年高等教育大扩招以来一批专科院校通过合并、升格、转制等方式形成的普通本科院校。近年来，由独立学院转设而来的一批本科院校也加入到了这一群体当中，成为新建本科院校的重要构成部分。教育部高等教育教学评估中心2017 年首次发布的《中国本科教育质量报告》显示，我国新建本科院校占全国普通本科高校总数的比例已经超过了 55%。① 毫无疑问，随着时间的推移，新建本科院校的规模与比重仍将持续扩大，成为我国本科学历人才输出的主力军。然而，新建本科院校如何配置其在高职高专院校与研究型大学之间的角色，不仅是这一庞大院校群体的总体发展战略问题，也是我国高等教育结构调整优化的关键问题，事关高等教育发展整体的提质增效。2001 年，全国新建本科院校在渝西学院（现重庆文理学院）召开第一次工作研讨会，迄今已形成了稳定的年度性会议交流机制，成为新建本科院校共同探讨本自身发展路向问题的重要自组织性平台。在此期间，部分院校对自身的目标定向进行了先期的内部思想大讨论与大胆实践探索，"转型"一词也逐渐从经济领域进入高等教育领域，成为新建本科院校发展的核心议题。为何转型、向何种类型转型、如何转型，作为新建本科院校发展理论研究与发展实践所亟待解答的重大课题与时代命题，引发了政府、高校与全社会的高度关注。

（二）自下而上的求索到自上而下的助推

新建本科院校转型遭遇的真正迷茫与困惑，是在其完成了由专科向本科办学的转型之后，面临的是向研究型大学靠齐还是开辟一条新的特殊道路的抉择。事实表明，部分新建本科院校在发展早期并没有长时间陷于犹疑徘徊的观望状态，而是及早权衡、谋划预判，毅然决然推动学校走应用型发展之路，在短期内突破了发展的"围城之困"②，实现了有效转型，成为自下而上自主开展应用型转型实践的"小岗村"与转型标杆，发挥了积极的引领带

---

① 人民网. 中国本科教育质量报告［EB/OL］. （2017 - 10 - 16）［2022 - 7 - 18］. http：//edu. people. com. cn/n1/2017/1016/c367001 - 29588440. html.

② 唐景莉. 高校转型：突破"围城之困"——访新建本科院校联盟名誉理事长、南通大学党委书记成长春［J］. 中国高等教育，2015（8）：33 - 38.

动作用，形成了以点带面的转型格局。2015 年，教育部等三部委联合发布的《关于引导部分地方普通本科高校向应用型转变的指导意见》虽然只是一份引导性文件，但却正式拉开了推动新建本科院校向应用型大学转型的帷幕。2016 年 10 月，在成都召开的全国新建本科院校联席会议暨第十六次工作研讨会上发布了《成都共识》，219 所新建本科院校共同承诺愿意成为新建本科院校向应用型转变系列改革的积极倡导者、主动践行者和责任担当者，把办学思路真正转到服务地方经济社会发展上来，转到产教融合、校企合作上来，转到培养应用型技术技能人才上来，转到增强学生创新创业能力上来。

（三）过去的"新建"到未来的"新型"

基于高等教育形势的变化，"新建本科院校"这一名词正在随着其本科办学历史的进程而被新的名词所取代。新的名词跨越了时间的范畴，代之以容纳性更强、指称更为宽泛"新型本科院校"。新型本科院校直接回应我国高等职业教育发展的迫切需求，承担着发展本科职业教育的重任。在理论铺垫与顶层设计上，由新建变轨新型已经成为勾勒新建本科院校系统化、整体性发展的新图景。关于"新型本科院校"的内涵，柳友荣（2012）将其界定为"1998 年以来在我国高等教育大众化阶段设置的，以本科教育为主，面向区域经济社会，以学科为依托，以应用型专业教育为基础，以社会人才需求为导向，培养高层次应用型人才的新型的院校"。① 顾永安（2016）认为"新型本科院校是相对于传统研究型大学而言的，以我国高等教育大众化背景下兴起的新建本科院校为主体的，以应用型为核心特征和办学理念的，与地方经济社会发展紧密联系的，以培养高素质应用型本科人才为根本指向的新型高校"。② 两种解读揭示的新型本科院校的核心特征高度一致。教育部高等教育司原司长张大良（2016）在全国新建本科院校联席会议暨第十六次工作研讨会上指出，要把新建本科院校办成新型本科院校，基本内涵、核心要义和实践要求是：需求导向，突出应用，校地联合，科教结合，产教融合，校企合作，协同育人，转化成果，主动服务，支撑发展，办出特色，做

---

① 柳友荣. 中国"新大学"：概念、延承与发展 [J]. 教育研究，2012（1）：75 – 80.
② 顾永安. 转型视域下新型大学内部管理体制改革的思考 [J]. 应用型高等教育研究，2016（1）：27 – 32.

出贡献。① 该论断高度精练地指明了新建本科院校向新型本科院校转型的核心理念与行动策略。

三、新建本科院校学科专业体系建设的沉疴

新建变轨新型，关键抓手在于学科专业体系的优化重组。新建本科院校学科专业体系建设中存在的典型不足不仅导致学科专业建设的"南辕北辙"，还会造成学科专业资源获取渠道的窄化与既有配置资源的浪费，迟滞学校的转型步伐。

（一）学科专业建设割裂

高等教育中所讨论的学科，主要是将其作为学术的分类来理解，指的是科学的分支。从不同的功用目的出发，我国构建了具有中国特色的学科分类体系，一类是直接为科技政策和科技发展规划以及科研项目、科研成果统计和管理服务的学科分类，如中华人民共和国国家质量监督检验检疫总局、中国国家标准化管理委员会所发布的《中华人民共和国学科分类与代码国家标准》（GB/T 13745—2009）；另一类是服务于高等教育人才培养的学科分类，如 2011 年国务院学位委员与教育部发布的《学位授予和人才培养学科目录》。不论何种划分，学科建设的核心指向均是学科领域的知识发现与创新。

高等教育学意义上的专业是通过学业类别的划分而形成的一种教育单位，划分的依据有社会职业分工、学科分类，以及科技、文化和经济社会的发展需求等。每个专业的设立都致力于培养专长于某一特定领域的人才，且主要是通过一组特定的课程来实现，而课程内容则是由相关学科的知识所支撑。在我国的教育语境当中，专业之于学科是下属或从属的关系。以教育部印发的《普通高等学校本科专业目录（2012 年）》为例，其中共分设哲学、经济学、法学、教育学、文学、历史学、理学、工学、农学、医学、管理学、艺术学 12 个学科门类，所有学科门类共下设 92 个专业类，各专业类共下设 506 种专业。与学科建设不同，专业建设的核心指向为学科或行业人才

① 张大良. 在全国新建本科院校联席会议暨第十六次工作研讨会上的讲话［EB/OL］.（2016 - 10 - 28）［2022 - 7 - 18］. http：//edu. people. com. cn/n1/2017/1016/c367001 - 29588440. html.

的培养。

显然，学科与专业虽然在内涵与指向上各有差别，但两者相辅相成、密不可分。依照常识性的逻辑，本科院校的学科专业理应实现一体化建设，才能更好地推动学科专业水平的提升。然而，在实践中，出于理念认识上的偏差与资源共享的体制机制障碍，新建本科院校在发展过程中普遍存在着学科建设与专业建设"两张皮"现象：一方面表现为对学科建设重要性的质疑乃至贬低，认为学校应该集中精力抓好专业建设，做好教学工作，学科建设应是研究型大学的主要任务，这种观念从根本上否定了学科建设的龙头地位，不利于学科建设的有力推进以及学科知识的创新与转化；另一方面表现为较为有限的学科资源在人才培养过程中的严重"缺位"，科研与教学没有实现有机统一，科研没有注重发挥其反哺教学的作用，制约了专业建设与人才培养质量的提升。

（二）学科专业设置封闭

关于地方高校的发展，正如美国威斯康星大学前校长范海斯（Charles Richard Van Hise）所确立的"威斯康星思想"的内核："教学、科研和服务都是大学的主要职能。更重要的是，作为一所州立大学，它必须考虑每项社会职能的实际价值，换句话说，它的教学、科研和服务都应当考虑州的实际需要。"① 与传统的"211 工程""985 工程"以及最新的"双一流"建设高校相比，新建本科院校的最大比较优势即在于其办学资源的地方性。新建本科院校生于地方，长于地方，由地方政府举办，其学科专业发展必须植根于有效服务地方经济产业的发展需求，提升学校在当地的社会地位与影响力，才能获得地方社会的认同，筑牢学校的发展根基，从而获得来自地方的大量资源支持，快速集聚起办学的实力与优势，拓宽学校的办学能力与可为空间，进而扩大办学效益的辐射范围。

长期以来，得益于高等教育大众化的推动与本科专业设置自主权的不断扩大，新建本科院校的学科专业数量规模的扩张表现非常强势。以"十三五"时期为例，通过对教育部公布的各年度普通高校本科专业设置备案或审批结果中地方高校的专业增设数据进行统计的结果显示，全国所有地方高校

---

① 施晓光. 西方高等教育思想进程［M］. 哈尔滨：黑龙江人民出版社，2002：90 – 91.

中增设专业数量最多的即集中于新建本科院校，数量排名前25位的学校中，有23所都属于新建本科院校，更为醒目的是，排名前17位的全部为新建本科院校。① 实际上，学科专业数量的快速扩充，为新建本科院校扩大招生规模以获取办学经费，在较短时期内提升办学实力确实发挥了重要作用。

然而，不能忽视的是，新建本科院校学科专业数量扩张的过程中，由于在一定程度上过于追求学科专业增设的短平快，加之缺乏吸收校外力量参与学科专业增设论证的有效机制，致使部分学科专业的增设具有很大的盲目性，流于"盯热点随大流"，而实际上没有真正对接区域产业发展的特有需求，带来了学科专业增设表面开放的虚假泡沫，实则属于自我封闭的自说自话。在这种状态之下，很多学校的部分新设专业由于这样或那样的原因，甚至连续多年从未招生开办，沦为"摆设"，看似专业数量庞大，但其中不少专业都处在"闲置"或"半闲置"状态，成为发展的"鸡肋"。学科专业体系与区域产业发展之间的若即若离的保守封闭心态，牵制了学校发展优势与核心竞争力的生成。

（三）学科专业偏重学术

学术性偏重、应用性不足是我国地方本科教育发展中的一个"顽疾"。回根溯源，虽然新建本科院校脱胎于应用型教育，但很多院校在升本之后却力图尽快甩掉应用型教育的帽子或淡化应用性，把办应用型教育列为与本科办学无所相干的事项，力图走传统观念中所认为的符合本科层次院校身份与档次的学术型发展之路。观念上的误区与实践中的惯性，使得很多新建本科院校在对自身的发展定位获得重新认识并面临向应用型转型之时才发现，学校的既有基础与各种必需的支撑条件准备不足，难以适应转型要求，力不从心，甚至"有些高校喊着'应用技术型'的口号，走的仍然是'学术型'的老路"。② 学科专业建设体系长期注重的知识发展导向和学术型人才培养的

---

① 2016—2020年度，全国地方本科院校增设专业数量排名前17位的为云南经济管理学院、汉江师范学院、河南财政金融学院、河南工学院、福建技术师范学院、河南牧业经济学院、河北水利电力学院、宿迁学院、郑州工程技术学院、郑州财经学院、河北外国语学院、福建商学院、九江学院、亳州学院、辽宁传媒学院、新乡学院、山西应用科技学院。其中，增设数量最多为38个，年均7.6个，最少为23个，年均4.6个。

② 王锋，王运来. 新建本科院校突破"围城之困"的理性思辨——基于教育依附理论的视阈 [J]. 现代教育管理，2018（1）：36－42.

基础样态，从根本上给新建本科院校的应用型转型之路造成了不小的涉及多个层面的障碍。

与美国赠地学院同理，新建本科院校的学校边界就是其所在区域的边界，与区域产业之间构成一种彼此依存的"发展共同体"的关系，其学科专业体系需充分匹配区域产业转型升级的需求，突出应用导向，达成与产业的纵深融合、精准对接，才能真正有利于充分释放学校的发展活力，最大限度彰显学校存在的特殊价值。具体到学科，要强调科技成果的发明创造与生产力转化以及人文社科成果的咨政服务功能。具体到专业，要"强调与一线生产实际相结合，教学过程紧密依托行业和企业，教学方式要与实际职业岗位相衔接，促进学生与具体工作岗位的零距离对接"①，培养学生的创业就业能力。

四、新建本科院校学科专业体系重构的理论创新

跨入"新型"之路，新建本科院校学科专业体系需予以重构，走出传统学科专业体系的窠臼，深入落实产教融合战略，依托区域产业发展需求，将学科专业有机嵌入区域产业链与创新链，构筑学科专业集群式推进的新图式。

（一）紧贴现代产业发展的链式效应

跟踪区域产业发展变化动态是新建本科院校规划学科专业布局的基本前提。如今，在高新技术产业与战略性新兴产业的发展引领下，建设现代特色产业集聚区，构建现代产业创新服务支撑体系是区域产业发展的典型特征，客观上要求区域产业链与创新链联动建设、协同发展，以打造区域产业发展的品牌与竞争优势。创新链是围绕某一个创新的核心主体，以满足市场需求为导向，通过知识创新活动将相关的创新参与主体连接起来，以实现知识的经济化过程与创新系统优化目标的功能链节结构模式。② 创新链描述一项科技成果从创意的产生到商业化生产销售整个过程的链状结构，主要揭示知

---

① 蔡敬民．地方本科院校应用型人才培养的理论与实践探索——以合肥学院为例 [M]．合肥：合肥工业大学出版社，2013：13.

② 蔡翔，严宗光．基于过程的知识创新链研究 [J]．华东经济管理，2001 (1)：35 – 37.

识、技术在整个过程中的流动、转化和增值效应，也反映各创新主体在整个过程中的衔接、合作和价值传递关系。[①] 在作用机制上，创新链围绕、服务于产业链，产业链带动、实现创新链的人才、知识产出价值。创新链与产业链间的关系突出了从产业的生产性流程环节与产业的创新体系两个维度来钩织三者之间的网络联结体。瞄准创新链打造交叉融合的学科专业集群，可以使其成为创新链中具有独特优势的参与主体与前沿性知识创新的策源库，以创生新的产业增长点。

（二）树立学科专业体系构建的"链"式思维

新建本科院校实现向新型的转变，需以"链"式思维指导学科专业的整体布局，重点选择，接驳区域产业链、创新链，形成学科专业集群化、集约化、交叉化、精准化、特色化的建设格局。当前，"链"式思维已然成为地方高校应用型学科专业体系建设的重要思维，新建本科院校的学科专业建设开始步入"链"式时代。这不仅在机制上有助于解决新建本科院校在以往的学科专业建设过程中所暴露出的主要弊端与不足，还从体制上提供了深化产教融合，加强校企合作的新载体与新范式。学科专业由注重数量扩张走向突出产业链、创新链导引的集群式发展，表现在对接区域产业链、创新链，构建精准定位的学科专业集群，发挥学科专业资源的规模效益，以学科专业结构优化拉动学科专业体系性质量的整体跃升。通过学科专业的集群建设推动学科专业资源的整合，实现产业科技创新与转化、产业人才培养与就业的共同推进，整体提升学科专业的综合服务能力与竞争优势，这也是新建本科院校建立主动适应地方经济社会需求的学科专业自我调整机制的内在要求。

（三）构建学科专业群建设的协同治理机制

学科、专业、产业间的链条关系是集知识生产、创新、传播、应用与人才培养于一体的动态网络联结系统，集中体现了高校在育人、科研、服务职能发挥中的有机融合与衔接，具有综合性、系统性与复杂性。链条的建立、运行与维护，其关键在于在相关利益主体之间构建形成利益持续增值激励下的协同治理机制。政府作为区域产业发展的统筹者、规划者、引导者与支持

---

① 刘满凤. 基于效益视角的创新链合作机制研究 [J]. 科技进步与对策，2009（7）：41 – 44.

者，需要充分发挥好"中介"的角色，通过政策激励的杠杆来推动深化产教融合，增强行业企业与高校合作的积极性。新建本科院校作为学科专业建设的主导者与操作者，需要突破行政工作的逻辑，主动出击，掌握并灵活运用市场逻辑，紧盯产业需求，自主创造条件与产业部门建立对话联系，为双方创造持续可见的利益价值，获得产业部门对于学校办学的支持与参与热情。吸纳建立政府、行业、企业人员参与的理事会、产业知识与技术创新联盟等管理组织制度，共同制定、推进学校的学科专业群发展规划，共建实体性学科专业集群建设合作平台，为集群建设的立之有据、行之有序、成之有效提供有力的治理保障。

当前，我国的应用型大学建设主要是在高等教育供给侧结构性改革的背景下，依靠政府推动下的普通地方本科院校的自主转型，由于办学传统的强大历史惯性，转型高校的学科专业组织结构与建设范式在实现由偏重学术性向注重应用性转型方面存在诸多困境，学科专业"两张皮"，学科专业与产业"两张皮"，以及离散性的个别学科或专业与产业的点点对接的低效现象普遍比较突出。应用型大学是产业发展提质增效需求催化下的产物，重应用亲产业，强调主动亲近接触产业、与产业互动。① 相应地，高水平应用型大学的建设客观上必须要基于与产业的深度融合，从产业领域汲取发展的能量，立足区域的产业格局来定位学科专业的发展思路。一所应用型大学的建设要走向卓越的前提性、核心性支撑就在于能否构建一批产业背景强大，与产业结合程度精深的一流应用型学科专业，即应用型大学的学科专业与产业之间的融合水平从根本上决定着应用型大学的发展质量。融合水平提升的背后所依托的主要认识在于，实现学科发展与产业的融合、专业发展与产业的融合以及学科发展与专业发展的融合，如此才能够有效形成三者之间的相互支撑，产生"1+1+1>3"的作用效果。

以地方产业集群发展需求为导向，推动应用型大学校内的学科专业集群化建设，从而呈现出由学科集群、专业集群和产业集群所构成的三根螺旋线之间共同嵌入的螺旋体发展状态。在这种深入稳定持久的合作共赢的状态下，可以发挥相关应用型学科专业之间的系统集成和资源集约化、共享化发

---

① 黄红武，周水庭，黄小芳. 亲产业重应用：地方本科高校特色发展的探索［J］. 中国高等教育，2011（20）：48－50.

展优势，拓展多学科与多专业的合作空间，进而增强学校的科研成果的研发、转化能力和高水平、高适应性的应用型人才培养能力，彰显应用型大学的应用办学优势。新型本科院校是完善我国应用型高等教育体系的重要拼图。历经多年的本科办学积淀，新建本科院校已经从整体上步入了发展的新阶段，面临从新建到新型的历史站位调整。新建本科院校固然会走差异化之路，但在整体导向上转为新型则属大势所趋。实现"新型"的关键在于破除传统学科专业体系构建的陈旧定式与阻隔，对既有学科专业体系进行洗牌重组。新建到新型系统的升级，必须开发与之相兼容的学科专业体系。学科专业集群式构建的理念与制度设计是促进新建本科院校加快向新型转型的新版推进器。由此，新建本科院校的学科专业建设所要致力的就是坚持深化产教融合为理念，把握"应用"核心导向，接驳区域产业链、创新链，打造特色、优势学科专业集群，重塑学科专业的发展生态。

第三章

地方高校学科—专业—产业链的建设机理

学科—专业—产业链是在地方高校的学科专业结构与区域产业行业发展结构持续对接与互动的环境中产生的一种协同式的人才培养和知识生产与创新实践形式。在区域创新系统中，地方高校是应用型人才和知识生产的主阵地，区域产业行业亦是知识创新的重要主体，而学科—专业—产业链就是依托区域产业行业发展结构而建构的多主体、多方位、多层次的人才培养和知识生产共同体，它建立了地方高校的学科专业结构与区域产业行业需求之间的动态链接，为区域创新系统中的多元利益相关主体提供了交流互动的人才培养和知识生产组织和制度，最终有利于推进与创新区域产教深度融合文化生态的形成。

第一节　地方高校学科—专业—产业链的内涵

地方高校学科—专业—产业链强调集知识生产、创新、传播、应用于一体，是高校中特定的学科集群、专业集群与地方特定的产业链之间相互对接、嵌入而形成的三重螺旋扭接结构，由政府、高校、行业企业等相关利益主体通过相应的组织、制度、文化载体形成多方协同治理，以实现该结构的维持、调整与优化。作为一个典型的综合性概念，有必要对与之相关的基础概念进行全面的梳理分析，并据此来阐释学科—专业—产业链的要义。

一、学科群、学科集群与学科链

（一）学科群

学科群是学科之间呈现出的一种群组现象。一是学科的知识分化、交叉、融合形成的学科群组状态。《中华人民共和国学科分类与代码国家标准》（GB/T 13745—2009）中将学科群定义为"具有某一共同属性的一组学科，每个学科群包含了若干个分支学科"。[①] 陆爱华等（2005）认为，学科群是具有某种共同属性的一组学科，每个学科群包含了若干个分支学科。它是学科基础相关、内在联系紧密、资源共享、优势互补的多个学科的组合，这些学科可以是同一学科门类的，也可以是不同学科门类的。[②] 丁哲学（2008）认为，学科群是若干相关学科之间围绕某一共同领域，交叉融合并相互作用而形成的有机的学科结构体系，是学科在高度分化的基础上高度综合的产物，是学科的纵横发展、交叉渗透和综合集成的结果。[③] 王进富等（2015）认为，学科群是由核心学科或关联度较大的多个学科组成的能够发挥竞争优势的知识体系，其能优化学科资源配置，提高资源利用效率，促进特色学科发展，并能形成新兴交叉学科。[④] 二是围绕特定目标而构建形成的学科群组状态。赵文华（1998）将两门以上的学科有机地组合起来，若干学科间产生了依赖、促进、移植等互动行为的多学科的集合称之为学科群。[⑤] 何刚（2006）认为，学科群是为适应社会、科学技术和经济发展而建立的，是若干学科间相互渗透、相互支撑，围绕某一共同领域或重大的科研项目紧密而有机地结合在一起的学科群体。[⑥] 谭镜星等（2007）认为，学科群是为了最

① 中华人民共和国国家质量监督检验检疫总局，中国国家标准化管理委员会. 中华人民共和国学科分类与代码国家标准（GB/T 13745—2009）[S/OL]. （2009-5-6）[2022-7-18]. http://www.zwbk.org/MyLemmaShow.aspx? lid=117222.

② 陆爱华，骆光林. 对工科院校学科群构建问题的探讨 [J]. 学位与研究生教育，2005（6）：46-50.

③ 丁哲学. 学科群在高校核心竞争力中的作用及构建 [J]. 黑龙江高教研究，2008（1）：60-61.

④ 王进富，黄鹏飞，刘江南，等. 学科群与战略性新兴产业耦合度评价研究 [J]. 科技进步与对策，2015（1）：128-133.

⑤ 赵文华. 略论高等学校的学科群建设 [J]. 学位与研究生教育，1998（4）：29-32.

⑥ 何刚. 简论高校学科群的协同效应 [J]. 中国高教研究，2006（12）：32-34.

大限度地实现大学作为教育机构、学术组织和社会公共部门的角色，发挥各种角色的职能——培养人才、知识生产与服务社会的功能，由若干相关学科有序组合而成的学科集合。① 许四海（2008）认为，学科群是指为适应现代科技进步、经济建设和社会发展的需要，由若干相关学科围绕某一共同领域，以一定形式结合而成的学科群体。② 胡仁东（2011）认为，学科群是指围绕一个具体的目标和任务，由若干个同类学科或跨门类学科集合而成的学科群体。③ 以上的"构建"性定义中虽然强调了学科群共同的特定服务目的，但对于目的的定位比较笼统与宏观，缺乏对于产业性、目的性的聚焦。然而，在政府与高校提出的建设"学科群"的政策话语体系中，实际上往往指的是具有明确产业导向的"学科集群"。

（二）学科集群

与知识演变体系中的学科知识基础相同与学科知识紧密相关的意义上所构成的学科群不同，学科集群是一个产业发展驱动下产生的概念。学科集群是专门针对、围绕产业集群发展对于人才与科技创新需求而构建形成的学科集聚状态。汪馥郁等（2010）指出，学科集群就是针对产业集群的需要，在具有不同属性的较大跨度学科之间形成的、服务于产业集群自主创新发展的、形成长期共享平台和机制的一种学科聚集和聚合。学科集群具有许多不同于学科群的新含义。第一，学科集群是顺应产业集群的需求而出现的，产业集群催生了学科集群。学科群仅是适应学科内部相互配合、形成整体合力的需要而产生的，是以学科本身之间的相关性为基础而建立的一个学科群体，与产业集群之间没有直接的关联性。第二，学科集群中的各学科，不受"具有某一共同属性"这个规定的限制，实现了真正意义上的跨学科，而组成学科群的必须是"具有某一共同属性的一组学科"，不可能达到不同学科门类或不同一级学科之间的大跨度整合。第三，学科集群必须建立起共享共用的信息交流平台和科学技术平台，形成集群共享的规则、机制和制度，学

---

① 谭镜星，曾阳素，陈梦迁. 从学科到学科群：知识分类体系和知识政策的视角［J］. 高等教育研究，2007（7）：31-36.
② 许四海. 学科群：新建本科院校学科建设的现实选择［J］. 高教探索，2008（5）：80-85.
③ 胡仁东. 论大学优势学科群的内涵、特点及构建策略［J］. 中国高教研究，2011（8）：50-53.

科群则不然。第四，学科群中不同学科的整合，基本上是在某个高校内或某个区域内进行的。而学科集群，由于要服务于产业集群，因而可以是跨校甚至跨地域的。① 赵丽洲等（2014）认为，学科集群就是为促进产业集群竞争力提升、满足服务产业集群技术创新活动和人才培养的需要，在具有不同属性学科之间实现的，具有信息共享和产业关联特性的学科集聚和融合。② 学科集群应产业发展所需的协同创新与创新联盟组织而构建，具有明确的依托产业与产业合作对象，注重发挥学科间合力以及不同学科与产业创新力量之间的合力。

（三）学科链

学科链体现了学科之间紧密存在的序列关系。一是学科知识的历史生发性而带来的学科间的链接状态。陈燮君（1990）总结认为，在漫长的学科结构认识史上，产生了诸多的学科结构说，链式学科划分说即是其一，如代表性人物康德（Immanuel Kant）就提出学科的结构是链式的，链环顺序在前的学科与链环顺序在后的学科相比，历史比较悠久，逻辑比较简单，应用比较广泛。③ 潘云鹤等（1999）指出，学科群体结构好像生物界的生物圈，一个学科可以为另一个学科发展提供动力和营养。这种营养联系称为学科链接。若干个学科可以通过学科链接构成一条学科链。④ 二是围绕产业发展需求构建而成的学科间的链接状态。张金凤等（2007）认为，学科链是由若干学科集合而成的学科群体，范畴上属于学科群。链中各学科之间具有特定的组织结构和承接关系，显现紧密性、链接性，是有规律的有机共生。链中的学科群体间通过相互交叉、渗透和连接，共同发挥优势和效能。学科链具有生物群落的特征，是一个动态的、发展的、优胜劣汰的学科生态系统。高校应根据学科建设发展规律，立足各自的优势和特色，并结合当地经济社会发展需

---

① 汪馥郁，李敬德，文晓灵. 产业集群呼唤学科集群——谈产学研协同创新［J］. 中国科技产业，2010（6）：62-65.

② 赵丽洲，李平，孙铁. 学科集群对接产业集群的嵌入机理及策略——基于学科链嵌入产业链的视角［J］. 现代教育管理，2014（12）：21-25.

③ 陈燮君. 学科结构理论史纲［J］. 上海社会科学院学术季刊，1990（1）：5-15.

④ 潘云鹤，顾建民. 大学学科的发展与重构［J］. 高等工程教育研究，1999（3）：8-12.

要来构筑学科链。① 赵丽洲等（2014）认为，学科集群学科链的基本内涵包括：一是它是由若干学科汇集而成的学科群体，范畴上属于学科集群；二是学科链上各学科之间因循产业链，具有紧密的承接关系和链接性；三是学科链形成的根本原因在于各学科通过相互交叉、渗透和连接，参与产业集群产业链上各环节的技术创新活动，共同发挥优势和效能；四是学科链是一个动态的、发展的学科生态系统，伴随产业链的延伸而调整。② 因此，产业对接意义上的学科链本身就是一个学科集群，但其更为突出与强调的是以产业链的链状关系为基础来实现集群内学科布局的相对应的学科链接关系。

二、专业群、专业集群与专业链

（一）专业群

专业群具有递进性的两个层次的内涵。第一层是基于知识内容上的相近、关联而处于一种客观的自然状态的专业群，属于纯学术语境下的静态性概念。曾名勇等（2005）认为，专业群是指学科基础相同或相近，或者服务领域和研究对象相同或相近的一组专业。③ 李国艳（2006）指出，专业群是指一个或几个相近相关专业及其专业方向共同组成的专业群体。④ 应智国（2006）认为，专业群是指由若干个相近相关的专业或专业方向共同组成的专业集群。专业群中的各专业或专业方向，面向企业中的岗位链。⑤ 第二层是面向特定的专业人才培养服务对象，以学校的核心专业为基础与引领，围绕核心专业打造形成专业群，属于应用导向的动态性概念。贾宝勤（1997）认为，专业群是指学校依托自身具有实力的基础专业、特色专业，根据社会需求，开办一些相近相邻的专业，形成的以基础专业为主、基础共用、分支

① 张金凤，郭明．刍议高校在高等教育发展中的学科链构筑［J］．高等农业教育，2007（10）：47－50.

② 赵丽洲，李平，孙铁．学科集群对接产业集群的嵌入机理及策略——基于学科链嵌入产业链的视角［J］．现代教育管理，2014（12）：21－25.

③ 曾名勇，马勇，李巍然，等．总体设计 重点突破 全面提高本科教学质量［J］．中国大学教学，2005（3）：30－32.

④ 李国艳．构建具有特色的人才培养模式 提升高职院校的核心竞争力［J］．辽宁教育研究，2006（3）：21－22.

⑤ 应智国．论专业群建设与高职院校的核心竞争力［J］．教育与职业，2006（1）：33－35.

较细但又联系紧密的专业体系。① 袁洪志（2007）认为，专业群是由一个或多个办学实力强、就业率高的重点建设专业作为核心专业，若干个工程对象相同、技术领域相近或专业学科基础相近的相关专业组成的一个集合。②

（二）专业集群

出于话语的使用习惯，政府与高校政策语境下所推动打造的"专业群"或"专业集群"实际上均指的是应用导向的动态性概念意义上的"专业群"。如果将其统一用"专业集群"这一术语来指称，专业集群完全是专业—产业对接语境下的特有概念，是以对接、服务产业链群发展对专业人才的需求为目的特意打造、构建而成的专业集合。吴仁华（2016）认为，专业集群建设是指适应产业链和创新链对人才培养的需求，将若干个服务于特定产业链各环节或层次人才需求的且具有内在关联性的专业，按照一定的结构或规则集合在一起，实现创新要素集聚与资源共享，通过集体学习与系统创新，发挥集聚效应，提高人才培养质量，提升人才培养系统的结构与功能，为区域产业发展提供人才保障。③ 顾永安（2016）认为，专业集群是对应产业集群上同一产业链、创新链的岗位（群）需求，按照群落状建设的原则，以与主干学科关联度高的核心专业（优势、特色专业）为龙头，充分融合若干个学科基础、工程对象与技术领域相同或相近的、具有内在关联的若干专业的有机集合。④

专业集群同时还是一个具有高度的空间范围指涉的概念。刘家枢等（2011）认为，专业集群是以区域内的产业集群为服务对象，按照区域产业集群规模、结构与产业体系的要求，建立由区域内若干高职院校共同组成的、与之相适应的高职办学专业规模、专业结构与专业体系。⑤ 赵昕等（2013）认为，专业集群是指在某一特定区域中，在政府对区域职业教育发

① 贾宝勤. 建设专业群 推动专业改革［J］. 机械职业教育，1997（3）：21-22.

② 袁洪志. 高职院校专业群建设探析［J］. 中国高教研究，2007（4）：52-54.

③ 吴仁华. 应用型本科高校专业集群建设探究［J］. 高等工程教育研究，2016（6）：98-102.

④ 顾永安. 应用本科专业集群：地方高校转型发展的重要突破口［J］. 中国高等教育，2016（22）：35-38.

⑤ 刘家枢，高红梅，赵昕. 适应区域产业集群要求的高职专业集群发展对策思考［J］. 现代教育管理，2011（4）：38-41.

展的宏观统筹、调控、规划与引导下，以区域内某一特色或优势主导产业或支柱产业集群为服务对象，紧密围绕区域产业集群经济发展而形成的以区域内一所或若干所重点建设中等和高等职业院校的品牌特色专业和专业群为核心，形成相关专业与专业群在空间上的集聚。① 温辉（2014）认为，专业集群是在一定经济地域内的高职院校之间，与行业中的职业群相对应，资源基础、技术基础和社会服务基础相同或紧密相关的若干专业相互联系和促进并形成合力，以提高服务经济社会的能力为目的而组成的专业集合。② 朱中伟（2017）认为，专业集群是指以某一产业技术、核心专业为主，具有共同主干课程和相近实训项目，结合产业上下游供应发展链条，围绕核心服务和主干专业，以专业互补和专业互促形式形成的校内或校际若干专业群体。③ 实际上，专业集群除了区域层面的集群建设之外，同样也适用于高校个体层面的集群建设。

（三）专业链

专业链具有两个视角的内涵。第一，专业—产业对接的视角。徐德龙等（2012）认为，专业链群的建设即在新型工业化、生态化、信息化、市场化和国际化背景下，根据产业集群发展的要求，依托高等学校学科专业优势所构建的，以提高人才培养质量为目标，以品牌专业（包括特色专业、名牌专业、重点专业）为核心，以相关专业为延伸，以具有内在联系的精品共享课程群为纽带，形成的若干专业的集合体。④ 秦虹（2013）认为，专业链是指一门学科专业由课程研发形成到衍生出具有相互联系的分支领域、新的综合性专业、边缘性学科专业的派生系列，专业链既包括从中职到高职再到专业研究生，由初级到高级的发展递进系列，这一系列显示了职业教育专业链的纵向发展关系，不同学科的专业有内在的联系、递进关系，与产业链的一般衍生过程有着一致性和对应性，也包括同一层次（主要是高职、专业研究生

---

① 赵昕，张峰. 基于产业集群的职业教育专业集群基本内涵与特征［J］. 职业技术教育，2013（4）：36 – 40.

② 温辉. 高等职业教育校际专业集群发展研究［J］. 教育与职业，2014（17）：48 – 49.

③ 朱中伟. 新常态下地方应用型院校专业集群建设［J］. 教育与职业，2017（6）：52 – 55.

④ 徐德龙，刘晓君，李洪胜，等. 加快专业链群建设适应现代产业集群发展的探索与实践［J］. 西北工业大学学报（社会科学版），2012（2）：99 – 101.

阶段）专业在横向上依照相关产业链的系列关系进行专业分化、衔接，或形成相联系的独立领域，或形成综合性、边缘性专业，从而进行专业设计和设置。① 第二，学生专业能力培养视角。董晓玲（2012）指出，若干专业在人才培养目标等方面存在着前向关联和后向关联，并在人才培养的实施过程中，前后关联的专业存在着资源共享和相互激励，产生共生效应，由此而形成一条专业链。② 邵明辉等（2017）提出，学生培养过程中传授给学生的专业技能在教学过程中相互衔接、依托，通俗地讲，是教与学的过程中，围绕共同的能力培养目标，把不同的专业紧密联系起来，这种专业之间以依托能力培养目标相关性彼此联系起来的序列，在教育学中被称为专业链。③ 从直接面向产业发展的语境来看，专业链属于专业集群范畴内的一个概念，专业集群主要表现了专业间的组织性分布形态，专业链主要表现了专业间的功能联结形态，专业链更为精确地要求专业集群与产业链群之间达成紧密的序列性对接的状态。

三、产业（集）群与产业链

（一）产业（集）群

在推动经济走向高质量发展背景下，打造区域现代产业集群，尤其是面向高新技术产业与战略性新兴产业发展所构建的知识密集型产业集群，是我国地方政府推动区域产业转型升级，优化区域产业发展结构的关键战略路径。产业集群是围绕产业发展所构建的一种特定资源空间形态与资源集聚模式，是包含企业集群以及支撑企业集群发展的多种类型机构所共同构成的一个互联群体。产业（集）群是产业经济学领域的一个重要概念。1990 年，波特在《国家竞争优势》一书中首先提出"Industrial Cluster"一词，国内通常将其译为产业群或产业集群。范登伯格等（Van den Berg et al.，2001）将

---

① 秦虹. 职业教育专业链、人才链与产业链对接的探索——以天津职业院校与产业发展为例 [J]. 教育科学，2013（5）：76 – 81.

② 董晓玲. 学科链、专业链对接产业链办学模式若干问题的探讨 [J]. 南京工业职业技术学院学报，2012（1）：70 – 72，76.

③ 邵明辉，张林，宋端树，等. 基于专业链的大型仪器设备使用效益提升方法研究 [J]. 实验技术与管理，2017（7）：257 – 261.

产业集群界定为专业化的组织所构成的区域性网络，这些组织的生产过程通过货物、服务与知识的互通而紧密连接。一个集群将产业链上不同层面的公司与服务性组织、政府部门、准公共机构、大学、研究机构等连接起来。①《新编经济金融词典》中将产业集群界定为集中于一定区域内特定产业的众多具有分工合作关系的不同规模等级的企业和与其发展有关的各种机构、组织等行为主体，通过纵横交错的网络关系紧密联系在一起的空间积聚体。产业集群超越了一般产业范围，形成特定地理范围内多个产业相互融合、众多类型机构相互联结的共生体，构成这一区域特色的竞争优势。产业集群具有以下特点：①灵活多样。集群内的中小企业在竞争中相互联系、互相协作补充，区域作为一个集体，其生产是灵活和多样化的。②地理集中性。地理上的集中是企业产生外部规模经济的基础，是集群作为一种地域经济现象存在的基础。③根植性。企业的经济行为深深地嵌入到区域的社会、文化和政治等关系中，使得生产要素组织成本降低，从根本上强化了集群的竞争优势。④拥有相关的支撑机构。区域内有各种各样的机构，包括企业、金融机构、行业协会、培训机构、贸易协会、创新中心、政府部门、商业服务组织等，这些机构之间建立了有机网络，并存在密切联系，是一个利益共同体。⑤创新性。产业氛围和相互了解与信任是集群经济的两个重要特点，二者对产业区内的企业创新具有积极作用。产业氛围推进了企业的创新，相互信任促进了创新在相互之间的模仿、消化与扩散，从而形成一个学习型区域。②《管理学大辞典》中，产业集群也称"产业簇群""竞争性集群""波特集群"。某一行业内的竞争性企业以及与这些企业互动关联的合作企业、专业化供应商、服务供应商、相关产业厂商和相关机构（如大学、科研机构、制定标准的机构、产业公会等）聚集在某特定地域的现象，如信息技术企业和相关厂商、相关机构等在美国硅谷的聚集。产业集群有助于相互竞争的企业提高竞争力，对特定产业的发展和国家竞争力的增强有重要作用。③

显然，产业（集）群并不等于企业（集）群，而是包含企业（集）群以及支撑企业（集）群发展的多种类型机构所共同构成的一个互联群体。产

① Van den Berg L, Braun E, van Winden W. Growth clusters in European cities: an integral approach [J]. Urban Studies, 2001 (1): 185 – 205.

② 杨明基. 新编经济金融词典 [M]. 北京: 中国金融出版社, 2015.

③ 陆雄文. 管理学大辞典 [M]. 上海: 上海辞书出版社, 2013.

业（集）群的竞争力提升不仅需要完善企业（集）群发展的支撑网络，还要提升相关支撑机构的支撑能力与水平。产业集群是以促进产业发展为导向而形成的具有高度的集成性的生产互动系统，与产业发展有关的不同性质和使命的主体之间构成了一个发展资源有效对接、有序流转的生态圈。产业集群的提质增效不仅需要完善企业集群发展的支撑网络，还要提升相关支撑机构的支撑能力与水平，而大学、科研机构等知识与高端人才的输出机构本身就是产业集群的重要构成主体和关键一环。相关主体的集聚与互联在客观上形成了一套完整的产业链、知识链、价值链和创新链，每个主体都是一种重要的产业资产，网络互联关系则保障了资产之间的有效互通。区域现代产业集群的建设构成了地方高校发展所直面的产业战略环境与产业运行状态，地方高校作为区域内的专业性的应用知识生产与集散基地，对于促进区域产业集群的发展担负着重要的职责。地方高校的学科专业要成体系、成规模地办出活力、办出特色、办出质量，客观上要求对接区域产业集群的发展布局来打造内部的学科专业"集团军"，以集群性的高水平知识与人才的输出来满足产业集群的智力资源需求，整体提升学科专业的综合产出与创新能力。

（二）产业链

产业链特指不同产业层次或产业部门之间的"上、中、下游"式的链环关系形态。《新编经济金融词典》将产业链定义为各产业部门之间基于一定的技术经济关联，依据特定逻辑关系和时空布局关系形成的链条式关联关系形态。其本质是描述一个具有某种内在联系的企业群结构，是一个相对宏观的概念。产业链中大量存在着上下游关系和相互价值交换，上游环节向下游环节输送产品或服务，下游环节向上游环节反馈信息。产业链分为接通产业链和延伸产业链。接通产业链指将一定地域空间范围内断续的产业部门（通常是产业链的断环和孤环形式）借助某种产业合作形式串联起来。延伸产业链指将一条既已存在的产业链尽可能地向上、下游拓展延伸。[①] 在《科学发展观百科辞典》中，产业链是指一种或几种资源通过若干产业层次不断向下游产业转移直至到达消费者的路径与过程，是产业层次、产业关联程度、资源加工深度以及满足需求程度的综合反映。产业关联性越强，链条越紧密，

---

① 杨明基. 新编经济金融词典［M］. 北京：中国金融出版社，2015.

资源的配置效率就越高；产业链越长，说明产业加工达到的深度越深。产业链的起点和终点并非固定不变，在不同的生产力条件下会发生不同的变化。产业链是始于自然资源、止于消费市场的一个生产过程，是揭示和透视产业之间关系的一个重要视角，也是国民经济结构布局的一个基本的参照点。通过研究产业规律，注重产业之间的相关性、承接性和多层次的深度开发，延长产业链，可以降低产业聚集成本，提高产品附加价值。[①] 在产业（集）群中不断完善、深化产业链，对于提升产业发展的核心与综合竞争力至关重要。

四、地方高校学科—专业—产业链

胡赤弟（2009）着眼区域高等教育的学科专业发展，最先提出了学科—专业—产业链的概念，即学科—专业—产业链是以一定的产业链为依托，以服务一定的产业链为目的，进而形成一系列相关学科、专业与产业链之间的相互作用与相互联系的联合体。具体而言，这一联合体是学科链、专业链与产业链对接而成，而学科链、专业链是指在服务于一定产业链过程中形成的学科与专业群。它依附于一定的产业链或嵌入于传统产业链中，将相关的学科群、专业群"捆绑"到产业链上，使三者成为一个具有实质含义的"三位一体"或"三重螺旋"的链状结构。同时，明确了学科—专业—产业链形成中政府的引导、市场主导、大学主体的定位关系。[②] 虽然学科—专业—产业链是作为一个优化区域性高等教育学科专业结构的概念被提出，但其同样适用于微观层面具体高校的学科专业建设与学科专业结构调整。

基于以上对学科群、学科集群、学科链、专业群、专业集群、专业链、产业（集）群、产业链等基础相关概念的梳理与辨析，并结合胡赤弟提出的学科—专业—产业链概念认识，本书中将地方高校的学科—专业—产业链定义为由地方高校自主主导规划实施，在政府的支持与产业部门的参与下，围绕地方产业链，有针对性地打造、构建一体化的特色学科专业集群，形成学科—专业—产业螺旋体，以服务产业链对于高级专业人才和研发创新成果的

---

① 奚洁人. 科学发展观百科辞典 [M]. 上海：上海辞书出版社，2007.
② 胡赤弟. 论区域高等教育中学科—专业—产业链的构建 [J]. 教育研究，2009 (6)：83 – 88.

需求为纽带，在服务中不断实现高校自身学科专业结构优化和学科专业建设水平提升。

第二节　地方高校学科专业与产业的链式融合

创新驱动战略下的高校需要具备学术企业家的创新创业精神，主动走出传统高校的学术组织围墙，深度嵌入区域经济社会发展的"蓝海"。为了攻克区域创新实践中产教融合的"最后一公里"，摆脱高校知识生产与区域产业行业知识应用之间不匹配的知识悖论，有利于知识在高校、政府、产业行业以及社会公共组织等多重利益主体间有效生产、流通、共享与转化的高校学科专业与产业的链式融合，将成为推动区域创新生态系统构建的核心动力机制。要实现区域知识生产系统中人才、文化、组织与制度等资源要素的全方位深度交叉融合与价值共生，使区域的产教融合从政策概念走向实际行动，从表面形式走向深度实质，相关利益主体需要在遵循多重融合逻辑的前提下实施多元化的融合策略。

一、地方高校学科专业与产业的链式融合价值

随着知识经济社会迅速向纵深化发展与科学技术革命的迭代加速，参与知识创新的利益主体不但日益多元化，而且越来越具有区域网络植根性。例如，"欧洲大学积极践行'知识三角协同（研究—教育—创新）'作为未来欧洲大学主流运作模式，主张创建具有较强区域和全球特质的'知识联盟和知识区域'，以增强不同部门和大学不同职能的协同效能"。[①] 同时，"硅谷的经验表明，创新需要在区域层面扎根，融入大学—企业—政府相互作用的网络"。[②] 显然，区域创新实践中各利益相关主体正在努力破除狭隘的边界意识，构筑基于网络协作的追求价值共生的区域创新生态系统。在区域创新生

---

① 武学超. 基于"知识三角"逻辑的欧洲大学改革与启示——以芬兰阿尔托大学为例 ［J］. 比较教育研究，2014（2）：60–65.

② 陈琼琼，李远. 旧金山湾区高等教育发展研究——基于区域创新体系的视角 ［J］. 比较教育研究，2020（10）：18–25.

态系统中，社会中所有行业的边界都因知识的网络化生产与流动被打破，并产生高效的知识汇聚与集群创新，最终形成相互依赖和共生演进的知识生产网络共同体。地方高校是区域创新生态系统中价值创造的重要主体，承担着为区域提供高质量知识与人力资本支撑的重任，其学科专业结构只有积极与区域产业链实现动态融合，才能够与区域创新生态系统中的多元利益主体实现共生共赢。

当前，我国正在积极推动实施创新驱动发展战略，以建设高质量的国家与区域创新体系。区域创新发展是我国摆脱中等收入陷阱，落实创新型国家战略，实现协调发展、联动增长的关键力量。① 因此，"区域层面必须加快培育国家创新发展新引擎，推进区域经济一体化发展"②，而"建设创新生态系统并发挥共生效应是推动地区科技创新发展的首选战略"。③ 然而，现实中"虽然我国高新技术开发区、高新技术科技园区如雨后春笋般地不断涌现和建设，但至今尚未形成根植于我国本土创新文化的区域创新生态系统"。④ 在这种背景下，探究地方高校学科专业与产业的链式融合内涵、融合困境与破解策略具有重要现实意义。

二、地方高校学科专业与产业链式融合的要义

知识是推动知识经济社会发展的核心要素，"知识变成一种资源，一种实用利器"。⑤ "知识不再局限于智力活动，而是进入了生产过程，并且在应用的过程中不断再创造。"⑥ 如何生产最有价值的知识并使之得以有效应用，是区域创新实践中各利益相关主体高度关注的问题。随着知识生产需求的时代变迁，知识生产模式已经演变为"模式Ⅰ与模式Ⅱ"和"模式Ⅲ"并存，

---

① 冯之浚，刘燕华，方新，等. 创新是发展的根本动力 [J]. 科研管理，2015 (11)：1－10.

② 穆荣平，蔺洁. 2019中国区域创新发展报告 [M]. 北京：科学出版社，2020.

③ 李晓娣，张小燕. 区域创新生态系统共生对地区科技创新影响研究 [J]. 科学学研究，2019 (5)：909－918＋939.

④ 詹志华，王豪儒. 论区域创新生态系统生成的前提条件与动力机制 [J]. 自然辩证法研究，2018 (3)：43－48.

⑤ 彼得·F. 德鲁克. 后资本主义社会 [M]. 傅振焜，译. 北京：东方出版社，2009：3.

⑥ 杰勒德·德兰迪. 知识社会中的大学 [M]. 黄建如，译. 北京：北京大学出版社，2010：127.

知识的类型变得愈加丰富且多元，既有封闭的独立学科型静态知识，又有跨越学科边界甚至是超学科形态存在的网络动态流动型知识，而且后者的发展势头越来越强。每一种类型的知识都有其价值，它们杂糅相济，共同促进知识经济社会的发展。创新驱动下的知识生产活动日益成为社会的主流经济发展形态的根本支撑，知识生产弥散在整个社会，知识的价值发生了质的革命，知识的经济价值之帆得以高扬，并且备受瞩目。斯坦福硅谷、北京中关村科技园区等国内外区域创新发展实践业已证明，知识是区域产业行业创新发展的重要经济资源，"正因为知识是企业的重要经济要素，是连接企业之间并形成产业链的重要基础，从而促进教育与经济、学校与企业之间的内在联合"。① 因此，打破区域创新实践中多重利益主体间的创新要素流通的体制机制障碍，实现高校学科专业与区域产业的链式融合与集群创新已成为推动知识经济时代区域创新生态系统构建的重要战略选择。

"未来的知识社会中，大学本身不但将成为基于知识的产业，而且将直接把知识作为商品加以'销售'，在大学、政府、企业的三重螺旋中'学科—专业—产业链'的建构将成为大学服务于社会发展的最重要的'脐带'。"② 换言之，在知识经济社会中，学科—专业—产业链将成为高校弘扬知识生产价值的有效武器，它使高校的知识生产和区域经济社会发展深度"联姻"和紧密"拥抱"，使区域创新生态系统中高校、政府、产业行业、社会公共组织等利益主体因知识的生产力价值而紧紧地联合在一起。而"学科—专业—产业链的各主体之所以可以进行联合，最主要的原因就在于流动于其中的最主要元素知识可以进行融合"。③ 学科—专业—产业链继承了传统产学研合作的精髓，是对传统产学研合作模式的升级与优化，以知识创造、流通、共享与转化为路径，旨在突破高校与其他利益相关主体的边界壁垒，实现学科链、专业链与产业链之间的动态衔接，继而推进高校学科专业结构与区域产业结构的深度融合。正如潘懋元（2008）所言，"产学研合作的精神内核是高等院校、科研院所、企业之间的融合"。④ 在区域创新实践中，高

① 胡赤弟. 论区域高等教育中学科—专业—产业链的构建 [J]. 教育研究, 2009 (6): 83-88.
② 王建华. 学科的境况与大学的遭遇 [M]. 北京: 教育科学出版社, 2014: 195.
③ 陈士慧, 胡赤弟. 学科—专业—产业链融合价值链分析 [J]. 科技进步与对策, 2013 (2): 142-146.
④ 潘懋元. 产学研合作教育的几个理论问题 [J]. 中国大学教学, 2008 (3): 15-17.

校的学科专业与产业之间往往存在难以融合的"最后一公里"。实际上，"尽管中国建设创新型国家的战略赋予大学参与区域创新系统建设的历史使命，但大学在区域创新系统中的核心作用却未充分显现，大学与区域企业开展协同创新、推动区域实现创新驱动发展还面临着'创新孤岛'和'知识悖论'等重要问题"。① 这一问题的根源在于高校的知识生产活动未能深度嵌入区域知识创新系统，未能与区域内其他利益相关主体间构建起有利于知识创造、流通、共享以及应用转化的深度融合生态。

如今，知识的生产已经不是简单的单边线性行为，而是复杂的基于多重利益主体协同创新的多边合作活动。为了提升高校参与区域知识生产的贡献度，加强区域多重利益相关主体间的知识生产联动，"以更顺畅的知识流动来促进创新的价值实现"②，就需要努力推动高校学科专业与产业的链式融合。高校学科专业与产业的链式融合是指区域创新实践中高校、政府、产业行业、社会公共组织等各相关利益主体以实现高质量的协同创新为目的，致力打破相互之间在人才、文化、组织与制度等方面的创新资源的融合壁垒，形成集知识创造、流动、共享和转化于一体的创新共同体。从宏观上打通高校与区域产业行业系统的边界，从中观上打通学科建设、专业建设与产业行业生产实践的边界，从微观上打通科学研究、人才培养以及产业行业需求之间的边界，从而构建起区域产业链、教育链、人才链与创新链之间的有效衔接机制（见图 3 - 1）。

三、地方高校学科专业与产业的链式融合的困境

在区域创新实践中，高校、政府、产业行业、社会公共组织等几大主体之间在人才、文化、组织与制度等方面存在着互通障碍，作为学科专业与产业的链式融合中的四大关键要素，每种要素面临的互通障碍都对学科专业与产业间有效的链式融合形成了现实的制约。

---

① 邹晓东，王凯. 区域创新生态系统情境下的产学知识协同创新：现实问题、理论背景与研究议题 [J]. 浙江大学学报（人文社会科学版）2016（11）：6 - 18.

② 李万，常静，王敏杰，等. 创新3.0与创新生态系统 [J]. 科学学研究，2014（12）：1761 - 1769.

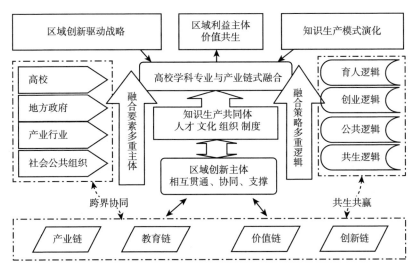

图 3 - 1　高校学科专业与产业链式融合示意

（一）人才流通困境

人才是高校学科专业与产业的链式融合中最核心的智力资本。链条中多重利益主体是由具有不同身份和背景的人才组成的，人才的集聚程度是影响融合质量的关键因素。高校是一种高等教育体系，组成成员是高校教师和学生，追求的是为党和国家教书育人，行事逻辑是教学与科研的相对自治；政府是一种公共事务管理体系，组成成员是政府官员和科层职员，追求的是政治正确，行事逻辑是以实现社会和谐稳定发展为基础的行政管理；产业行业是一种经济体系，组成成员是企业家和工人，追求的是合法利益最大化，行事逻辑是优胜劣汰；社会公共组织是第三部门体系，组成成员是非营利性团体及其成员，追求的是公民精神，行事逻辑是契约原则。高校学科专业与产业的链式融合要求不同体系人才之间高效流通，"在复杂的区域协同创新网络中通过人才流动与共享形成知识融合，并进一步实现科技创新"。[1] 在实践中，不同主体体系中的人才由于知识背景和行事习惯的不同，对知识生产的认知与理解存在着差异，各自很容易产生对知识生产的认知习惯和思维定

---

[1]　王聪，周立群，朱先奇，等. 基于人才聚集效应的区域协同创新网络研究 [J]. 科研管理，2017（11）：27 - 37.

式，如果不能及时突破对知识生产的认知困境和思维障碍，便难以实现各主体间对多元知识的交汇与创新，不利于多元智力资本集成效应的创新发挥以及区域创新生态系统的有效构建。

（二）文化对话困境

高校、政府、产业行业与社会公共组织等主体文化取向不同。高校彰显的是知识生产文化；政府体现的是政治文化；产业行业体现的是一种竞合文化；社会公共组织倡导的是公民利益文化。在知识生产文化下的高校追求的是知识体系，在政治文化下的政府官员受制于政治权力，在竞合文化下的产业行业寻求最优供给—需求利益链，在公民利益文化下的第三部门寻求基于法治的多元利益并存。在不同文化下，知识的存在形态也各不一样，知识体系导向下的知识是一种书斋型文化形态；政治文化下的知识是一种权力服务形态；竞合文化下的知识则是一种利益冲突形态；公民利益文化下的知识则是一种多元形态。异质的知识文化存在形态，形成了多重利益主体交互融合的文化瓶颈，制约着区域协同创新实践的发展，不利于区域创新文化的生发。不同文化形态下的知识如何在不同利益主体之间有效流动，并实现融合与创新则取决于多重主体如何克服异质文化瓶颈，形成一种新的共识性的文化。

（三）组织混合困境

高校的本质是底部沉重的学科专业组织，政府是以科层制为运行基础的政治组织，产业行业则存在于以逐利为目的的企业组织中，社会公共组织一般被称为第三部门组织。在传统工业社会中，四种组织因具有鲜明的运行特征产生了严格的组织边界，组织边界维护着组织各自的运行效率，客观上保持着封闭、静态的学科知识形态。然而，在区域创新驱动下的知识经济社会，传统组织边界保护下的学科知识生产活动已经不能适应知识经济发展的需求。"单向知识流动的高等教育组织往往固守传统，缺乏变化和适应性；而在快速变化的年代，这种交互性强的组织逻辑更能适应变化，对需求作出灵活反馈，并且能随着新动态的发展不断裂变出新的组织形态"。[①] 需要明晰

---

① 陈先哲. 多重逻辑下的旧金山湾区高等教育集群崛起［J］. 比较教育研究，2020（10）：10－17.

的是，高校学科专业与产业的链式融合并不是要完全放弃多重利益主体的组织边界，在任何情况下，一定的组织边界都是必要的，而关键是如何有效打通组织边界，克服边界壁垒带来的多重主体间的跨界合作障碍，建构有利于知识在多边组织之间动态融合的互动机制。

（四）制度匹配困境

创新驱动战略下实现多重利益主体深度融合需要深化机制的整合与平台的建设，从而逐步创新制度范式。从社会学角度，制度是指在一个社会组织或团体中要求其成员共同遵守并按一定程序办事的规程或行动准则。在区域创新实践中，多重利益主体之间的知识生产活动尚未结成纵横交贯的知识生产网络，缺乏一个既稳定又持续演进的集群创新制度机制，束缚了各利益主体的制度创新能力。高校还没有真正成为区域创新实践的制度性创新主体，自身的知识生产能力还有待提升，而其他利益主体需要进一步推动自身知识生产制度变迁以适应知识生产模式的持续演进，高校知识生产与区域产业体系交互融合的制度机制尚未得以有效构建，致使多重利益主体间的制度性交易成本很高。

四、地方高校学科专业与产业链式融合困境的突破策略

区域创新生态系统追求的是在网络协作的基础上实现多重利益主体的协同创新。高校学科专业与产业的链式融合是相关利益主体在推动人才、文化、组织以及制度等资源要素价值共生的过程中协同演化的结果，需要实施基于多重逻辑的融合策略。

（一）遵循"育人逻辑"，打造创新创业型人才培养共同体

为了能够突破不同主体间人才的流通困境，多重主体之间需要在创新创业型人才培养的"育人逻辑"的驱使下，打破对知识生产的传统认知和思维障碍，着力推进基于校内外协同创新网络的高校协同创新中心、现代产业学院、新型高校智库等实体化的人才培养共同体的高效建设与运行。创新创业型人才培养共同体的形成过程就是多重利益主体中的人才要素的价值沟通与思维碰撞的过程，多元智力资本集聚、优势互补、互惠互利的过程，知识生

产、创造、共享、转化与应用的创新生态联盟的构建过程。具体而言，高校的学科专业结构布局需要系统化对接区域经济社会发展和产业结构布局，以市场人才素质要求为导向来构建人才培养体系，将学科专业规划、师资队伍建设、人才培养理念、人才培养方案、课程体系、实践实训体系、人才培养质量保障体系等各个方面深度嵌入区域创新发展实践过程。政府部门需要深度调查与统筹规划区域教育链与产业链的人才供给与需求关系，建立常态化的学科专业设置预警与需求信息发布机制，为高校的学科专业结构的调整优化提供精准的"导航"服务。同时，要充分利用政策工具，以产教融合项目为抓手，推动产业行业主动融入高校的人才培养过程。产业行业需要有意识地构建满足自身未来发展需求的高端人才供给基地和人才"蓄水池"，充分发挥自身在高端人才培养过程中的重要主体作用与特殊优势，主动对接、参与高校的人才培养体系改革进程。社会公共组织必须为资源在高校、政府、产业行业之间的有效流通提供"活性酶"服务，提供必要的舆论宣传引导、大数据信息服务、成果转化中介服务等环境支持。

（二）遵循"创业逻辑"，建设创业性特质的多元要素融合文化

创业性特质的要素融合文化是一种打通多重主体的异质性文化藩篱的利益共享型应用价值文化追求，有利于使高校、政府、产业行业以及社会公共组织等主体在知识生产的"创业逻辑"上达成利益共识，促进基于问题解决的多边知识网络协同创新精神的内化与宣扬。创业性特质的要素融合文化还是区域创新生态系统发展的实践诉求，体现了多重利益主体对破解区域高等教育结构与产业行业结构错位困境的文化需求。创业性特质的要素融合文化可以为知识在多边主体间的高效流通与共享提供"在地性"的土壤与气候，使共享后的知识生产活动能更精准地服务区域产业行业发展实践，提升知识的应用价值与效率。在国家创新政策驱动、知识生产模式演变等多重因素影响下，高校、政府、产业行业以及社会公共组织等区域创新主体要基于自身的使命和责任，跳出自身传统的组织文化圈，从各自的角度形成支持区域内知识创新创业的文化认同，从而在区域社会中形成一种浓厚的知识创新创业文化氛围。对于高校而言，要通过有力地推动教师科研成果转化与师生创新创业服务的激励制度体系的构建完善，引导培育以面向经济社会发展需求的知识转化应用服务文化为特质的创业型大学文化。"这类'创业型大学'更

注重面向实际问题，更直接参与知识资本化，具有高效的知识转移运作机制和创新创业教育体系，是推动区域创新驱动发展的动力源泉。"① 对于政府而言，在积极推动大众创业、万众创新的战略框架下，要对高校高知群体的创新创业予以特别的政策支持，助力高校创新创业文化的塑造，带动形成全社会的创新创业文化。对于产业行业而言，要把高校作为自身的重要战略合作伙伴，强化与高校的科技研发合作，激发高校的优质科研资源活力，引导高校产出高水平可供转化的核心科技成果，助力高校把成果转化为产业行业的现实生产力，形成行业企业的知识密集型创新创业文化。对于相关的社会公共组织而言，要在创新创业的社会舆论宣传渗透与服务支持上扮演好自身的角色，发挥其在创新创业思想、价值引导与创新创业社会风气上的强大的社会渗透力，使创新创业文化成为一种主流性的、崇尚性的大众文化。

（三）遵循"公共逻辑"，规范与提升跨界合作的行为与质量

"协同创新是一项重视创新资源有效整合和创新要素自由流动的创新组织方式，旨在使创新系统整体利益最大化"。② 高校学科专业与产业的链式融合是一种典型的主体跨界合作行为，在融合的过程中，多重主体可以凭借知识的有效流通、汇聚与创新实现跨界合作，使知识生产在保障多元利益主体协同共赢的同时，又能最大限度地实现公共利益，以实现区域知识资源在多重组织间的优化配置。为了避免跨界寻租、投机等负面问题的出现，以及解决跨界合作的形式化、浅表化等实际问题，各主体之间的合作需要在遵循"公共逻辑"的前提下健全知识生产的多边问责机制，发挥各自的知识生产的自省功能，夯实多元利益主体的责任，使他们时刻以深度关注和实现社会公共利益作为多边知识生产活动的核心目标，从而规范高校、政府、产业行业与社会公共组织等的跨界合作的行为，提升合作质量。在知识生产的合作框架下，高校应以知识产出服务社会正义的价值导向，秉持学科专业组织的学术自治精神，在维护好产业行业合法合规的"专利"性知识享有利益的同时，主动坚守并阐述好知识生产与转化的最终的公益性价值。政府部门应充

---

① 陈琼琼，李远. 旧金山湾区高等教育发展研究：基于区域创新体系的视角 [J]. 比较教育研究，2020（10）：18－25.

② 王方，何秀. 高校面向区域发展协同创新的困境与突破 [J]. 高校教育管理，2019（1）：65－71.

分扮演好公共利益代表者与维护者的角色，为深入推动知识生产集群创新提供公平、公正的法律与政策保障环境，明确各主体的责任、权力以及权利和义务边界，规避合作中的利益风险与冲突。产业行业在追求知识的经济利润最大化的同时，应提升自身服务社会公益的意识与责任感，积极参与向社会"让"利，在企业家精神的引领下注重实现知识生产与转化的社会公共利益的最大化。社会公共组织作为重要利益相关主体参与知识生产活动，是知识生产的公益价值的重要倡导者、引导者，要切实履行好自身的"第三方职责"，发挥其在知识生产与应用中的公益监督和批判矫正作用。

（四）遵循"共生逻辑"，创新多重主体激励相容的共生、共赢机制

区域创新生态系统的运转追求"共生逻辑"，主张建立多边知识生产网络中基于利益共同体的激励相容机制，最大化地实现多重知识生产螺旋中多元异质主体的协同共赢。在区域创新实践中，遵循"共生逻辑"构建基于利益共同体的激励相容机制是驱动高校学科专业与产业的链式融合的重要制度环境与保障。'创新驱动'下大学变革的制度之维，涵盖了旨在推动大学知识生产、大学理念、大学治理机制、大学—产业部门合作机制等多个范畴的法律、规则、准则与惯例。[①] 一方面，政府部门应主导建立能够缓和乃至规避多重异质主体逻辑冲突的调和与利益补偿机制，形成合作冲突的对话"缓冲区"与主体利益损耗的"补给站"，如柔性的人才跨界聘用与薪酬制度、企业参与合作性技术研发与人才培养的税收减免制度等。由于各利益主体在人才、文化、组织与制度等资源要素上具有先天的异质性，自然决定了它们具有不可避免的合作逻辑冲突。斯劳格特斯等（Slaughters et al.，2004）直言，"大学和产业之间的知识生产模式存在相互冲突的制度逻辑，双方的知识生产模式根本不能兼容"[②]，所以应容许多重异质主体在知识融合过程中的可能出现的"错误"与"失败"，最大限度地减弱并消除由于过强的逻辑冲突而带来的各种不利影响。另一方面，建立协同整合多重利益主体需求的公平、合理的利益分配激励机制，如通过法律、规则等明晰产权关系、规范产

---

① 王志强，卓泽林. "创新驱动"战略下高等教育与社会互动机制研究［M］. 北京：中国社会科学出版社，2016：48.

② SLAUGHTERS，ARCHERDCJ，CAMPBELL T. Boundaries And Quandaries：How Professors Negotiate Market Relations［J］. Review of Higher Education，2004（1）：129 – 165.

权交易过程以及健全应用型绩效评价体系等。以规则体系的完善来助力减少合作利益冲突、分歧等带来的制度性摩擦，降低多重利益主体间知识转化的制度性交易成本，实现知识在异质的产业链、教育链、价值链和创新链之间的有效衔接与流通，真正推动区域创新生态系统的有效构建。

第三节　地方高校学科—专业—产业螺旋体构建

推动地方高校建设应用型大学类型是我国政府在高等教育分类发展体系与现代高等职业教育发展体系设计中的重大战略抉择。"大学类型化是人们对一种特定类型大学的建构过程"[①]，当前我国应用型大学的发展整体上尚处于走向类型化的初级阶段。应用型大学类型的特殊性在于以面向服务产业办学为发展的逻辑起点，以深化与产业的互动为发展的根本路径，以紧贴产业的发展形势为发展的基本方向，需要基于区域产业发展需求的格局来综合审视学科专业的建设问题。因此，从学科—专业—产业螺旋体构建视角来考察应用型大学的学科专业建设理念与策略，对于加快应用型大学的类型化建设进程具有重要意义。

一、地方高校学科—专业—产业螺旋体的内涵

螺旋是自然界中广泛存在的一种物质构成形态，物质的"分子链倾向于采取反式和左右式不同交替方式的构象排列，形成螺旋结构，是由于相邻分子链的侧基之间的相互作用和满足最紧密的堆砌的要求。螺旋结构可以保证分子空间利用率最高，分子能量最低，分子存在最稳定"[②]。因此，螺旋结构是一种由紧密结合的多个分子所构成的螺旋式分子链，N 个螺旋式分子链呈"麻花"状缠绕，各分子链之间的相邻分子通过互补配对的方式而规则地连接在一起，即形成了互为联系的具有高度紧凑性与稳定性的螺旋体。

地方高校的学科—专业—产业螺旋体是学科—专业—产业链运行的具体

---

① 丁建洋．应用型大学类型化的逻辑意蕴、建构机理与价值旨趣［J］．高校教育管理，2019（4）：99-107．

② 杨利国．功能性螺旋聚合物的合成与性质研究［D］．长春：吉林大学，2010．

形态表征，在内涵上是指地方高校以整体提升学科专业建设质量为目标，以实现镶嵌式的产教融合机制为手段，按照应用性、开放性、集群性的学科专业发展思路，基于办学的学科专业基础与学科专业方向定位，围绕区域产业链布局学科链与专业链，构建的以生态综合体、价值融合体、创新协同体、管理共同体为核心特征的学科—专业—产业互动形态（见图3-2）。

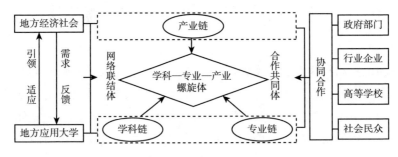

图3-2　学科—专业—产业螺旋体的内涵框架

二、地方高校学科—专业—产业螺旋体的主要特征

（一）学科—专业—产业螺旋体是生态综合体

在大学演进史上，不论是大学职能的拓展还是大学类型的分化与确立，都是大学强大的组织"基因"与其所处环境的变化共同作用的产物。我国地方高校的应用型大学建设是为化解当前时代高等教育的人才供给类型结构与经济社会发展的高层次人才需求类型结构之间突出的"错位"性矛盾而生，以政府推动原有的学术型办学的地方普通本科院校向应用型办学转型为主要建设路径。地方高校的地方性特征意味着其增强生存与竞争能力的根本因素在于是否能够很好地适应、融入、服务学校植根的区域产业发展环境，尤其在我国创新驱动发展战略实施以及积极推进第四次工业革命的历史交汇点上，传统产业大规模转型升级、新兴产业快速涌现，是应用型大学建设所直面的最为直接也最为重要的环境维度。同时，产业发展正在处于以知识创新与应用为核心竞争力，以在短时期内能够便捷、快速地获取所需的应用型创新人才和知识资源为关键支撑的现实情境当中。地方高校与产业组织虽然有着完全迥异的组织性质，但两者的发展之间具有一种"天然"内隐的直线式

互利与互需关系。应用型大学与产业作为区域创新系统中两大支柱性的知识创新源与创新主体，共同发挥着创新的主导性作用。相对于两者与政府及社会组织等创新辅助主体之间松散型的外在服务支持关系，应用型大学的学科专业集群与产业集群之间形成在知识创新与知识创业领域具有内在创新协同需求的特殊生态圈，使两大主体的宝贵创新资源的互补方式与合作运行方式更为高效，使创新的"双轮"驱动效应的发挥更为有力。学科—专业—产业螺旋体引导学科专业集群与产业集群同轨、同向创新，在区域产业社会生态系统中形成了一条特殊、重要的闭环式"食物链"，呈现一种学科链、专业链与产业链相互依赖的局部生态综合体。

（二）学科—专业—产业螺旋体是价值融合体

广义上的"价值"可以理解为有用性，有用性包括具象的"有用之用"和抽象的"无用之用"。社会中的任何个体、机构主导下的有组织的行为都具有特定的价值导向与追求，无论是个体之间、组织之间或个体与组织之间，双方乃至多方能够进行合作的基础就在于可借助合作方的力量来实现、提升自身的价值利益。应用型大学的学科专业与产业在对各自价值的追求中，以实现组织价值的增值与最大化为共同目标，从而确立了彼此在价值创造中休戚与共的命运。置身于同一地理区域，应用型大学通过学科专业集群源源不断地为产业集群输出科技知识与人才，支撑产业实现经济与社会价值的快速增值。产业集群向应用型大学提供知识生产与人才培养方向与规格的高端定制与本地的实践性、经验性资源支撑，引导学校优化学科专业的集群结构与资源配置，提升学科专业集群的教育应用服务价值。通过两者之间的合作机制的构建，产业被赋予并发挥自身潜在的辅助性教育价值功能，最终反哺提升自身的产业价值，地方高校得以彰显并发挥自身的产业价值助力功能，最终反哺提升自身的教育价值。学科—专业—产业螺旋体力求在地方高校与产业之间以知识和人才的价值为媒介进行教育价值与产业价值的交换与互补，编织了一条特殊、重要的资源互通与利益共生链，构成了学科专业集群与产业集群相互依赖的创新价值融合体。

（三）学科—专业—产业螺旋体是创新协同体

深入开展应用创新是地方高校的特质与生命线，应用型人才培养、应用型科研实施与技术开发都属于高级创新活动。缺乏创新意识和创新能力的地方高校不仅难以跟上产业发展的节奏，更谈不上引领产业发展。同样，在竞争激烈的产业市场领域，创新是产业能够实现高质量发展的关键，缺乏高水平创新要素的支撑，不利于产业的长远发展。对于两类典型的以创新为发展核心内驱力，且具有诸多共同创新要素维度的主体来说，相互之间具有开展创新活动合作的现实必要性与广阔空间。相对于以制度化的学科为场域，主要在学科认知的语境中进行知识生产创新的知识生产模式Ⅰ，地方高校的知识生产创新高度契合于知识生产模式Ⅱ。① 同理，体现在人才培养创新上，地方高校的人才培养主要是基于技术实践导向逻辑的应用型人才培养，而非学科发展导向逻辑的学术型人才培养。② 应用型大学的学科专业集群与产业集群之间的链式创新能量传导机制，实现了多路相关的学科专业与产业创新主体、创新资源与创新元素的集聚，搭建了学科专业集群与产业集群之间协同创新的立交桥。学科—专业—产业螺旋体以联合创新为纽带，构成了对相关合作主体的创新意愿、创新理念、创新资源进行深度整合的创新伙伴协作体。

（四）学科—专业—产业螺旋体是管理共同体

构建相关利益主体共同参与的管理机制是跨界合作能够得以深入、持久、高效的关键保障，也是合作本身的一项内容构成。共同管理机制的创设目的除了对各合作主体所投入的人力、财力、物力资源进行有序协调以及确保具体合作事项的实施流程的顺畅等纯技术和纯事务性方面的管控，更重要的在于利用共同管理机制确立各利益方的实体参与地位与作用发挥的责任感，将各主体关于合作事项的新思想、新理念、新视角进行集中、交流与碰撞，确保将各自的意图能够最大公约性地得以贯彻落实，争取获得最佳的合作成效。地方高校的学科专业与产业主体的跨界合作要形成双方长期、稳定、信任的"心理契约"关系，必须构建双方实质性参与的共同管理机制，使产业主体深度了解大学的学科专业发展难点，并且提供思想性和操作性的

---

① [英] 迈克尔·吉本斯，等. 知识生产的新模式：当代社会科学与研究的动力学 [M]. 陈洪捷，沈文钦，等，译. 北京：北京大学出版社，2011：4-5.
② 吴岩. 中国产学研合作教育发展的新理念、新目标、新任务 [J]. 北京教育（高教版），2010（1）：5-9.

建议与支持，使大学的学科专业主体深度感知产业的人才与知识需求，并且主动吸纳产业人员指导与参与到学科专业建设的过程当中，以此来带动学科专业从"走近"产业进而"走进"产业，推动产业从"不理"大学进而"不离"大学。学科—专业—产业螺旋体着力促进地方高校与产业双方在"立场"与"思维"上的换位审视，积极推动相关主体在合作理念与路径上的互通，并达成合作的管理共同体状态。

三、地方高校学科—专业—产业螺旋体的建设路径

（一）从结构层面打造产教融合的学科专业集群格局

在部分省域政府业已确立的引导性高校分类框架当中，致力应用型大学的类型建设已经成为一种刚性政策导向。在高校层面，向应用型大学转型已经成为很多地方普通本科院校的普遍战略定位选择。应用型大学的发展要积极适应知识生产模式Ⅲ的集群创新要求，改进优化学科专业结构布局，奠定学科专业集群发展的结构基础，以结构性改革的量变来推动实现学科专业发展质量的突破性质变。应用型大学的类型使命要求其学科专业体系的建设以发展应用型学科专业为主。① 应用型学科专业具有明确的市场针对性与指向性，受到产业结构变化的驱动，总是处于不断的流变与更替状态，是应用型大学的外部合法性以及内部组织文化和制度化的基础。就现实来看，应用型大学的学科专业布局要遵循以构建学科专业与产业之间的集群合作关系为准则，围绕产业集群来构建学科专业集群，使学科专业由传统的离散型布局转为集中性布局，塑造良好的学科专业集群发展生态。

在学科专业的空间分布形态上，以促进学科专业的"集群化"发展为原则，打破传统以学院、系为单位所有制、各自为政的本位主义学科专业建设藩篱，真正从学校全局的战略高度把学科专业布局放在区域产业发展的大背景、大趋势之下来统筹考虑。"学科专业集群建立于创新链、产业链的需要上"②，要以推动大学科大专业发展的思维，围绕区域着力打造的若干高质量

---

① 徐军伟. 地方本科院校转型要聚焦应用型学科建设［J］. 教育发展研究，2017（1）：3.
② 陈锋. 实施"大舰战略"：加快建设学科专业集群超级平台［J］. 中国高等教育，2016（23）：27 – 30.

产业集群的发展需求，将离散的、封闭的学科专业布点优化整合为若干学科专业集群，形成具有良好发展前景与未来竞争力的学科链与专业链，使各集群中的学科专业之间从知识上、资源上能够实现互联互通与互补支撑，以激发学科专业的动态力与生命力，释放学科专业的发展潜能。在学科专业的层次形态上，统筹设计、系统推进，以促进学科专业的"分区化"发展为原则，通过梯次、渐进的建设方式保障学科专业集群的内部结构活力。以各集群中的主干学科专业为对象，着力将其打造成具有突出优势、鲜明特色、响亮品牌的学科专业高峰，形成应用型学科专业的拔尖区，发挥拔尖区效应来支持、引领、带动相关学科专业的发展；以各集群中的一般学科专业为对象，不断夯实其发展基础，拓展其发展空间，构建应用型学科专业的潜力区；紧盯高新技术产业发展契机，面向地方战略性新兴产业的发展延伸，开辟应用型学科专业的试验区，积极尝试探索、开发培育新兴学科专业。

（二）从平台层面推动产教融合主体的利益固化

地方高校的学科专业与产业合作由浅层交易式的对接结合走向共生依赖式的镶嵌融合，除了任务导向的协议式合作机制外，重点需要平台式一体化合作机制的支撑。合作平台是以知识与人才的生产、储存、流动的形式而进行专业化协同、相互补充和加强的一种开放性的知识资产的凝聚，具有高度的自组织性、学习驱动性与灵活的适应能力，可以跨越不同的地理区位和部门，为相关主体的合作性创新提供了培育创造力、触发发明与催化创新的现实的基础结构。地方高校的学科专业主体与产业主体共建灵活、多样的实体性创新合作平台，可以从机制上保障有效汇聚各方的相关资源投入，明晰确立各方的主体责任，将相关合作方的利益进行牢固捆绑，为合作实践提供坚实有力的载体。以合作平台建设为抓手，通过平台运行体制机制的创新优化，可以催生更多新的学科专业与产业融合点与融合模式，进而不断拓展、衍生新型的产教合作关系，最终在学科专业与产业合作主体之间形成高度互信、高度尊重、高度投入、高度共享的利益创生文化。

地方高校要对接区域产业集群构建平台集群，实施产教融合的平台集群办学。在包括政府、大学、产业、非政府组织等多边性主体的多领域之间，根据学科专业的现实需求和情境变化，积极参与培育、构建多维一体的产教融合平台体系。在此过程中，除了政府政策规划性的产教合作平台建设项目，如高校协同创新中心，校企自主合作型平台项目，如产业（行业）学院，以及教师自主或入股创办的学科性公司等典型的平台之外，还有必要探索新的组织平台。例如，卡莫贝尔（2016）与卡若扬尼斯（2016）提出的学术公司的载体构念，以呈现大学的学科专业与产业之间的一种新型融合关系。学术公司的独特性在于其不以赚取利润为主要目的，而在于以公司的运营形式来促进知识的生产和应用，其运行所倚重的是高度的学术性、跨学科性、开放性、合作性。公司在完全的基于知识的生态系统中运行，可以遵从线性创新的逻辑，但更倾向于运用和遵从非线性创新的逻辑，不仅注重应用开发研究，还将应用背景下的基础研究视为一种重要机遇。[①] 学术公司的理念以一种逆向思维表达了高校与产业之间在知识生产与创新中的一体化关系，为地方高校深化产学研合作，推动学科专业与产业要素的融合、集成创新提供了新的参考。

（三）从管理层面深化产教融合主体的沟通理解

地方高校有必要重新思考设计学科专业的管理组织架构，将传统上分设的学科建设、专业建设、区域合作管理机构的功能进行整合，建立统筹性的学科专业建设管理组织，使学科专业的发展能够从相互联系、全校一盘棋、对接区域产业集群的大局来实施归一化的谋篇布局。内外结合，吸收能够真正对学校学科专业发展作出实质贡献的校外有益力量具体参与到学科专业发展重大事项的规划、指导、咨询、审议等管理事务中，设立集校内外相关主体于一体的混合型管理组织，通过制定严格的组织架构、职责范围与运行规范来确立其管理上的权威地位与严肃性，使大学圈外的管理参与主体能够形成合作的归属感与融入感，充分发挥自身在高校学科专业与产业互动之间的信息传递、参谋咨询与桥梁中介作用。同时，学科专业与产业的跨界合作的过程是多种相关资源的投入、流转与成果转化的过程，过程中涉及的资源配置、利益分配、产权、合法权益保护等高冲突点与高风险点的控制与规避，以及过程的有序运转需要合作主体间秉承契约与法制精神共同创设有效的沟通、协调、监管与分配激励机制，根据学科专业与产业合作的具体内容与形

---

① David F. J. Campbell, Elias G. Carayannis. The academic firm: a new design and redesign proposition for entrepreneurship in innovation – driven knowledge economy [J]. Journal of Innovation and Entrepreneurship, 2016 (5): 12 – 21.

式来构建有针对性的符合法治要求的制度化管理模式,保持合作渠道的稳固与畅通。

(四) 从政策层面强化产教融合的激励引导

政府要突破原有的以强制推动性为主的产教融合政策制定思路,从而越来越多地兼顾大学、产业以及社会公众的政策需求和呼声,将政策的供给端和需求端进行有效的衔接,唯有如此才能真正促成政策意图的实现和落地。应用型大学建设是政府大力主导,推动我国高等教育供给侧结构性改革,助力经济产业转型升级的战略抉择,建设的进程受到政府政策的强力驱动,尤其是地方政府承担着应用型大学建设的主要责任。因此,地方政府在应用型大学学科专业与产业合作体系当中应当也必须发挥其应有的政策引导与支持作用,通过立体性的政策网络的构建,运用积极、有力的政策杠杆来强化学科专业与产业之间的互动。

具体思路方面:在高度上,从构建区域创新生态系统的站位将区域产业发展规划与区域高等教育发展规划紧密结合,在此基础上出台推动区域高等教育分类发展的引导与支持政策,明确高校的分类框架、标准、支持与考核举措,尤其要把应用技术类大学建设作为地方本科院校发展的重点类型,为规模化打造区域一流的技术创新与转化的大学基地奠定坚实的高校布局基础;在广度上,基于区域产业的具体布局特点,加强对区域高等教育学科专业布点的政策引导与管理,尤其要着力优化应用型大学的学科专业结构,通过及时去冗、补缺、扶弱、立新,提升学科专业结构与产业结构的契合度,以学科专业的结构变革来引发学科专业整体发展水平的质变,为规模化打造一流的应用型学科专业奠定坚实的学科专业布局基础;在深度上,统筹从高校、产业两端来合力推动学科专业建设与产业的融合,通过双向共推式的政策安排,从实际的利益上为应用型大学的学科专业与产业合作提供关键的价值引导与相关资源支撑,加大针对应用型大学一流(特色)学科专业群建设的项目(计划)以及针对产业创新能力提升的产教合作项目的政策支持力度,打造一批高水平的区域产教融合型大学与产教融合型企业。

(五) 从文化层面厚植产教融合的社会土壤

获得来自公众的理解和支持对于重大决策事项的顺利推进起着至关重要

的保障作用，一种有利的社会文化的形成和气氛的营造将为公众以不同的方式对该事项的发展进行主动投入提供坚实的"群众"基础。实际上，我国高等教育领域具有"211 工程""985 工程""C9 联盟""双一流"高校等精英符号的研究型大学群体在高端知识生产与创新中至高无上的地位与价值，在公众中已经形成了一种根深蒂固的心理上的认可与追求上的向往，并得到了来自公众力量的各路资源支持。相对而言，公众对于类型意义上的应用型大学建设在面向区域创新领域中的特殊地位的认知整体尚处于粗浅的状态。

区域创新背景下，应用型大学产教融合的发展必须将自上而下的策略与自下而上的实践进行有机结合，从而形成全域的支持合力。现实中不仅需要地方政府的持续政策引导、支持与产业实体的切实投入，还离不开来自区域社会公众的积极参与。在当今媒体高度发达的时代，决策机构要充分利用、发动媒介的舆论宣传来深化、强化公众对于应用型大学在本区域经济社会发展中所具有的独特价值的思维认知，使公众从内心当中树立起对政府政策中所构建的应用型大学的重要角色预期的认可与期待，从而建立公众对区域内"我们"的应用型大学发展的自信，激发各类公众群体以实际行动来支持应用型大学建设的动力，形成应用型大学建设的浓厚社会氛围。这也是为应用型大学的产教融合与学科—专业—产业螺旋体的构建赢得充分的社会资源支持的"民意"基础和前提。伴随这一进程，对于三螺旋之外的重要社会组织，如金融机构、风险投资机构、教育公益组织、大学校友组织、产业行业协会、创新创业服务机构等可以从不同方面对于推动应用型大学的产教融合发挥重要作用的社会主体，地方政府与应用型大学要积极创设多种平台和机制，着力吸收、引导这些主体的资源加入产教融合体系中，厚植产教融合的社会土壤。

| 第四章 |

地方高校学科—专业—产业链建设的实践

地方高校的学科—专业—产业链建设在实践形式上表现为面向特定产业链的学科专业群的构建。从实际的建设格局来看，地方高校构建学科专业群呈现了政府部门有计划、有组织地大力推动与学校的自发自主行动相结合的行进路径，并被置于促进地方经济、高等教育与高等学校高质量发展的战略高度。尤其是在过去的10余年间，省级政府部门的高校学科专业群建设计划（项目）的密集实施，引导地方高校逐步形成了学科专业群建设的具体操作体系与建设运行管理体系。地方高校立足自身办学特色与优势，在学科专业群建设方面进行了积极探索，但同时也面临着需着力解决的建设难题。

第一节　地方政府的学科专业群建设计划

近年来，地方政府在不断加强支持域内高校建设国家级一流学科专业与省级重点学科专业的同时，其支持引导高校学科专业建设的思路也在发生巨大转变，由过去的主要对于高校的优势学科专业点的遴选建设，开始逐步走向围绕优势学科专业点遴选来建设特色学科专业群，形成了学科专业单点式一流与集群式一流的"双轨"建设格局。引发这一变化的核心动因就在于政府部门对于高校学科专业建设服务地方重要产业发展需求的重要性的认识的增强，同时，地方重点产业的集群化发展模式客观上提出了学科专业的集群化建设要求。在地方政府的行动中，以重庆市、山西省和天津市为代表，设立专门的高校学科专业群建设计划，在政策的理念与操作层面对学科专业群的建设机理作出了直观阐释。

一、重庆市高等学校"三特行动计划"

2013 年，重庆市面向在渝本科院校启动实施了"特色专业、特色学科、特色学校"项目建设计划（以下简称"三特行动计划"），其目的为"引导高等学校进一步明确本科人才培养定位，推动高校内部协同创新和产学研结合，走内涵发展、特色发展的道路，促进高等教育规模、结构、质量、效益协调发展，全面提高高等教育质量"。[①] 其背后的逻辑在于，特色学科专业建设是特色学校建设的根本，学校特色从根本上体现落实在学科专业特色上。就特色本身而言，特色学科专业与特色学校的打造成效归根结底体现在学科的强竞争力、专业的强竞争力与学校的整体强竞争力的形成，以及由竞争力转化而来的对于区域经济社会发展的强服务力和支撑力。以上目的定位中的"内部协同创新"与"产学研结合"两大关键词既传达了特色学科专业建设的理念，同时也探明了特色学科专业建设的主要路径。换言之，特色学科专业的建设一要注重校内的各路创新资源的整合优化，发挥内部资源的合力；二要对接相应的产业主体与产业需求，吸收利用产业方的创新资源，发挥内外部资源的合力。

"三特行动计划"包括了特色专业建设、特色学科专业群建设以及特色学校建设。其中，规定特色学校要以 2～3 个特色学科专业群项目为支撑。另外，无论是特色专业还是特色学科专业群，共同点在于能够与地方经济社会发展和战略性新兴产业发展需求高度契合，换言之，都要以建设结果的实际应用服务成效来作为建设质量的衡量标准。

在内涵上，"三特行动计划"把特色学科专业群界定为以一个或多个特色专业为核心，服务对象相同、技术领域或学科基础相近，能够相互支撑、相互融合、资源共享，具有明显优势和特色的一组（类）专业。申报特色学科专业群建设的项目应具备 2 个及以上相关特色专业。这种由共同的知识纽

---

① 重庆市教育委员会，重庆市财政局．重庆市高等学校"三特行动计划"实施方案［EB/OL］．（2013 - 10 - 13）［2022 - 7 - 18］．http：//www.doc88.com/p - 3304319200569. html.

带所联结的"主从"结构意味着，高校要建设特色学科专业群，必须首先具备拥有单个的特色专业点，进而围绕特色专业点来组建学科专业群。因此，特色学科专业群具有典型的"学科专业团队"属性，有团队的核心与成员的分工合作。

在功能上，特色学科专业群建设主要针对符合国家战略，与地方支柱产业、战略性新兴产业、社会发展紧密结合，有利于自主创新的本科专业链。因此，学科专业群的建设具有双重价值，一是高质量的复合型、创新型专业人才培养输出价值，二是学科专业的内在创新能力的提升。学科专业集群当中的学科专业构成状态表现为相互衔接的链条，而这种衔接的状态是学科专业集群的集成功能有效发挥的关键保障。

在内容上，特色学科专业群建设包括：在特色专业建设基础上，注重产业链的相关专业布局优化和体制机制创新，健全复合型应用型人才培养标准，创新人才培养模式，培育优秀教学团队，打造专业群优质资源平台，提高学生创新创业实践能力。从中可以看出，学科专业集群的专业链状态所对应的是产业链，也就是说建设特色学科专业群实际上就是要打造学科—专业—产业链。同时，要构建与学科专业群建设相适应的体制机制，尤其要探索发挥基于学科专业群的特有的人才培养体制机制优势。

重庆市的特色学科专业群项目建设于 2014 年启动，分别在 2014 年[①]、2015 年[②]和 2017 年[③]遴选立项了共计 70 个特色学科专业群建设项目，覆盖了 17 所高校（见表 4 - 1）。

表 4 - 1　　　　　　　重庆市特色学科专业集群建设项目名单

学校名称	学科专业群名称	学校名称	学科专业群名称
重庆大学	土木建筑特色学科专业群	重庆交通大学	交通运输工程专业群
重庆大学	高端装备与动力系统特色学科专业群	重庆交通大学	水利水运工程专业群

① 重庆市教育委员会. 关于公布 2014 年特色学科专业群建设项目名单的通知 ［EB/OL］. (2014 - 11 - 10) ［2022 - 7 - 18］. https：//jwc. cqmu. edu. cn/info/1040/2018. htm.

② 重庆市教育委员会. 关于公布 2015 年特色学科专业群建设项目名单的通知 ［EB/OL］. (2015 - 11 - 11) ［2022 - 7 - 18］. https：//jwc. cqmu. edu. cn/info/1040/2016. htm.

③ 重庆市教育委员会，重庆市财政局. 关于公布 2017 年特色学科专业群建设项目名单的通知 ［EB/OL］. (2017 - 5 - 23) ［2022 - 7 - 18］. https：//jwc. cqmu. edu. cn/info/1040/2014. htm.

续表

学校名称	学科专业群名称	学校名称	学科专业群名称
重庆大学	电力能源工程与管理特色学科专业群	重庆交通大学	土木建筑专业群
重庆大学	矿冶工程特色学科专业群	重庆交通大学	机械工程学科专业群
重庆大学	智慧绿色城镇人居环境保障体系学科专业群	重庆交通大学	船舶工程专业群
重庆大学	工业安全与环境风险专业群	重庆交通大学	信息技术专业群
重庆大学	新闻传播与影视艺术专业群	重庆交通大学	物流与商贸专业群
西南大学	思想政治教育学科专业群	重庆工商大学	工商管理专业群
西南大学	园林与植物保护专业群	重庆工商大学	经济学专业群
西南大学	动物科学类学科专业群	重庆工商大学	环境与资源化学学科专业群
西南大学	生物科学与化学互通联培学科专业群	重庆工商大学	智能制造与服务专业群
西南大学	资源环境与农产品安全学科专业群	重庆工商大学	社会学专业群
西南大学	信息科学与技术专业群	四川外国语大学	外国语言文学特色学科专业群
西南大学	现代农业机电工程专业群	四川外国语大学	中国语言文学特色学科专业群
西南政法大学	司法职业人才培养专业群	四川外国语大学	新闻传播学学科专业群
西南政法大学	应用型国际经贸人才培养学科专业群	重庆理工大学	机械工程特色学科专业群
西南政法大学	舆情传播与风险管理学科专业群	重庆理工大学	工商管理特色学科专业群
西南政法大学	国家治理与公共安全专业群	重庆理工大学	面向电子信息产业创新创业人才培养的信息学科专业群
西南政法大学	马克思主义传播人才培养专业群	重庆理工大学	面向新材料产业创新人才培养的材料科学与工程专业群
西南政法大学	经济监督与经济秩序治理专业群	重庆理工大学	面向战略新兴产业的生物医药专业群
重庆医科大学	医学检验检测技术专业群	四川美术学院	美术学专业群
重庆医科大学	临床医学专业群	四川美术学院	设计学专业群

续表

学校名称	学科专业群名称	学校名称	学科专业群名称
重庆医科大学	公共卫生服务与健康促进专业群	四川美术学院	戏剧与影视学专业群
重庆医科大学	生物医学信息工程学科专业群	重庆科技学院	冶金材料特色学科专业群
重庆医科大学	医学影像与微无创治疗专业群	重庆科技学院	石油与天然气工程学科专业群
重庆医科大学	中医药专业群	重庆科技学院	机械与动力工程专业群
重庆师范大学	教育学特色学科专业群	重庆科技学院	土木与建筑专业群
重庆师范大学	汉语言文学与影视创编学科专业群	重庆科技学院	化工与安全专业群
重庆师范大学	数学与数学教育学科专业群	长江师范学院	教育学学科专业群
重庆师范大学	计算机软件与信息服务专业群	长江师范学院	生物工程与现代农业专业群
重庆师范大学	应用型地理科学与旅游管理专业群	重庆文理学院	机器人与智能装备专业群
重庆邮电大学	信息与通信工程专业群	重庆文理学院	林学与生态环境学科专业群
重庆邮电大学	信息智能处理及控制专业群	重庆第二师范学院	教育学学科专业群
重庆邮电大学	数字媒体与信息管理学科专业群	重庆工商大学融智学院	金融学学科专业群
重庆邮电大学	电子科学与技术专业群	重庆三峡学院	化工自动化学科专业群

二、山西省高等学校服务产业创新学科群建设计划

2015 年，山西省启动实施了"高等学校服务产业创新学科群建设计划"（以下简称"学科群建设计划"），分为建设项目与培育项目两类。建设项目以问题和需求为导向，以协同创新为纽带，引导高校围绕"产业链创新链"配置学科群，填补学科专业空白，构建人才培养体系，逐步形成与全省重点发展的产业布局和产业链紧密结合的学科集群，破解学科建设定位不准、与山西经济社会发展结合不紧密的问题；学科群培育项目以凝练学科特色和服务区域发展的重大需求为目标，统筹高校资源和学科资源，引导、培育和支

持新建本科院校调整学科定位，整合学科资源，凝练学科特色，形成具有一定优势和特色，能直接服务于区域发展且具有较大发展潜力的学科集群。[①]该计划直面高校学科对于地方重点产业发展的人才与科技服务能力偏弱这一现实难题，把加强产教融合作为破解难题的核心战略，着力构建对接产业链创新链的学科群以形成学科—专业—产业链，并借此在做强既有学科专业的同时，能够助力补齐面向产业的学科专业体系的"木桶"短板。

在内涵上，"学科群建设计划"提出，学科群须在长期合作基础上自然形成，具有良好的合作基础。须以 1 ~ 2 个重点学科为主干学科，有若干相对稳定、相互关联、互为支撑的学科作支撑（支撑学科）。主干学科和支撑学科须有一定的制度、设备、人才、科研等基础。这一政策性概念认识同样采用了"主从"结构来布局学科群，发挥多学科的合力。

在功能上，"学科群建设计划"强调要围绕煤层气、煤电、煤焦化、煤化工、煤机装备、新材料、富碳农业、交通装备、电子信息、新能源与新能源汽车、节能环保、生物医药、文化、教育、资源型经济、城乡统筹、生态修复等山西省重点发展领域，根据高校的办学实力层次来分类建设学科群。建设项目面向已获得博士或硕士学位授予权的本科高校，目标达成定位于特色鲜明、服务有力。培育项目面向未取得博士和硕士学位授予权的新建本科高校，目标达成定位于具有一定优势和特色，能直接服务于区域发展且具有较大发展潜力，为冲击专业硕士学位授权点奠定基础。从打造"特色"中可见，学科群建设对于产业的高端智力支撑价值与高校学科专业的内涵提升价值，尤其对于办学实力较弱的新建本科院校，学科群建设可以赋能学校的学历教育层次升格。

在内容上，学科群的周期内主要建设目标包括以下四大指标体系：一是平台建设；二是学科群团队建设；三是科学研究，涉及科研项目、发明专利、科技成果转化与科研获奖；四是教育教学改革，涉及人才培养模式创新、教学平台建设、课程建设、教材建设、实践基地建设与教学成果奖、学位论文获奖等。建设目标覆盖了学科群的人才培养、科学研究与社会服务成效。在学科群建设目标设置要求上，在考虑学校办学实力的基础上，突出指

---

① 山西省教育厅，山西省财政厅. 关于进一步加强高等学校重点学科建设的意见［EB/OL］.（2015－12－7）［2022－7－18］. http：//xkxwb. llhc. edu. cn/info/1991/2457. htm.

标成绩的高端性追求与量化考核。以山西大学煤电污染控制与废弃物资源化利用学科群和长治学院药用植物学科群为例①，明确制定了 3 年周期建设目标（见表 4 -2）。

表 4 -2　　　　山西大学与长治学院两大学科群 3 年周期建设目标

学科群	周期内建设目标
山西大学煤电污染控制与废弃物资源化利用学科群	1. 平台建设：新建国家级创新平台 1 个；主干学科进入国内同类学科前列，核心学科排名明显前移 2. 团队建设：引育汇集山西省"三晋学者"特聘教授（含青年"三晋学者"）3 人以上，省级各类人才计划 10 人以上，杰青、长江（含青年长江）、优青等国家级人才取得突破；积极申报国家级科技创新团队 3. 科学研究：承接国家重点以上项目、省级以上重大项目或企事业重大委托项目（100 万元以上）5 项以上，突破一批重大关键共性技术，新增授权发明专利 10 项以上；3 项以上重要技术实现产业化应用，成果转化取得产值超过 1000 万元以上，产出一批标志性成果，获省部级科技奖励 2 项以上，争取国家科技成果奖励取得突破 4. 教育教学：新增省级及以上教学平台 1 个，增设 1 ~2 个学科方向，编写科教结合教材 1 ~2 部，获得省级教学成果奖 1 项
长治学院药用植物（培育）学科群	1. 平台建设：围绕学科群，投资 1000 万元建立上党地区药用植物研究院，建设 1 ~2 个具有高水平、符合企业发展需求的研发中心 2. 团队建设：加强学科群团队建设，引进 10 名以上高层次创新人才或青年博士；选派至少 10 名团队骨干出国访学，选拔一批团队成员赴企业挂职锻炼；省级各类人才计划达到 5 人以上 3. 科学研究：承接省级重大以上项目或企事业重大委托项目（50 万元以上）2 项以上；突破一批重大关键共性技术，新增授权发明专利 5 项以上；2 项以上重要技术实现产业化应用，实现 1 项以上高科技成果转化落地；省部级科技奖励实现突破 4. 教育教学：引领学校向应用型转变，新增 3 ~5 个本科生实习实训基地，出版专著或教材 1 ~2 部，获省级教学成果奖 1 项，积极争取增列为硕士学位授权点

山西省于 2017 年②和 2018 年③相继遴选立项了两批学科群，共立项学科群建设项目 18 个，学科群培育项目 9 个，涉及 17 所高校（见表 4 -3）。

---

①②　山西省教育厅. 关于公布"1331 工程"重点学科建设计划首批项目建设目标任务的通知［EB/OL］.（2017 - 3 - 4）［2022 - 7 - 18］. http：//www. shanxi. gov. cn/zw/tzgg/201703/t20170307_286120. shtml.

③　山西省教育厅关于公示第二批"优势学科攀升计划"和"服务产业创新学科群建设计划"项目及建设目标任务的通知［EB/OL］.（2018 - 8 - 10）［2022 - 7 - 18］. http：//www. shanxi. gov. cn/yw/sxyw/201808/t20180813_470031. shtml.

表 4 - 3　　　　**山西省高等学校服务产业创新学科群建设名单**

学校	特色学科专业群名称	项目类别
山西大学	煤电污染控制与废弃物资源化利用学科群	建设项目
山西大学	土壤污染生态修复学科群	建设项目
山西大学	智慧物流管理学科群	建设项目
太原理工大学	能源与电气工程学科群	建设项目
太原理工大学	煤层气学科群	建设项目
太原理工大学	煤机装备学科群	建设项目
太原理工大学	大数据技术与应用学科群	建设项目
山西农业大学	循环富碳作物学科群	建设项目
山西农业大学	功能农业学科群	建设项目
山西医科大学	服务制药产业创新学科群	建设项目
山西医科大学	精准诊疗学科群	建设项目
山西师范大学	文化产业学科群	建设项目
山西师范大学	教师教育学科群	建设项目
山西财经大学	转型经济学科群	建设项目
中北大学	新材料产业创新学科群	建设项目
中北大学	电子信息应用（军民融合）学科群	建设项目
太原科技大学	重型与轨道交通装备学科群	建设项目
太原科技大学	清洁能源与现代交通装备关键材料及基础件学科群	建设项目
长治学院	药用植物学科群	培育项目
山西传媒学院	文化创意与设计学科群	培育项目
长治医学院	消化道肿瘤综合防治学科群	培育项目
山西中医药大学	中药产业关键技术创新学科群	培育项目
山西大同大学	石墨烯应用学科群	培育项目
忻州师范学院	五台山生态与文化旅游学科群	培育项目
运城学院	特色农产品发展学科群	培育项目
太原工业学院	储能新材料学科群	培育项目
吕梁学院	红色文化旅游学科群	培育项目

三、天津市高校服务产业特色学科群建设计划

2020 年，天津市主要面向市属高校启动实施了"服务产业特色学科群建设计划"（以下简称"特色学科群建设计划"），以"统筹高校资源和学科资源，围绕产业链、创新链配置学科链、人才链，增强学科间的交叉融合，促进学科建设与行业产业协调融通，健全完善需求导向的人才培养模式，形成更加开放、卓有成效的学科建设机制，整体提升学科的科技创新能力、人才培养能力和社会服务能力"。[①] 以高效精准提供产业链、创新链依赖的高质资源为学科建设的核心驱动力，基于学科产出导向来倒逼学科建设模式改革，秉持以打破学科间资源共享藩篱与学科单位界限，学科与行业产业运行的"平行线"状态为基础的学科间开放、学科与行业产业之间开放的内外部"双开放"学科建设理念，构建学科链架构的学科建设模式，即计划所提出的创新"学科＋产业"的学科建设模式。这种模式的高端性体现在是以国家重大战略和天津市重大需求为目标，以问题和需求为导向，以协同创新为纽带，来建设跨学校、跨学院、跨学科、跨产业的服务产业学科群。以"跨"促"协"，以"协"出"新"，以"新"破"难"是学科群运行的主导逻辑，也是学科群架构的学科建设模式的精髓。

在内涵上，"特色学科群建设计划"对于学科群的定义为：学科群需在长期合作基础上自然形成，具有鲜明的服务对象，良好的产业合作基础，形成以 1～2 个主干学科牵头，若干个相对稳定、相互关联、互为支撑的学科、企事业和行业部门作为支撑的科学合理的学科群结构。主干学科和支撑学科、企事业与行业部门具有制度、设备、人才、科研等基础。在这一定义中，不仅强调了学科群的主干学科＋支撑学科的"主从结构"，还重点强调了产业部门主体的参与，以及所有涉及学科与产业部门的制度化、常态化与深入化合作。

在功能上，"特色学科群建设计划"对接经济社会主战场和科技发展前沿，瞄准产业结构调整和中华优秀传统文化传承需求，重点围绕智能科技、

---

① 市教委，市科技局，市工业和信息化局，市人社局. 天津市高校服务产业特色学科群建设计划［EB/OL］.（2020 - 7 - 2）［2022 - 7 - 18］. https：//tianjin. eol. cn/tjwj/202008/t20200828_2001556. shtml.

生物医药、新能源新材料等新动能产业和航空航天、装备制造、汽车、石油化工等优势产业来打造特色学科群，完善产学研用紧密结合的创新机制，突出交叉融合与协同创新，科学合理配置资源，提升资金使用效率，促进高水平科技成果转化，强化教育帮扶、智力支援，最终把学科群打造成为高层次应用型人才培养的高地、产业科研创新的重要基地、文化传承的重要载体。显然，学科群的建设所定位与追求的是成为学校学科专业体系当中的"顶峰"集团，所承担的是一流的、具有强大辐射性的智力价值创造，讲求服务产业的贡献度，是区域创新体系中的关键主体要素。

在内容上，"特色学科群建设计划"主要着眼于以下几点：一是通过校内、校际的学科建设的协同合作，形成若干个学术水平高、创新能力强、成果转化率高、社会效益好的学科团队；二是围绕解决经济社会发展重大问题，跨领域组建攻关团队与平台，在重点领域突破一批重大课题、转移转化一批高新技术和科技创新成果；三是强化学生的就业与创新创业能力，优化拔尖创新人才体系；四是探索建立"产业型学院"，构建产教协同育人新机制；五是面向企事业单位和行业部门，设立"产业教授"，引导高校设立"产业服务型教授"，激励教师的产业贡献；六是深化高校"资产经营公司"改革，建立校企一体、产学研一体的"产业研究院"。显然，特色学科群建设的所有内容点都紧紧围绕服务产业导向而设，直面传统的"学院派"学科建设的不足，每一点的建设都需要大力推进相应的体制机制改革，反映了学科群治理的方向。在很大程度上，学科群建设是全面深化产学研合作的一种突破性创新。

在"特色学科群建设计划"的推动下，天津高校积极联合政府、行业企业共建服务产业特色学科群。例如，2021年4月26日，天津城建大学与天津市教育委员会共同签署了共建天津市"绿色低碳建材新技术"服务产业特色学科群的合作协议。同时，10余家环保行业公司与天津城建大学进行了合作项目签约，意在依托天津城建大学国家地方联合工程研究中心，与企业之间进行资源优势互补与资源共享，通过专利成果转让、产品技术开发等形式来实施科技成果转化。[①] 2021年5月7日，天津理工大学与云账户和360共

---

① 陈欣然，桂锦峰. 天津城建大学与天津市教委共建服务产业特色学科群 [EB/OL]. (2021 - 4 - 27) [2022 - 7 - 18]. http：//www. jyb. cn/rmtzcg/xwy/wzxw/202104/t20210427_549274. html.

同签署了共建"网络安全与数据智能"服务产业特色学科群合作协议，以学校的网络空间安全学科为主干学科，推动整合三方优势资源，创新学科组织模式，建立协同攻关、协同发展机制，深入推进跨领域协作，以经济社会发展重大问题和企业面临的难点问题为导向，联合组建专题研究团队，探索建立人才培养与产业需求紧密结合的育人模式。[1]

第二节　地方高校的学科专业群建设

地方政府的学科专业群建设支持政策至关重要，但地方高校的学科专业群建设实践是一项系统工程，涉及学科专业群的组建思路、学科专业群建设的任务、学科专业群建设的管理等关键问题。近年来，以许昌学院、江汉大学、华北理工大学、武汉轻工大学、大庆师范学院、东莞理工学院等为代表，在学科专业群建设与管理方面进行了深入布局。

一、学科专业群的组建思路

《湖北省高等学校优势特色学科（群）建设项目管理办法》中对于优势特色学科（群）的界定是：高校根据自身特色发展和科学定位，面向未来科技和社会发展开展前沿基础研究、应用研究和人才培养，围绕经济社会发展重大需求，聚焦重点产业、战略性新兴产业、"两新一重"（新型基础设施建设，新型城镇化建设，交通、水利等重大工程建设）的支撑领域和关键制约因素及人文社会科学发展的重大问题，重点建设和培育的学科或学科群。关于学科群，则明确指出学科群可以是由主干学科和联系比较密切的支撑学科所构成的学科群，也可以是为解决关键技术突破和重大实际问题，由多个学科构建的交叉学科群。[2] 这种代表性的"双轨"操作界定为地方高校的学科专业群的组建提供了灵活的实施路径选择。但不论哪种路径，都贯穿了一

---

[1]　我校共建"网络安全与数据智能"服务产业特色学科群 [EB/OL]. (2021 - 5 - 8) [2022 - 7 - 18]. http: //news. tjut. edu. cn/yw. htm.

[2]　湖北省高等学校优势特色学科（群）建设项目管理办法 [EB/OL]. (2020 - 11 - 12) [2022 - 7 - 18]. http: //xkb. hbeu. cn/info/1018/2111. htm.

点，即学科专业群的组建不是简单的知识相近性的学科专业"拼盘"，而是必须基于对象产业链的布局特征，从有利于学科专业群的体系性服务功能发挥的角度来选择学科专业，形成配置合理、运转良好的群内学科专业结构。

江汉大学的学科群组建遵循学科之间联系紧密、功能上能资源共享、优势互补的原则，打造以主干学科、相关学科、基础学科与新兴学科等构成的学科体系。学科群一般包含1个主干学科和3个支撑学科（均为一级学科），主干学科应为省级重点学科，支撑学科以省级重点学科为主。① 东莞理工学院的学科群是紧密围绕国家重大需求和区域经济社会发展需要，按照"基础相关、边界紧密、资源共享、优势互补"的建设思路组建的智能制造、绿色低碳和创新服务学科群。每个学科群一般由1~2个主干学科和若干个特色学科组成，由学校结合重点学科遴选和博士、硕士学位点培育建设予以确定。② 许昌学院根据学校的服务面向，以优势专业为核心，按照专业基础相通、技术领域相近、职业岗位相关、教学资源共享的要求构建专业群。每个专业群由3个以上专业组成。③ 大庆师范学院的专业群组建要求：对接产业紧密、专业结构合理，群内各专业必须紧密对应专业群所对应的产业集群中的上、下游各个产业，专业之间构成相互支撑，专业群的龙头专业须是校级及以上重点专业，人才培养模式特色鲜明，拥有突出的教学改革成果。同时，龙头专业应有4届以上本科毕业生，各专业生源充足，报到率高，专业群在校生总数不少于800人，毕业生就业率在85%以上。④

二、学科专业群建设的主要任务

地方高校的学科专业群建设承担着两大方面的主要任务，一是寻求从过程上构建学科专业的跨学科集群发展模式，推动学科专业的跨越式发展；二

---

① 江汉大学优势特色学科群管理办法 ［EB/OL］.（2016 – 12 – 15）［2022 – 7 – 18］. https：//wenku. baidu. com/view/df6e591a52e2524de518964bcf84b9d529ea2c60. html.

② 东莞理工学院推进学科群建设实施意见 ［EB/OL］.（2020 – 3 – 25）［2022 – 7 – 18］. https：//fzgh. dgut. edu. cn/info/1072/1463. htm.

③ 许昌学院关于产教融合专业群建设的指导意见 ［EB/OL］.（2017 – 1 – 4）［2022 – 7 – 18］. https：//sfx. xcu. edu. cn/info/1092/1048. htm.

④ 大庆师范学院专业群建设管理办法 ［EB/OL］.（2019 – 6 – 26）［2022 – 7 – 18］. http：//jwc. dqsy. net/bkjxgczl/zdzy. htm.

是致力于从结果上生发出能够切实转化为地方重大经济社会效益的智力产品，发挥学科专业集群的创新优势。

就学科专业本身而言，学科专业群建设的根本性难题就在于如何推动实现内含的学科专业之间的跨学科创新，通过相关学科专业力量的汇聚，取得单点式学科专业建设模式下难以实现的突破，以塑造突出的领域优势。华北理工大学学科群建设力求形成结构合理、特色鲜明、相互支撑、协同发展、具有较强内生力和拓展力的学科群系统，推动多学科协同创新发展。① 江汉大学的特色学科群建设坚持服务性、集聚性、特色性、协同性原则，推动实现多部门、多学院、多学科协同配合。② 大庆师范学院致力推动实现专业链与产业链有机对接、人才链与岗位链有机对接、教学内容与现代产业技术有机对接、教学过程与生产实践过程有机对接、理论教学与实践教学有机对接，通过专业群建设使专业群内各教学资源实现共享得以充分利用，形成集约效应使其功能达到最大化，同时使专业群内各个专业在教育理念、办学条件、师资力量、人才培养模式、教学内容、课程建设、教学管理、人才培养质量和社会服务能力等方面形成区域优势和特色。③ 许昌学院着力促进学科专业的有机融合，坚持学科专业一体化发展，依托核心专业与相关专业的优势资源，重点围绕专业结构优化调整、人才培养模式改革、课程体系重构、实践教学体系建设、教学团队建设、学科支撑、专业群发展机制等影响专业发展的关键环节推进综合改革，以专业群建设落实专业设置与产业需求对接、课程内容与职业标准对接、教学过程与生产过程对接。④

学科专业群建设的落脚点是在服务地方产业发展上的高能性，高能性要依赖于学科专业间的跨学科协作水平，但对于其是否真正高能的检验则要落实到智力成果的有用性。东莞理工学院学科群建设的主要任务是围绕国家重大需求和区域经济社会发展需要，凝练学科特色方向，汇聚学科创新团队，

---

① 华北理工大学学科群建设管理办法 [EB/OL]. (2018 - 11 - 15) [2022 - 7 - 18]. http：// jxgl. jtxy. ncst. edu. cn/col/1325228193953/2018/12/05/1543994492152. html.

② 江汉大学优势特色学科群管理办法 [EB/OL]. (2016 - 12 - 15) [2022 - 7 - 18]. https：// wenku. baidu. com/view/df6e591a52e2524de518964bcf84b9d529ea2c60. html.

③ 大庆师范学院专业群建设管理办法 [EB/OL]. (2019 - 6 - 26) [2022 - 7 - 18]. http：// jwc. dqsy. net/bkjxgczl/zdzy. htm.

④ 许昌学院关于产教融合专业群建设的指导意见 [EB/OL]. (2017 - 1 - 4) [2022 - 7 - 18]. https：//sfx. xcu. edu. cn/info/1092/1048. htm.

建设高层次学科平台，产出高水平学科成果，为国家和区域高质量发展提供强有力的人才支撑和智力支持。① 同样，江汉大学的学科群建设围绕武汉建设国家中心城市，选准一个服务行业（产业）或地区（区域），凝练一个学科特色方向，汇聚一支学科创新团队，建设一个高层次学科平台，产出一批高水平科研成果，为地方经济和行业发展提供一流服务。② 大庆师范学院专业群建设要求按照专业集群深度对接产业集群和行业，调整优化专业布局，针对黑龙江省、大庆市重点支柱产业、教育行业和石油石化行业发展需求建设品牌专业群，使群内专业服务区域或行业发展的能力显著提高。③ 许昌学院的产教融合专业群建设，对接区域主导产业、特色产业和战略性新兴产业，调整优化专业布局，形成与产业深度融合的专业体系，推动人才培养与产业深度融合提升技术技能人才培养质量，满足产业升级对高素质应用型人才需求。④

三、学科专业群建设的管理体制

地方高校的学科专业群作为一种新的学科专业建设组织形式，在建设的管理体制上也有别于传统的单点式学科建设管理。最为显著的特点就是对于学科专业群内的学科专业间的运行协作的管理，保证每个学科专业群是按照一个功能综合体在运转。

（一）垂直分工的管理架构

传统上，无论是学科建设还是专业建设，地方高校普遍都设置有对口性的管理机构。管理机构负责对学科专业建设事务进行统一布局和管理，与学科专业点之间是一种下达命令与执行命令的科层制管理关系。部分学校学科

① 东莞理工学院推进学科群建设实施意见 ［EB/OL］.（2020 - 3 - 25）［2022 - 7 - 18］. https：//fzgh. dgut. edu. cn/info/1072/1463. htm.

② 江汉大学优势特色学科群管理办法 ［EB/OL］.（2016 - 12 - 15）［2022 - 7 - 18］. https：// wenku. baidu. com/view/df6e591a52e2524de518964bcf84b9d529ea2c60. html.

③ 大庆师范学院专业群建设管理办法 ［EB/OL］.（2019 - 6 - 26）［2022 - 7 - 18］. http：// jwc. dqsy. net/bkjxgczl/zdzy. htm.

④ 许昌学院关于产教融合专业群建设的指导意见 ［EB/OL］.（2017 - 1 - 4）［2022 - 7 - 18］. https：//sfx. xcu. edu. cn/info/1092/1048. htm.

专业群的建设管理沿用了这种垂直的分工管理体制。武汉轻工大学的学科群在校学科建设领导小组领导下开展建设，分管校领导具体指导，研究生处主管，机关职能部门协助，学院为学科群建设的基础单位。学科建设办公室具体负责学科群的日常管理工作，包括：制定学校学科群发展规划；制定学科群建设管理规章制度及工作计划；负责优势特色学科群的申报、建设和验收等工作；下达学科群建设年度任务；考核学科群建设年度任务；组织协调相关部门做好学科群建设服务工作，协调做好各院（部）的学科建设工作等。学校确立学科群的首席负责人，将其作为学科群建设与管理的第一责任人，主要职责分为三大部分，一是主导"学科群联席会议"，商讨、决策本学科群发展规划等重大问题；二是对学科群建设所需的人、财、物等资源配置提出计划；三是引领学科群完成学科建设办公室下达的年度建设任务。① 这种管理体制安排强调了对口行政部门的统一扎口管理，确保对于学科群建设任务的上传下达的畅通。学科群的首席负责人与学科群联席会议没有资源配置上的决策权，但可以自主决定学科群内部任务性事务的开展实施。

（二）学科群联席会议制度

学科专业群自身的多学科联合性意味着群建设管理的一个重要关注点就是做好管理上的统筹与协调，彰显所涉学科专业主体之间的共商共建。东莞理工学院的学科群建设管理实行学科群联席会议制度。每个学科群设学科群联席会议主任、常务副主任、委员与秘书。主任由校长聘任，常务副主任一般由主干学科的学科带头人担任，委员由特色学科的学科带头人以及学科群涵盖学科所在二级学院院长兼任，秘书由学科群从主干学科所在二级学院的青年教授或博士中选任。联席会议主任主要负责召集学科群联席会议，组织审议各项议题，在权限范围内作出决策，推进学科群学科建设资源的优化整合，大型仪器设备与教学科研场地的开放共享。联席会议的主要职责包括商讨制定学科群发展规划，对一级学科发展规划进行评议，对一级学科人力、财力、物力资源配置以及学科方向凝练、人才培养、科研等实施提出意见与建议，组织开展跨学科的人才培养、科研攻关、平台申报、学术活动，形成

---

① 武汉轻工大学学科群建设管理办法 ［EB/OL］. （2016 - 6 - 2）［2022 - 7 - 18］. https：//fgc. whpu. edu. cn/info/1029/1476. htm.

年度学科群发展报告等。在重要决策事项上则由相关职能部门牵头实施。[1]
学科群的联席会议制度并非一种决策性制度，主要发挥着为学校相关职能部门的决策提供咨询建议作用，以及承担对跨学科性学术性具体事务的操作。从联席会议的构成主体来看，体现的是校内学术与行政的参与，并没有涵盖到行业产业主体。

（三）校企混编管理委员会

由于学科专业群建设本身就植根于对产业需求的应对，因此，学科专业群建设的管理体制内在性地要求行业产业部门主体要作为管理权的共享者，在学科专业群建设的重要事项决策中发挥不可替代的共同决策者作用，而非仅仅是学校内部决策的校外咨询者。大庆师范学院针对专业群建设，从制度上明确要求，各个专业群的管理要创建校企混编管理团队，成立专业群建设管理委员会，管理委员会成员应包括群内各个专业的负责人、相关二级学院教学副院长、专业负责人和企业技术人员。其中，企业技术人员的数量占比不低于50％。委员会负责人由学校委派，委员会负责本专业群的建设方案制定、资源整合、各种教学建设、校企联合开展产品研发、技术创新和技术攻关以及日常管理等工作。[2] 这种管理体制呈现出明显的管理分权化与扁平化特征，学校层面是以每个专业群为单位而组建各自的管理委员会，管理委员会作为专业群建设事务的重要决策机构履行职责。

第三节　地方高校学科专业群建设案例
追踪——以江苏省 Y 学院为例

案例是指在某一个时间点或经过一段时期所观察到的一种有空间界限的现象，案例研究则是一种为了理解一类更大规模的相似单位，而对一个或少

---

① 东莞理工学院推进学科群建设实施意见［EB/OL］.（2020 - 3 - 25）［2022 - 7 - 18］. ht-tps：//fzgh. dgut. edu. cn/info/1072/1463. htm.

② 大庆师范学院专业群建设管理办法［EB/OL］.（2019 - 6 - 26）［2022 - 7 - 18］. http：//jwc. dqsy. net/bkjxgczl/zdzy. htm.

数单位进行的深入研究。[①] 学科专业群建设是一所学校学科专业建设理念与实践发展过程中的一个特殊"事件"。将这一"事件"置于学校学科专业建设的历史演变背景下来进行考察，可以更加清晰地借由对学科专业建设发展阶段的沿革的描绘以及学科专业建设过程中存在的突出问题的把握，进而对学科专业群的建设理路形成更加直观、深刻的理解。现实中，虽然每所地方高校的办学历史与校情不同，但在特定历史时期内不同年代的同源性的中央政府关于学科专业建设政策规制的引导，以及地方高校长期以来的"同质化"办学的历史习惯的推动下，其学科专业建设的历史演变境况高度趋同。因此，对于具有"普适性"经历的 Y 学院的学科专业群建设进行案例分析，可以管窥地方高校学科专业群的建设运行轨迹与挑战。

一、Y 学院案例背景

立项建设重点学科是我国高等教育领域的一项特色，以在短期内快速培育一批具有地方、区域乃至国际竞争力的学科。国家—省—校三级重点学科建设体系初步形成于 20 世纪 80 年代中后期。在距今 30 余年的发展历程中，重点学科建设虽然在某些方面遭到了人们的诟病，但却不能否定其在推动各高校及整个国家学科发展水平的过程中所发挥的重要作用。2014 年 1 月，国务院发布的《关于取消和下放一批行政审批项目的决定》中，取消了国家重点学科的审批，标志着国家重点学科退出了历史舞台。但省级重点学科制度与校级学科建设在地方高校的学科建设工作中依然有着举足轻重的地位。一所地方高校所拥有的省级重点学科点的数量是体现自身办学实力的一个关键指标，是学校能够吸引与获取更多优质办学资源的一项重要"资本"，也是带动学校整体学科建设水平不断提升的重要"引擎"。而校级重点学科不仅是各校着力打造学校学科优势与特色，带动校内其他学科发展的一个重要"抓手"，同时也是为获得更多省级重点学科的立项培育后备力量的一条主要途径。

1983 年 5 月，教育部在湖北武昌召开了全国高等教育工作会议，会上提

---

① ［美］约翰·吉尔林. 案例研究：原理与实践［M］. 黄海涛，刘丰，孙芳露，译. 重庆：重庆大学出版社，2017：47－48.

出要采取有力措施，逐步建设好一批重点大学、重点学科，抓好重点大学、重点学科的建设，以及要建立定期评定重点大学、重点学科的制度。① 1987年，原国家教育委员会根据《中共中央关于教育体制改革的决定》中"根据同行评议、择优扶植的原则，有计划地建设一批重点学科"的文件精神，发布了《关于做好评选高等学校重点学科申报工作的通知》与《关于评选高等学校重点学科的暂行规定》，提出"中央部委和地方教育主管部门还可根据实际需要和可能条件，参照本办法适量确定和扶持一些部门或地方一级的重点学科"②，正式拉开了国家重点学科评选工作的序幕，这也被学界视为地方重点学科建设的发端。③ 实际上，此前部分省份就已经开展了地方重点学科建设的实践。例如，广东省从1984年开始就选取了首批85个重点学科予以建设④，上海市也在1984年确定了首批市属高校重点学科。⑤

　　20世纪90年代，湖北、四川、浙江、江西、江苏等多个省份纷纷启动了本省的省级重点学科遴选建设工作，掀起了地方重点学科建设的热潮。在这个过程中，"211工程"的提出与实施为地方重点学科的建设提供了一股强大的推动力。以江苏省为例，1993年《中国教育改革与发展纲要》中正式提出要实施"211工程"后，这一"工程"建设规划在江苏省高等教育界引起了强烈反响。由于"211工程"的一项重要内容就是重点学科建设，"为加快江苏高校'211工程'建设的步伐，江苏省委、省政府决定在江苏高校建设一批省级重点学科，并对重点学科建设提出了明确要求。"⑥ 1993年底，江苏省教育委员会随即组织开展了省级重点学科的遴选，共选出91个省级重点学科，先期投入建设资金近1.5亿元，对其实施周期性的绩效考核，优胜劣汰，滚动建设。1994年9月，江苏省召开了重点学科建设启动大会并印发实施了《江苏省重点学科建设管理办法》。

---

① 赵文明. 认真学习、努力贯彻全国高等教育工作会议精神 [J]. 辽宁高等教育研究，1983（3）：1-9.

② 国家教育委员会. 关于评选高等学校重点学科的暂行规定 [EB/OL]. （1987-8-12）[2022-7-18]. https：//www.lawxp.com/statute/s1050578.html.

③ 刘恩贤，姜振家. 国家重点学科建设的政策演变轨迹 [J]. 学位与研究生教育，2007（9）：66-70.

④ 广东省高教局科研处. 加强高校重点学科建设 [J]. 高教探索，1985（1）：35.

⑤ 桂水德. 地方高校重点学科建设管理问题 [J]. 学位与研究生教育，1990（6）：1-6.

⑥ 陈乃林，周新国. 江苏教育史 [M]. 南京：江苏人民出版社，2007：907.

与省级重点学科建设类似，设立校级重点学科的建议及实践在 20 世纪 80 年代中期就已经出现。中山大学学者陆耘 1985 年就曾刊文提出"应该发挥各方面的积极性，设立各种层次的重点学科点，有国家一级的，也应该有地方和各部门的，甚至还应该有学校重点扶植的学科点"。① 这一时期，上海第二医科大学经过论证评审，确定了该校首批 22 个校级重点学科，不仅如此，各院（系）甚至还确定了院级重点学科。② 1988 年 7 月 1 日，经校务委员会终审，上海师范大学的 7 个学科也获准列为本校首批校级重点学科。③

长期以来，江苏省通过对省级重点学科建设的大力持续投入与支持，以及对省内高校原有的国家重点建设学科的大量资金配套支持，学科建设整体上取得了突出的成效。2017 年 9 月，教育部等三部委公布的世界"双一流"建设高校及建设学科名单中，江苏省入选的高校数量和学科总数居于全国前列。2017 年 12 月，教育部学位与研究生教育发展中心公布的全国第四轮学科评估结果中，江苏省入选的学科总量以及高档位学科数量均名列前茅。

Y 学院是江苏省 1999 年由专科学校合并升格的一所新建本科师范院校，是我国首批新建本科院校之一，地处临海城市与革命老区。该学院的学科建设与本科专业建设从零起步，发展过程中以省、校两级相结合的重点学科建设体系带动学科专业建设整体水平的提升，推动学校发展成为一所学科专业特色鲜明的综合性学院。以下通过对 Y 学院学科专业建设相关一手文献资料的深入掌握和分析，并结合对关键人物的访谈调研，展示其升本 20 余年来对于学科专业建设的思考谋划与实践轨迹，并在此基础上以 Y 学院办学的涉海特色为例，呈现其涉海产业相关学科专业群的建设图景。

二、Y 学院学科建设的发展阶段

（一）学科建设认识缺乏，学科建设意识不足

在地方师范学院发展初期，学科建设的价值和效益问题一直困惑着部分

---

① 陆耘. 高校重点学科建设的若干问题 [J]. 高教探索，1985（4）：47 – 49.

② 李宣海，薛纯良，洪启文等. 重点学科建设管理的实践与探索 [J]. 研究与发展管理，1995（2）：35 – 37.

③ 科研处张. 我校七个学科获准列为首批校级重点学科 [J]. 上海师范大学学报（哲学社会科学版），1988（3）：100.

教师乃至各层次的管理队伍。[①] Y 学院在 20 世纪 80 年代中期师专办学时期就确立并实施了以师范专科教育与师范本科教育相结合，以专科教育为主的办学思路，既为地方培养合格的中学师资，又为将来实现学校由师专升格师院创造有利条件，积累办好本科师范教育的经验。1999 年升格之前，师范本科教育的开展采取与老牌师范大学进行合作办学的模式，合作校负责进行招生，颁发毕业证书、学位证书，整个培养过程则由 Y 学院全程实施，合作校对培养环节通过审核、抽考等方式予以检查和监督，省教育评估院对联合办学质量进行检查评估。Y 学院虽然在很大程度上独立实质开展了本科专业教育，但并没有学科建设的任务和意识，且这种状态也一直延续到了升本后较长一段时期。学科办 A 主任指出，在学校刚升本的时候，教职员工思维中所认识和理解的学科还停留在中学里的教学科目，比如语文、数学、物理、化学等，而非高校学科建设意义上的学科。即便在学校升格本科之后的若干年内，全校上下也都几乎不会去谈什么学科建设，因为大家根本就不清楚学科到底是什么，更不知道学科建设为何物、有何用，甚至学校领导都不明白一级学科、二级学科是什么。学校的注意力集中在专业建设上，以扩充专业数量、扩充专业师资队伍、扩大专业招生规模作为学校发展重点。

关于这一点，从 Y 学院 2002 年制定实施的《教育事业"十五"规划》中也可以管窥学校层面对于学科建设认识的偏差和不足。这是学校升本后制定的首部五年发展规划，规划中将"以学科专业建设为重点，深化教育改革，全面推进素质教育"作为改革与发展的一项主要任务和措施，但从文本中具体的部署内容上来看，并未真正涉及学科建设问题，全部围绕增加本科专业数量、学科门类数量，以及建设品牌专业和特色专业来进行阐述，甚至关于学科门类的表述用语也有欠规范，如下："到 2005 年，全日制普通高等教育专业达 40 个，其中师范类专业近 20 个，非师范类专业 20 多个。40 个专业将涉及到教育部公布的 11 个一级学科门类中的经济学、法学、教育学、文学、历史学、理学、工学、农学、管理学等 9 个学科门类，涉及到教育部公布的 71 个二级学科门类中的 23 个"，文中将教育部 1998 年颁布的《普通高等学校本科专业目录》中的学科门类表述为一级学科门类，将专业门类表

① 张辛卯. 地方师范院校学科建设的定位与发展思路 [J]. 中国成人教育，2007（19）：108 - 109.

述为二级学科门类。2005 年 3 月 Y 学院召开的全校第一次学科建设工作研讨会的核心议题就是要解决三个问题：什么是学科建设，为什么要进行学科建设，怎样进行学科建设，以从思想认识上进一步统一全校教职工对于学科建设重要性的认识。显然，在学校升本的初期，对于学科建设的内涵和重要性缺乏正确认识。

（二）以重点建设学科为抓手，实现学科建设制度化

Y 学院 2004 年召开了首次学科建设领导小组会议，专门成立了学科建设办公室，统一管理学校的学科建设工作，标志着系统性的学科建设工作的启动。2005 年初，学校召开了学科建设大会，制定并下发了《关于加强学科建设工作的意见》《重点建设学科申报评选实施方案（试行）》《重点建设学科管理的若干规定》等系列制度文件，明确了学科建设之于学校发展的重要性以及学科建设是什么、做什么的思想认识，确立了学科建设在推动实现学校建设同类一流高校发展目标，以及提升学校核心竞争力过程中的龙头作用和主导地位，提出了开展重点学科建设的思路。在江苏省于 2005 年初专门面向学士学位授予单位组织开展的一次省重点建设学科的申报遴选中，Y 学院最终获批了 2 个省重点建设学科，获得了 35 万元的资助经费。同时，学校进行了校级重点建设学科的遴选，按照国务院学位委员会 1997 年颁布的《授予博士、硕士学位和培养研究生的学科、专业目录》，首批遴选了 8 个重点建设二级学科与 5 个扶持建设二级学科，并成立了 10 个研究所。

在学科办 A 主任看来，"2 个省级重点建设学科的获批，尤其是'巨额'的资助经费，在当时引起了全校教职员工对于学科建设的积极关注。虽然他们很多人对于学科建设的作用和重要性还没有什么很深刻的认识，但却意识到了申报重点建设学科，开展学科建设可以得到丰厚的资金资源支持。"因此，成功获批省级重点建设学科不仅实现了 Y 学院发展战略意义上的学科建设的成功"破题"，实际上还有效发挥了对教师员工参与学科建设的宣传、启蒙和激励作用。这也从事实上证明，江苏省的重点学科建设计划的实施为新建本科院校在发展初期思考谋划、开展学科建设工作起到了关键的引领、带动作用，为其打开学科建设工作局面提供了一个重要突破口。省、校两级重点学科建设体系的初步构建，意味着 Y 学院的学科建设由思想大讨论、大扫盲阶段进入了实质性的战略化、制度化推进阶段。

（三）着力优化学科结构布局，构建优势特色学科体系

通过短期的快速扩张，Y学院在"十五"期间新增了适应社会需求的非师范类本科专业21个，将专业数增加到了"十五"末的37个，覆盖了9大学科门类。在省、校两级重点建设学科的引领下，Y学院学科专业建设开始着手以对接服务地方需求、打造学科优势特色为原则来优化学科专业结构布局。《Y学院教育事业"十一五"规划》中提出了"建成适应地方基础教育、经济建设和社会发展需要的综合性、教学型、有特色的高师院校"的目标，首次正式把"特色"一词纳入办学总体目标。同时，相应提出"调整学科布局，构建以基础学科为支撑、高新技术学科为核心、应用学科为骨干的学科新体系，整合、培育、形成一批特色鲜明、优势明显的学科方向。"2008年学校的第一次党代会报告中把发展的总体目标进一步凝练为"建设特色鲜明的高水平区域性大学"，并确立了必须加强学科专业特色，必须追求高水平的一流学科，必须立足区域建设学科专业的三大策略。围绕这一目标，《Y学院教育事业"十二五"规划》中进一步提出，面向区域经济社会发展和涉海发展需求，对中国语言文学等传统学科进行改造提升；强化对教育学等优势特色学科的支持力度；进一步发展工、经、管等学科门类，突出教师教育、服务涉海两个重点，培育和扶持新的特色学科，逐步形成基础学科与应用学科相结合、传统学科与新兴学科相交叉、优势学科与特色学科相促进、多学科协调发展的学科体系。

为切实推动学科布局结构的优化，Y学院开始着眼于主要从一级学科层面来推动学科建设，拓展学科发展空间。一是调整校级重点学科的建设思路，从原来的二级学科层面建设转变为从一级学科层面建设。2010年，Y学院在原有二级学科基础上重新遴选确定了5个一级重点学科和4个一级重点建设学科，进一步整合了学科资源，凝练了学科发展方向。二是调整学科建设依托的组织建制，将学科建设与创新人才培养、科技创新相结合，体现学科的重点建设方向与服务特色。2015年，Y学院按照国务院学位委员会2011年颁布的《学位授予和人才培养学科目录》，对照目录中的一级学科名称对部分二级学院进行了更名。例如，社会学院更名为公共管理学院，美术学院更名为美术与设计学院，数学科学学院更名为数学与统计学院，物理科学与电子技术学院更名为新能源与电子工程学院，化学化工学院更名为化学

与环境工程学院，生命科学与技术学院更名为海洋与生物工程学院，城市与资源环境学院更名为城市与规划学院，信息科学与技术学院更名为信息工程学院等。

（四）对标硕士授权申报要求，大力强化支撑学科建设水平

学科建设在学校发展中居于"龙头"地位，可以从根本上带动学校的办学质量与水平实现跃升，具体体现在人才培养、科学研究、社会服务、文化传承能力与质量的全面提升。学科建设的质量直接关乎学校办学的学历教育层次的提升，进而决定着学校办学的核心竞争力。Y 学院早在"十五"发展规划中就提出了"努力发展研究生教育……积极寻求合作伙伴，以与其他高校联合培养研究生为起步，逐步获得硕士研究生培养权，为建立硕士点做好各项准备工作"，但此时尚未从学科建设层面来考虑实现这一构想。直到2005 年，学校才正式从观念和制度上确立了学科建设对于硕士学位授权申报的重要支撑作用。在 2015 年发布的《关于开展院重点建设学科遴选工作的通知》中明确指出，"经过 3 年时间的培育建设，基本达到省重点建设学科和硕士学位授权点水平，为部分系（院、所）申报硕士学位授权奠定基础"。自此，服务硕士学位授权申报开始明确作为学科建设的一项重要战略任务。

分管学校学科建设工作的副校长 B 认为，"从最通俗的实践逻辑上讲，专业建设主要指向课程建设与教学改革，面向培养本科生的就业、创业能力，而学科建设主要是面向培养教师，使教师通过科研活动提升科研创新能力，从而在以后能够独立胜任研究生的培养指导任务。对于新建本科院校而言，学科建设成效最为直观与最具说服力的指标首先就是获批硕士学位授权。因为在同层次、同类型高校的发展竞争中，能否率先成功获批硕士学位授权是衡量学校办学质量与水平的核心甚至唯一硬标准，只有获得了硕士学位授权，才能为将来升格大学铺平道路、创造条件。包括加强对一级学科的建设，其核心的目的都是为申报硕士学位授权做准备。"2017 年，学校首次正式组织申报硕士学位授权单位，由于参报学科在部分关键指标上未能达标，"申硕"目标未能达成。此后，学校的学科建设工作开始聚焦"申硕"学科的指标短板和差距来针对性提升核心支撑学科的建设水平。2018 年，Y学院第三次党代会报告中提出，"紧紧围绕硕士学位授权点建设要求，统筹学科规划，凝练主攻方向，分解目标任务，形成重点建设、扶持发展、培育

新型的学科建设梯次"，同时，在具体的工作任务部署中提出了对照"申硕"工作基本要求，查漏补缺，补足短板，指标上浮，按照150%的比例提高各项标准的学科建设要求。

三、Y学院的学科专业群建设——以涉海学科专业为例

Y学院是在本科办学初期亟须扩大非师范教育规模的背景下将学科专业群理念引入学科专业建设。《Y学院教育事业"十一五"规划》中把"抓住市场，做大非师范教育"作为"十一五"时期的发展思路之一，提出"按照'面向市场、主动适应、立足自我、发挥优势、适需设置'的方针，积极谋划增设适应社会经济、教育、文化和现代服务业发展急需的紧缺非师范专业，创造条件构建学科专业群，培养适应市场经济发展、知识面较宽、适应性较强的高级应用型人才"。自此，Y学院的学科专业建设始终把着力打造外有产业链、内有学科链的专业群作为学科专业结构优化的方向。

围绕"沿海"特色办学战略，Y学院以打造涉海产业发展科研机构群为突破口，整合相关学科研究力量，构建了沿海经济发展服务学科群。科研机构涵盖了自然科学学科类机构（滩涂生物资源与环境保护实验室、盐土生物资源研究实验室、滩涂生物农业协同创新中心、海洋药物研发协同创新中心）与人文社会科学学科类机构（沿海发展研究院），从技术研发与决策咨询两大方向同时发力，为沿海经济产业发展提供支撑。与此同时，积极依托涉海产业发展科研机构群的相关学科优势，大力布局涉海本科专业群，打造形成了具有鲜明涉海特色的串联海洋资源开发、利用与保护等领域的学科—专业—产业链（见图4-1）。

科研机构的建设与运行不仅汇聚了校内的涉海研究相关学科资源，同时联合了校外的一流相关研究力量，多学科、校内外协同攻关。

滩涂生物资源与环境保护实验室确立了滩涂生物多样性研究、滩涂生物资源的开发和利用、滩涂生态环境保护三大研究方向，与南京大学、复旦大学、厦门大学、南京农业大学、华东师范大学、南开大学、江苏省农业科学、中国科学院南京土壤研究所等重点大学与科研院所开展合作研究。

盐土生物资源研究实验室由Y学院牵头，联合江苏省农业科学院、江苏省中国科学院植物研究所组建，研究方向包括沿海生物多样性研究及其生物

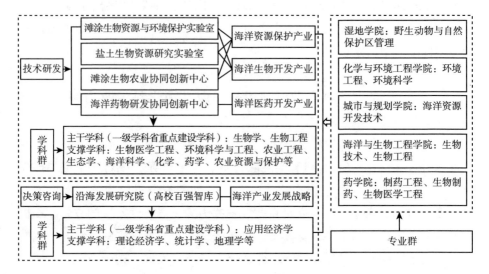

图4-1 Y学院涉海产业发展学科专业集群

资源的综合利用、盐土生物大分子特性研究及其开发应用、盐土农业技术创新及其生态环境演替研究。

滩涂生物农业协同创新中心由Y学院协同南京农业大学、江苏省农业科学院、中科院南京土壤所、复旦大学等组建,面向江苏生物农业高端化的重大需求,聚焦生物基化学品高效制造、膜材料与膜过程、有机光电材料与器件、高性能胶凝材料制造与应用四大创新方向,着力建设江苏农业新兴产业和生物工业节能减排核心创新载体。

海洋药物研发协同创新中心是Y学院与地方政府为推动地方的"药谷"创新区建设而共建的海洋药物研发与创新载体,沿海医药产业科技公共服务平台,以及应用型药学专业人才培养、培训基地。

沿海发展研究院由Y学院联合江苏省沿海地区发展办公室和江苏省沿海开发集团共同组建,汇集政府、企业、高校、研究院所等多方力量,聘请了省内外研究人员30余名,形成了"沿海产业升级与转移""滩涂开发与环境保护""园区平台与体制机制建设"三大研究方向的基础研究团队,以及"江苏沿海滩涂科学围垦开发研究团队"和"江苏沿海港产城一体化发展研究团队"两个厅级特色团队,加强对重大专题的创新研究。研究院被中国智库研究与评价中心评为全国高校智库百强智库。

依托涉海科研机构群，Y 学院构建形成了以生物学、生物工程两个一级学科省重点建设学科为主干学科，以生物医学工程、环境科学与工程、农业工程、生态学、海洋科学、化学、药学、农业资源与保护等为支撑学科的技术研发学科群，以及以应用经济学一级学科省重点建设学科为主干学科，以理论经济学、统计学、地理学等为支撑学科的决策咨询学科群，两大学科群共同构成了互为呼应的涉海产业学科群，塑造了政府积极引导、大学主体经营、企业广泛参与的政产学研格局。同时，以学科群为支撑，针对涉海产业人才培养，相应布局开设了野生动物与自然保护区管理、环境工程、环境科学、海洋资源开发技术、生物技术、生物工程、制药工程、生物制药、生物医学工程等构成的专业群。

四、Y 学院学科专业群建设面临的难题

（一）高水平学科专业团队打造难

学校的人才队伍是决定学科专业建设质量的核心因素。副校长 B 和学科办 A、C 两位主任一致认为，学校的学科建设面临的最大问题就是缺乏高水平的学科带头人，很难构建高水平的学科建设团队。副校长 B 指出，"新建本科院校的学科建设不同于老牌综合性大学，综合性大学中的知名教授多，师资整体质量高，知名教授通过自身的学术影响力，围绕一个学科方向，完全可以在短期内组建起一个研究团队并打造出科研平台，快速出成果。即便没有本科专业的支撑，也不会影响到该学科的建设。但新建本科院校则不具备这样的实力和条件，自身很难培养出高水平的学科领军人才，在引进学科领军人才方面更是困难重重，学科建设任务主要依赖于相关的各个专业的教师"。这种局面的产生有着多种复杂的原因，但在人才引进方面对学科建设需求考虑不足是其中一个关键原因。学科办 A 主任指出，"长期以来，由于学校办学规模扩张太快，师资没有跟上，教师的教学任务负担太重，甚至曾经出现过广播电视学专业只有一名专业教师的情况，学校大力加强人才引进旨在补充各专业的师资队伍的不足，但各专业的教师的科研方向非常分散，单兵作战，再加上学科领军人物的缺乏，难以有效地组织凝聚起围绕特定的、重点打造的学科方向开展研究的团队力量"。学科办 C 主任认为，"学校

围绕学科建设所进行的人才引进的针对性不足。本人 2011 年到任后的很长一段时间内，人事处在每年组织对应聘人员的面试时，从来都不邀请学科办的人参加。后来直接到人事处交涉，告诉人事处学校的学科建设到底需要什么样的人才，只有学科办最了解情况，最有发言权，学校的人才引进必须要由学科办参加。在此之后，人事处的分管校领导才明确指示学校的人才引进工作要有学科办的人参加。实际上，近年来学校在大量引进青年博士时，主要考察博士的毕业学校，海外学历背景，已经发表、出版的高水平科研成果的数量，虽然非常注重其科研潜力，但至于其具体的研究方向是否符合学科建设需求事实上并没有那么重要"。专业师资队伍的扩充对学科建设至关重要，但高水平学科团队的缺乏，使得学科建设难以取得重大的标志性成果的突破。学校需要大力深入实施学科专业一体化建设策略，围绕特色学科专业群建设来有针对性地引进学科团队，建设学科团队。

（二）学科专业的应用服务性不强

师范院校的学科建设既要坚持为基础教育服务的方向，也要具有鲜明的区域特色，直接为地方的经济建设服务。[①] Y 学院的发展规划当中，虽然将构建高技术、应用学科群，服务地方需求作为学科发展的重要导向，但在应用服务力度上比较弱。学科办 C 主任认为，"新建本科师范学院这个层次的高校，虽然在理念上、政策上、规划中也强调开展高技术学科、应用性学科建设，将学科成果转化为本科应用型人才培养资源，转化为地方产业发展的现实生产力，但学校的学科建设实力确实还谈不上能够产出什么具有影响力的可供转化的成果，学科建设的关注点实际上还是放在学术导向上，把主要精力放在激励教师申报高层次科研项目、申报高层次科研成果、发表高层次科研论文、申请外校兼职研究生导师，以及大力扩展与老牌本科院校联合培养研究生的渠道和规模等事项上，虽然学校也不断加大对教师开展横向科研的奖励支持力度，例如，学校规定已经结项的横向课题中，理工科单个项目经费达到 60 万元、文科单个项目经费达到 40 万元，视同完成国家级课题一项，但此举的主要出发点在于快速提升师均科研经费数量，很多老师在难以

---

① 石挺. 对加强师范院校学科建设工作的思考 [J]. 华中师范大学学报（人文社会科学版），1999（2）：115 – 118.

申请到省部级、国家级课题的情况下，为了评职称增加科研积分，只能设法去弄横向课题，学校也并不会去关心其出什么成果。"此外，学校的所谓学科群建设主要还是停留在对于学术意义概念上的学科群建设，并不是真正的产业导向的学科群。化学与环境工程学院 D 院长指出，"服务申硕是学校的中心工作，二级学院的学科建设任务都很重，虽然我们学院既有理科专业也有工科专业，但哪里有什么精力去考虑构建什么服务产业需求的学科群，也构建不起来，没那个实力。学校近几年特别强调科技成果转化，二级学院也多少有一些成果，但层次都很低，转化的价值也不大，更何况这个东西有更好，没有也无所谓，学科建设也不会把重心扑到这个上面来。在目标管理考核体系下，发展规划期内引进多少博士，发表多少篇 C 刊、SCI 论文，在权威出版社出版多少部专著，拿多少项国家级、省部级项目，拿多少项省部级及以上科研成果奖，获批多少高层次专利，到账科研经费达到多少等都有指标要求，二级学院领导和老师的压力确实很大，规划期内争取完成这些目标才是实的。"可以看出，学校在评价体系上对于应用服务的关注不够，重视程度不够，尤其缺乏有针对性的评价体制机制的改革与创新。整体上，需要围绕向应用型大学转型的策略，根据区域产业的科技创新与人才需求来构建学科—专业—产业链，将学科建设与专业建设嵌入共同的产业链当中，打造具有明显优势和特色的学科专业群，统筹推进实现高水平学科与高水平专业建设的相互促进和互利双赢。

（三）强大的行政逻辑制约着学科专业建设

整合优化学科资源是提升学科建设质量与成效的必要举措，学科资源的调配首先要遵循的就是学术逻辑，而非行政逻辑。但从实际情况来看，行政思维主导下的"本位"意识与利益至上的观念在学科专业资源的优化配置过程中扮演着强势的角色。以学科专业调整和文献资源共享为例，2015 年 Y 学院出于配合加强一级学科建设的考虑，对部分二级学院的学科专业布局进行了调整，但在操作过程中就遭遇了个别二级学院领导的强烈抵制。学科办 B 主任谈到，"在学校的调整方案中，原本计划将城市与规划学院下设的海洋资源开发技术专业调整至海洋与生物工程学院，但城市与规划学院以该专业当初是由本学院申报设立的，并且本学院的资源完全能够保障该专业的开办为由，反对将专业调出，最终致使海洋与生物工程学院的下设专业中没有任何直接含有海洋名称的专业，直到现在都名不副实，为学校集中涉海学科资源，打造涉海教育品牌战略造成了很大的障碍。另外，方案中还计划将法政学院下设的思想政治教育专业调整至对于提升本专业教育质量更为有利的马克思主义学院，因为马克思主义学院为省高校示范马克思主义学院，师资队伍力量与学科建设实力都很强，思想政治教育专业也是马克思主义理论学科的重要依托专业，但由于该专业此前先后获批为省重点专业和省品牌专业，享有省里下拨的专业建设资助经费和学校提供的配套建设经费，法政学院坚决抵制将该专业调出"。另外，文献资源建设是学科建设的重要资源保障，为更好地服务自身的学科建设，Y学院的各二级学院都建立了自己的文献资料室。然而，在文献资源的共享方面却面临着相互分割的局面。办学历史底蕴深厚、办学规模大、学科建设实力较强的某二级学院的图书资料室管理员讲道，"文献资料是由本学院花钱购置的，原则上对内不对外，只面向本院的师生借阅。其他学院也都是这样的。外院的学生是肯定不能借阅的，但如果是外院的教师的话，大家都是同事，如果有借阅需求，也是可以通融一下的"。显然，在学校办学中，行政思维的固化、行政逻辑的泛化在事实上制约着学科专业建设。要求学校在学科资源的配置整合上、在解放思想和体制机制改革上双管齐下，实施综合改革，打破根深蒂固的行政主导思维与部门间的隔离，树立全局意识，以切实有利于发挥学科间集成攻关、协同创新的能力和潜力为主导逻辑，推动解决学科专业资源整合面临的问题。

第五章

地方高校学科—专业—产业链的组织载体建设

当前，以高校协同创新中心、现代产业学院、区域特色新型智库为代表的新型产学研合作组织已经成为地方高校中重要的学科专业创新发展平台。各类平台虽然在性质上、运行体制机制上、功能定位上各有不同，但都注重将人才培养、科学研究与社会服务功能融为一体，高度凸显地方高校的特定学科专业与区域经济社会特定方面的知识与人才需求的无缝对接。这些平台既是地方高校学科—专业—产业链建设中不可或缺的组成部分，也是提升地方高校学科—专业—产业链建设水平的特殊组织载体保障。

第一节　地方高校协同创新中心

提升自身创新能力，增强发展的核心竞争力，实现可持续的高质量发展，是我国高等教育内涵式发展时代地方高校面临的巨大挑战。2012 年 3 月 15 日，教育部与财政部印发《关于实施高等学校创新能力提升计划的意见》，启动"高等学校创新能力提升计划"（以下简称"2011 计划"）。该计划的实施根本上牵动的是对高校传统固化的创新体制机制的"撬动"与革新，"协同创新的本质是管理创新，关键就在于体制机制改革"。① 基于不同的视角与划分基准，高校协同创新涉及多方面的体制机制改革。事实上，

---

① 段宝岩.实现协同创新的关键是体制机制改革［J］.中国高等教育，2012（20）：15–16.

"2011 计划"执行过程中所凸显出的制约性体制机制由来已久且相互牵制，很多问题尚未得到很好解决。然而，一批地方高校在协同创新中心建设中的积极改革与实践已初见雏形与成效。

一、地方高校协同创新的传统体制机制障碍

（一）资源投入和管理刻板

地方政府是地方高校发展最主要的资源投入主体，投入结构相对单一。高校内部资源利用率不高，在资源投入上普遍存在重物轻人、重硬轻软等问题，例如科研经费和项目研究经费中重视科研设备的投入，重视技术升级，但对团队建设、人才培养和科研软环境建设投入不足，科研队伍投入的比例偏低，与国际上流行的科研经费投入方式（按投入人数为基础进行核算）不接轨，导致各单位科技投入的使用效率受到较为严重的影响。同时，囿于传统的计划经济管理模式，科技管理的行政色彩浓厚。部门、行业和地区条块分割，布局分散，高校和科研院所各自为政，资源紧缺和资源闲置并存。例如，基础设施重复建设，学科、专业重复设置，课题重复申请，造成资源的重大浪费。① 一些重大攻关项目往往出现恶性竞争，不能把有限的人才、技术和资金等优势资源集中在重点方向上，达到最佳匹配状态，从而难以在解决共性、关键性重大科研问题上实现重点突破。

（二）人事管理制度僵化

地方高校以单位为主体的人事管理制度，使科研人员无法进行合理流动。科研人员作为协同创新的主体和核心，相互之间的流动受制于人事管理体制的差异和阻隔，如岗位编制制度的局限性，造成人员流动、评价、管理上的体制性障碍。高校与企业科技人才相互流动体系不完善，人员交流浮于表面，无法通过人才聘用深入项目研究体系。这种人员流动壁垒的存在，不利于多学科、多专业力量相互配合，不利于采取大兵团、集成攻坚的团队发展，制约着跨行业、跨单位、跨区域的人才团队建设。再者，地方高校的科

---

① 孙清忠，黄方方. 高校协同创新中心资源优化配置机制构建探析 [J]. 高教探索，2014 (5)：26 - 29.

研评价机制往往以职称评聘为导向，以单学科评价为主，重论文发表、轻工程应用，重成果获奖、轻成果转化，是一种"小科学"的单一化评价模式，评价周期短。强调个体，忽视团队协作，缺乏对跨学科研究和成果应用的实际考察，缺乏对于合作、实际完成能力的考评，同时也缺乏合理的利益共享和利益政策，使得大多数科研人员不得不追求短平快的项目，缺乏从事大项目合作的积极性和持续动力，也在一定程度上加剧了高校科研与产业需求的脱节。

（三）创新型人才培养乏力

第一，缺乏校内外实践育人的有效协同机制。在新的经济转型的背景下，能够解决产业技术难题，推进产业技术升级的复合型、创新型人才的匮乏已经成为各产业领域发展的瓶颈问题。各地方高校虽然越来越重视学生实践能力的培养，但自身缺少强有力的开展实践教育教学的关键支撑条件，缺乏与其他高校与科研院所，以及政府与行业企业之间的联系。[①] 利用生产实践环节合作培养人才的层次偏低，学生的实习实践质量难以得到保障，使得高校培养的人才往往与市场需求有较大差距。

第二，教育模式滞后难以适应创新型人才培养。传统教育模式的"固化"是地方高校创新型人才培养模式改革的"桎梏"。本科生培养模式难以适应经济社会发展对创新型人才的需求，如课程内容滞后，人才培养方式呆板，大学生科研训练还受到各种条件制约等；研究生培养模式有待改革和完善，创新能力培养环境亟待优化。例如，双语课程建设滞后，科研成果的评判标准有欠科学，滚动淘汰机制在实践中流于形式，没有起到应有调节作用等。

第三，缺乏面向国际的高端人才培养对接机制。高端人才培养缺乏国际高度，缺乏与国际同行进行有效对话的机制。一方面，在协同单位联合培养硕士和博士等高层次人才方面缺乏国际标准，高校和科研单位还有很多条条框框的限制，需要提升国际视野，按照国际化人才培养要求拟定新的制度体系；另一方面，博士生培养的招生与培养机制与国际一流大学没有进行接

---

① 喻江平，王思明. 协同创新视角下高校创新人才培养研究 [J]. 内蒙古社会科学 (汉文版)，2013 (4)：150 - 152.

轨，博士生待遇普遍较低，难以吸引发达国家优秀学生到我国攻读博士学位。

二、地方高校协同创新体制机制改革——以江苏省为例

江苏省是高等教育大省和强省，在高等教育的发展与改革方面始终走在全国前列。近年来，在产教协同创新领域，江苏地方高校的协同创新中心建设分批次快速推进，协同创新中心的布点已经在地方高校当中实现了全覆盖。协同创新中心围绕特定领域集聚了学校既有的相关优势学科专业资源，并联合协作高校院所与行业企业的优质资源，进行了一系列的建设运行探索与尝试，在创新体制机制改革方面取得了积极进展。

（一）学科交叉、市场导向、开放共享的资源配置

地方高校协同创新中心对传统的创新管理模式进行积极的反思与重构，努力突破既有的体制机制障碍，力求将中心所具有的实体性优势、学术资源优势、产教结合优势和"特区"优势转化为科研创新与人才培养创新优势。

第一，以学科交叉融合与任务为导向进行资源配置。高校协同创新中心将相关的优势学科专业资源和各协作单位在资源上集成与共享，形成交叉协同与互补优势。充分发挥各协同单位优势学科和特色学科的集聚功能。根据研究方向和研究任务，引导资源分配，集中优质资源重点支持，解决协同领域的基础性、前沿性、战略性问题。例如，南京师范大学区域法治发展协同创新中心按照中心的计划任务统一分配中心的投入资金和各项资源，各研究平台也实施按照项目课题组分配资源，而不是按照研究人员的身份归属分配资源的资源投入方式，以实现协同中心科研资源合理、有效的配置和优化。

第二，建立以市场为导向的资源开放共享方式。建立"有机整合、全面开放、产权不变、共享共用、优惠有偿"的资源汇聚利用机制。例如，江苏科技大学高技术船舶协同创新中心的各协同单位将本单位可开放高技术船舶资源纳入船舶综合技术研究院统筹，资源所有权仍归属原单位，按原管理单位开展日常管理，对船舶综合技术研究院新支持建设的新资源统一纳入船舶综合技术研究院公共实验室体系予以管理。制定虚拟经费额度制度，给予一定的设备资源经费使用虚拟额度，使用中心资源视同实际经费，额度用完后参照平台内部使用五折优惠制度使用，对镇江高新技术产业开发区高技术船

舶企业服务平台资源可享八折优惠。

第三，建立资源信息开放共享平台。整合、优化协同体内部资源，建立大型仪器共享数据库。网上发布大型仪器共享信息，通过网络化管理，为各协同单位提供共享信息查询、服务推介、技术培训等服务，实现公共平台、科研设施、仪器设备、文献资料等信息在中心成员单位的公开化、透明化。例如，苏州大学放射医学协同创新中心建立科技服务平台共享协作网，对中心各参与单位所加入技术服务设备实施统一管理、预约使用，实时、动态地发布信息，规范资源申请、服务、管理、绩效评估和运营补贴等工作流程，统计资源使用效率、服务时间、服务质量、用户意见等信息。

（二）按需聘任、动态管理、绩效评价的人事管理

地方高校紧紧抓住"2011计划"这一重要契机，将学校的协同创新中心作为人事管理体制机制创新的"新特区"和"试验田"，破除传统人事管理中的突出弊端，构建灵活、高效的人才资源配置体系，激发人才资源的创新潜能。

第一，建立全员、公开、分类聘用体系。高校协同创新中心结合协同创新项目建设需要，统筹、按需设置岗位、岗位规模和组配结构，自主制定岗位聘任标准、岗位任务和目标、聘任流程、考核办法等，对人员聘任实行公开竞聘与协同高校院所、企业互聘相结合。推行全员聘用制度，所有岗位和研究人员都面向国内外公开招聘，打破国籍、户籍、地域、身份、人事关系等刚性限制，柔性引进各类优秀人才进入中心。同时，鼓励中心各成员单位间跨单位聘任，公平竞争、择优录取。实施分类聘任，根据所设岗位的具体类型，分别制定相应的聘用办法、薪酬和考核标准。例如，江苏师范大学语言能力协同创新中心采用四类人员的分类聘任。一为全职人员，主要面向协同体内所有单位及部分非协同单位招聘，这类人员的工资福利仍由原单位发放，中心发放对应岗位和绩效的岗位津贴和绩效奖励；二为非全职人员，面向全球招聘或选聘，由中心根据岗位类别及工作时间确定薪酬；三为各单位选派至中心相关管理部门工作的人员，按照所在岗位或承担的任务确定薪酬；四为临时研究人员，主要包括访问学者和博士后研究人员，视参与研究的投入情况发放一定的生活和科研补贴。

第二，建立人员动态管理和退出机制。"不求所有，但求所用"，建立研

究团队正式岗位聘用与项目需要的短期聘用的双向流转的动态管理，促进人才的有序流动与合作交流。协同创新中心所聘用人员全部与中心签订聘任合同，聘期结束后考核合格的可续聘，不再续聘的回原单位、原岗位或相应技术岗位工作。聘期内，因个人提出辞聘，或工作考核不合格，或有违法、违纪行为，可随时依据有关规定终止其聘用关系。再者，岗位工作与人事关系相对分离，既能在聘期充分保证人员待遇和条件，又可避免人事调动引发的人才纠纷。例如，南京财经大学现代粮食流通与安全协同创新中心所聘用人员，原属于组建单位的，其人事关系保留在原单位；不属于组建单位的，其人事关系由依托单位管理，外籍或人事关系不在国内的留学回国人员，可由中心依托单位按海外人才引进相关政策引进及聘任。

第三，采用与国际接轨的 PI 岗位制。"PI"（principal investigator），首席科学家制度，最早出现在欧美科研项目申请中。美国国家科学基金会将其定义为"由受让人指定、美国国家自然科学基金委同意的负责项目科学技术方向的个体"①，即对项目有指导权和主导权的个体。各协同创新中心普遍尝试采用 PI 岗位制。PI 制有利于优秀者脱颖而出，有助于实现机会均等、公平竞争，减少行政对于科研的过度干预，所提倡的团队精神也极大地发挥了科研人员的整体效能。但在我国，PI 属新生事物，PI 的选择首重学术能力与学术影响力，而如何发挥好 PI 的团队管理职能，保持科研团队的活力，促进团队成员的职业发展，建立 PI 的权力规范与绩效评价体系等问题的解决至关重要，尚需在实践中进一步观察与探索。

第四，构建有效的人才评价体系。一是明确各级各类人员的考核办法，依据合同对相应人员进行考核和管理。具体操作方面：纵向上通常进行逐级考核，例如，南京师范大学地理信息资源开发与利用协同创新中心由研究平台首席科学家考核团队首席科学家，团队首席科学家考核其团队成员；横向上通常采用阶段评价与聘期考核相结合，定量评价与定性评价相结合，结果性评定与发展性评价相结合，个人业绩考核与团队业绩考核相结合的方式。二是评价主体多元化，重视引入第三方评价。三是建立以科研成果质量为核心的业绩考评体系。在职称评审、岗位考评中，推行科研成果"代表作"制。例如，江苏师范大学语言能力协同创新中心在团队考核方面以"标志性

---

① 陈巧巧，卢永嘉. 浅析 PI 制的含义及发展 [J]. 管理研究，2011（14）：93 - 94.

成果"作为聘期考核的重点指标。四是科研绩效评价依科研成果的性质有所不同。基础研究成果以学术水平为导向，主要对成果的原创性、前沿性进行评价，重在反映成果的科学价值和贡献；应用研究成果以工程应用实效为导向，市场和用户评价为主要评价标准，注重成果的创新性、实用性以及对行业发展的实质贡献。

（三）校际联合、资源整合、产教融合的人才培养

"2011 计划"中提出"以科学研究和实践创新为主导，通过学科交叉与融合、产学研紧密合作等途径，推动人才培养机制改革，以高水平科学研究支撑高质量人才培养"① 的改革任务。计划实施以来，地方高校协同创新中心将创新型人才培养作为重要使命，通过积极的探索实践，初步形成了涵盖多学历层次的立体式创新型人才联合培养机制，使各协同主体的优势共同作用于创新型人才培养的过程②，呈现出了以多主体协作，强调应用情境，注重跨学科融合，机制灵活多样，强化质量控制为典型特征的改革新趋向。

第一，将中心的实体性优势转化为创新型人才培养优势。一是为人才培养模式改革搭建稳固的平台。高校协同创新中心是一个由不同属性的参与者构成的跨界式新型主体，是具有正式、严格的组织管理体系的实体组织。传统上，由于人才培养的渐进性、投入的多维性、回报的迟滞性，创新型人才的协同培养在实践中通常面临很多困难。③ 但高校协同创新中心的"实体性"为创新型人才培养模式的改革提供了稳固的建制性平台，这一新型平台的搭建，改变了高校以往的单打独斗、校企即时合作的人才培养方式。基于这一优势，各中心努力突破既有的人才培养体制机制障碍，集聚各协同单位的优质资源，大力实践新的创新型人才培养举措。二是实现校际间教育教学资源实质性共享。协同创新中心的实体性地位有效推动了校际间打通课程、学分、师资等因素的隔离④，构建了实质性的人才培养资源共享机制。例如，

① 教育部，财政部.关于实施高等学校创新能力提升计划的意见［EB/OL］.（2012 - 3 - 15）［2022 - 7 - 18］.http://www.moe.gov.cn/srcsite/A16/kjs_2011jh/201203/t20120315_172765.html.

② 方丽.协同创新视域下的高校人才培养模式的重构与选择［J］.江苏高教，2014（2）：107 -109.

③ 王丹平.注重人才培养的协同创新发展［J］.中国高等教育，2013（1）：42 -44.

④ 许日华.地方大学构建协同创新中心的意义、困境与实践探索［J］.重庆高教研究，2013（5）：29 -33.

江苏师范大学牵头的语言能力协同创新中心制定实施了《语言能力协同创新中心创新人才培养管理办法》等制度，按照"单位招生，协同培养，多向交流，资源共享"的思路，结合语言能力研究本身的跨学科特征，考虑到协同体内各单位的实际情况，中心确立了"慕课网络课程＋寒暑假讲习班＋课题研究"的创新人才协同培养模式。

第二，将中心的学术资源优势转化为创新型人才培养优势。一是集成优质教学资源，实施拔尖人才培养计划，基于协同创新中心的学科领域优势进行拔尖创新人才培养。例如，南京师范大学牵头的地理信息资源开发与利用协同创新中心实施"地理信息科学拔尖学生培养计划"，设立地理信息科学强化班，遴选中心的高水平科学家为本科生讲授课程，实行学生导师制和小组讨论制，为本科生全面开放观测与实验支撑平台，建立本科生科研项目申请机制。常州工学院与南京艺术学院共同牵头的文化创意协同创新中心，实施了贯通学士与专业硕士学位两个学习阶段的"3.5＋1.5"卓越人才培养模式。学生在本科四年级时进入中心文化科技学院，其本科毕业设计课题与专业硕士研究方向一致，提前半年进入专业硕士学习阶段，专业硕士论文阶段参与中心相关协同单位的研发，进入相关"硕士工作站"。二是挖掘科研资源潜力，吸收本科生参与科研项目。科研资源优势是协同创新中心最突出的优势，利用优质科研资源平台，吸收本科生参与科研项目，是创新型人才培养的一项重要举措。例如，江苏科技大学牵头的高技术船舶协同创新中心在高水平创新人才培养方面，把人才培养质量提升作为目标，依托中心的学科集群与一流科研基础设施，以高水平的科学研究为纽带，以机制体制改革为重点，制定了《高技术船舶协同创新中心寓教于研的拔尖人才培养模式实施办法》，建立产学研相结合、寓教于研的人才培养新机制，为我国高技术船舶领域培养拔尖人才提供制度保障。江苏师范大学先进激光技术与新兴产业协同创新中心实施"大学生研究创新能力培养计划"，吸收本科生做科研助手。

第三，将中心的产教结合优势转化为创新型人才培养优势。一是基于合作企业的实践便利，建立"企业研究生工作站"。在企业建立研究生工作站，是为了构筑研究生实践教学平台、培养研究生解决实际问题的能力，促进研究生创新能力提高，满足高层次应用型人才培养的需要。不仅为研究生的科技创新实践活动提供了广阔舞台，也为企业、高校产学研合作提供了新载体。例如，扬州大学牵头的动物重要疫病与人兽共患病防控协同创新中心先后与国内多家养殖企业、兽用生物制品生产企业建立研究生工作站，依托产学研联合体，联合承担科技项目，共同培养应用型高层次人才。二是整合产教领域的创业资源，构建创业人才培养模式。例如，常州大学牵头的光伏科学与工程协同创新中心构建了创新创业人才培养模式，通过政产学研互动，围绕技术、市场、资本、管理等创业核心要素，整合各类管理精英、学术精英和行业精英等高层次人才，构建了完整的创业教育课程体系，以论坛、讲座、展览、沙龙等多种形式，培育学生的创新精神和商业思维，形成面向创新创业的知识结构。打破理论、实验与生产之间的界限，全面开放公共服务平台、技术研发平台、产业培育平台，建立基于真实情境的创新创业演练模式，将各学科平台和相关联企业打造为学生创业的"演练场"，培育学生的创新思维与创业能力，实现创业人才孵化。中心的优质资源向本科生开放，从本科二年级起选拔优秀学生进入协同创新中心实验室，并在中心组建创业导师俱乐部及企业家沙龙，让学生在充分分享导师人脉资源、创业经验的基础上，以实验室的科技成果创业，实现科技成果转化，带动大学生就业。

第四，将中心的"特区"优势转化为创新型人才培养优势。一是利用招生自主权招收优秀研究生。单列招生名额，专门用于中心的研究生培养。例如，江苏科技大学牵头的高技术船舶协同创新中心每年由中心成员单位拿出一定的招生指标用于中心的研究生招生，硕士研究生以全日制专业学位为主；自主命题、自主复试，在各成员单位研究生招生简章中注明，复试工作由中心自主组织进行；推荐免试，中心各高校应在本单位的推荐免试名额中，拿出一定的指标在中心成员高校中互相推免，作为卓越人才培养免试硕博研究生进入中心。二是利用人才培养资助提升研究生培养的国际化水平。实施优厚的人才培养资助计划，改变高校研究生待遇低、不利于拔尖创新人才培养的现状。例如，南通大学牵头的神经再生协同创新中心设立和国外联合培养博士生基金，让博士生到国外进行 3 个月以上的课程学习和项目工作。设立博士生参加国外高水平国际学术会议基金，资助博士生参加国外高水平学术会议。南京师范大学牵头的地理信息资源开发与利用协同创新中心为博士生提供每年 1.6 万元，硕士生每年 0.8 万元的资金，给研究生安心学习和从事科研工作提供保障。此外，该中心招收的研究生，除获得校内研究生相同的普通奖学金外，还可获得由中心发放的不低于社会技术人员平均工资标准的"助研津贴"。

高校协同创新计划的根本意义在于在所有高校中普及、引导一种"协同创新"的理念,带动高校提升学科、科研、人才培养"三位一体"的创新能力,服务国家与区域的创新驱动发展战略。各合作单位之间不是简单的"协议式"联合,不是简单搭建一个平台,而是要通过实质性的体制机制改革构建真正意义上的协同创新实体,将科研创新、人才培养与服务社会统一起来。实践表明,"2011计划"的实施在理念与实践层面上为突破传统的高校协同创新局限提供了一个良好的契机。从实际情况来看,地方高校协同创新中心已经成为区域创新管理改革的重要力量,中心力求突破既有的体制机制障碍,打破学科、院校、行业之间的界限,建立跨学科、跨学校、跨地区、跨国家,与企业、政府相融通的创新体系。可以看出,当前地方高校协同创新所面对的资源配置、人事管理、创新型人才培养等方面的体制机制障碍正在高校协同创新中心的改革实践中开始消弭,其改革的主导思想与脉络也在逐步清晰,改革的举措个性与共性并存,改革的成效已经初步显露。然而,高校协同创新是一项综合工程,具有很大的复杂性和艰巨性,仍然需要相关管理者从协同创新的根本意义上加以统筹谋划和考虑,从而构建切实有效的制度与政策保障体系,以保持改革与成效的持久性。

第二节 地方高校现代产业学院

2017年,国务院办公厅发布的《关于深化产教融合的若干意见》中明确把鼓励企业依托或联合职业学校、高等学校设立产业学院作为深化"引企入教"改革的重要举措。[①] 2018年,教育部、工业和信息化部、中国工程院联合发布的《关于加快建设发展新工科实施卓越工程师教育培养计划2.0的意见》中把建设高校与行业企业等多主体共建的现代产业学院作为工程教育

---

① 国务院办公厅. 关于深化产教融合的若干意见 [EB/OL]. (2017 – 12 – 5) [2022 – 7 – 18]. http://www.gov.cn/zhengce/content/2017 – 12/19/content_5248564.htm.

教学组织模式的创新形式。[①] 2020 年，教育部与工业和信息化部联合发布《现代产业学院建设指南（试行）》，标志着我国高校现代产业学院建设路向框架的确立与建设工作的全面铺开。在国家产教融合战略下，现代产业学院作为高校中一种新型的产教融合办学组织载体，在提升高校服务国家、区域的重点重大产业创新与发展需求能力，以及提升高校内涵发展质量方面具有重要作用。同时，现代产业学院建设也是今后时期我国应用型高等教育发展与改革的一个新突破点和应用型大学建设实践的一个新课题。

近年来，地方高校瞄准建设特色鲜明的高水平应用型大学的发展定位，在政府部门出台的示范性产业学院建设支持政策引导下纷纷启动成立产业学院，但在建设过程中普遍面临着一系列突出问题。刘国买等（2019）分析指出了产业学院人才培养目标单一，产学研协作育人功能薄弱，管理体制僵化等问题。[②] 李荣华等（2019）研究发现产业学院存在认识本位主义，自组织建设困境，可持续发展不足，定位不清、政策滞后，运行乏力等问题。[③] 陈春晓等（2020）研究总结了产业学院功能定位不清晰、不精准、缺乏战略性，工学交替育人模式实施困难，师资队伍建设困难等不足。[④] 成宝芝等（2021）归纳了产业学院教育理念和创新意识滞后，受制于国家教育管理制度和体制中的不合理评价导向，多元办学主体难以实现共赢等困境。[⑤] 金劲彪等（2021）从法律的视角审视提出产业学院建设存在的主体法律地位不明、组织法制空缺、学生权利保障不足、教师法律地位模糊等法律风险。[⑥] 地方高校要建设高水平、高质量的现代产业学院，真正发挥出产业学院的特殊功能，还需要对现代产业学院组织的建设与运行理念和机理进行持续深入

---

① 教育部，工业和信息化部，中国工程院. 关于加快建设发展新工科实施卓越工程师教育培养计划 2.0 的意见 [EB/OL]. (2018 - 9 - 17) [2022 - 7 - 18]. http：//www. moe. gov. cn/srcsite/A08/moe_742/s3860/201810/t20181017_351890. html.

② 刘国买，何谐，李宁，梁俊平. 基于"三元融合"培养应用型人才：新型产业学院的建设路径 [J]. 高等工程教育研究, 2019 (1)：62 - 66 + 98.

③ 李荣华，邱菁芳. 论应用型本科院校产业学院建设 [J]. 教育与职业, 2019 (14)：36 - 42.

④ 陈春晓，王金剑. 应用型本科高校产业学院发展现状、困境与对策 [J]. 高等工程教育研究, 2020 (4)：131 - 136.

⑤ 成宝芝，徐权，张国发. 产教深度融合的产业学院人才培养机制探究 [J]. 中国高校科技, 2021 (Z1)：98 - 102.

⑥ 金劲彪，侯嘉淳，李继芳. 现代产业学院建设的法律风险与防范——基于江浙产业学院建设的实证分析 [J]. 教育发展研究, 2021 (5)：20 - 27.

的理论思考与实践探索。

现代产业学院本质上是以服务支撑产业需求为导向、多主体共建共治、集人才培养等多种功能于一体的新型人才培养平台①,《现代产业学院建设指南(试行)》中将现代产业学院的根本使命定位为"造就大批产业需要的高素质应用型、复合型、创新型人才,为提高产业竞争力和汇聚发展新动能提供人才支持和智力支撑"。② 在我国的本科高校群体中,相较于"双一流"大学与老牌的综合办学实力强劲的地方综合性大学,以新建本科院校为主体的地方高校在办学基础、办学影响力与办学资源获取能力上处于明显的弱势地位,这也使得地方高校的现代产业学院建设面临巨大挑战。虽然地方高校中不乏有部分先行者已经在产业学院建设方面积累了一定的经验,取得了一定的成效,甚至形成了若干模式,但产业学院的建设总体上尚处于初级阶段。相对于传统的学科性学院,地方高校现代产业学院承载着特殊的人才培养组织价值,具有突出的人才培养要求特质。

一、地方高校现代产业学院的人才培养组织价值

(一) 推动新型应用型学院类型建设

产业学院的最大价值就是促进高校的特色建设与转型发展③,在我国高校分类发展改革政策背景下,推动地方高校建设应用型大学意味着地方高校必须具备大批深入开展产教融合办学的应用型学院,以最终构建起具有中国特色的应用型大学体系。在国家推动地方普通本科院校向应用型大学转型的战略布局中,新建本科院校是转型的中坚力量,也是应用型学院建设的重要探索者与破局者。长期以来,新建本科院校转型的主流路径主要是通过致力于多举措全面推动以学术性人才培养为主要导向的学科性学院向以应用型人才培养为主要导向的应用型学院的大规模的转变。在业已高度固化与熟络的

---

① 黄彬,姚宇华. 新工科现代产业学院:逻辑与路径 [J]. 高等工程教育研究,2019 (6):37 – 43.

② 教育部办公厅,工业和信息化部. 现代产业学院建设指南(试行) [EB/OL]. (2020 – 7 – 30) [2022 – 7 – 18]. http://www.moe.gov.cn/srcsite/A08/s7056/202008/t20200820_479133.html.

③ 宣葵葵,王洪才. 高校产业学院核心竞争力的基本要素与提升路径 [J]. 江苏高教,2018 (9):21 – 25.

学术导向办学体系中，这些转变中的学院力求以产教融合为主线来重塑学院的运行体制机制，但面临着诸多方面的现实障碍与挑战，并且在不同类型学科之间存在很大差异。产业学院这种全新的学院单位建制类型，从根源上就是深化产教融合改革的直接产物，在办学基因上就是典型的应用型学院。产业学院办学模式的探索与尝试不仅为加快应用型大学建设提供了一种新的思路，也为向应用型转变中的学科性学院树立了样板，引领着新型应用型学院类型的建设方向。

（二）推动学院应用型学科专业集群建设

产业学院具有自成一体的学科专业布局，其学科专业体系的建立与完善从根本上依托于所服务产业领域的产业链、职业链与创新链，突出学科专业发展的集群性与跨学科性。产业链与职业链条的多样化人才需求构成了产业学院现实的学科专业集群式发展的基础。目前，产业的技术变革与产业业态的更新换代始终处于一个高速率状态，在不断创新的产业链条上也在逐步衍生着全新的专业人才类型需求，这些需求引导着所对应的产业学院的新的专业的拓展点与延伸点。在产业学院的专业变化对于产业变化的高依附状态下，专业发展经历着一种"树状"的自然而然的、持续的生发演变过程，呈现出一种专业之间的共生式、集约式成长生态，激发、保持着产业学院的人才培养活力与弹性。产业学院以产业为单元，突出跨专业、跨学科的综合服务功能。[①] 跨学科的知识的整合与建构构成了产业学院应用型学科专业体系的知识基础。随着产业的知识密集性与集成性程度越来越高，产业学院的专业知识边界并非局限于单一学科的划定，而是高度的跨学科知识的交叉与融合，专业的知识体系由不同的学科知识模块适时适需灵活组装而成。

（三）推动学院开放性内部治理体系建设

产业学院实施产教融合式的学院治理，其治理体制机制具有高度的开放性。学院把联合产业力量服务培养高质量的产业人才作为治理体系与治理能力建设的核心依据，把院外的直接利益相关者纳入学院治理的多元主体范

---

① 崔彦群，应敏，戴炬炬. 产教融合推进应用本科"双主体"产业学院建设 [J]. 中国高校科技，2019（6）：66－69.

畴，赋予参与主体以适切的管理职务，使学院"由单一和垂直的行政化治理走向横向的网络化治理"。① 学院借由有力的管理杠杆来协调、强化学院与合作者之间的利益共生关系，充分运用管理纽带来助力锁定学院内部与外界之间的沟通渠道，发挥各主体共同管理的体制机制制度安排所具有的强大资源汇聚效应，为学院输入产业人才培养所需要的外部各路关键资源提供便利。在行政权力安排上，产业学院的行政管理组织架构与权力运行淡化行政等级理念，为产业力量留有相应的行政管理权的掌握与行使空间，在学院内部力量与产业力量代表之间构成民主、共享的重大行政事务决策机制。在学术权力安排上，产业学院的学术管理组织架构与权力运行突出应用学术理念，把产业领域中有关的产业技术创新与研发力量代表作为学术委员会的成员，在学院派的学术力量与产业派的学术力量之间形成互补、共商的重大学术事务决策机制。

（四）推动学院高端性产业人才培养机制建设

产业学院以服务区域产业发展为导向，秉持职业性、动态性、合作性教育的产业人才培养理念。学院致力培养能够真正适应和引领区域战略性、新兴产业发展以及区域传统特色产业向现代性转型升级的高水平应用型、复合型与创新型职业人才，所有的教育教学活动的实施开展都以提升学生在相应产业领域中的职业适应力、竞争力、胜任力和创新创业能力为根本，为产业用人单位提供精干、高效、适用的专业人力资源支撑。学院以高度契合产业领域人才的职业能力需求为导向来构建学生的职业核心素养体系和适配性的专业教育教学内容体系，根据产业的实时人才需求变化对人才培养方案进行及时的动态调整，把产业一线的前沿内容和实务内容吸收、转化为学生的学习内容，保持人才培养质量与产业职业人才质量需求节奏变化的同步。学院以学院与行业企业主体的协同参与为原则来形成分工合作的人才培养任务体系，利用、发挥各主体在人才培养具体环节上的资源优势与专业特长，使专业的理论教育教学与实务操作教育教学之间在内容、进程上做到有机结合、无缝衔接，在过程上共同保障人才培养质量，出口上共同促进人才高质量就

---

① 胡文龙. 论产业学院组织制度创新的逻辑：三链融合的视角 [J]. 高等工程教育研究，2018（3）：13–17.

业创业。

二、地方高校现代产业学院的人才培养要求特质

（一）产业学院精准面向特定产业培养人才

学科性学院主要基于学科发展逻辑来建设和运行，人才培养活动往往并没有与具体产业领域直接深入对话的硬性要求，教育教学高度依赖于对按照学科知识体系来编写的教材内容的传授与学习，并辅之以一定时段的专业实习实践，强调学生在系统掌握专业知识的基础上去适应、拓宽专业的就业方向。区域产业需求是地方高校产业学院建立的逻辑起点[①]，产业学院具有高度明确和有针对性的服务产业领域，依特定产业而建，据特定产业而存。学院建立的前提就是其所在区域的重点、支柱、特色产业的规模化、可持续发展客观上所存在的巨大人才缺口。这就意味着产业学院自带"私人订制"属性，能够发挥在产业急缺人才培养方面的得天独厚的能力和优势，内在性地要求以面向产业领域的实际人才需求提供无缝对接的人才供给为出发点来布局学院的人才培养。产业学院不是传统学科性学院的变种和衍生体，而是遵循市场主导驱动逻辑而建立与运行的新型的人才培养组织。

（二）产业学院大力通过产教融合培养人才

学科性学院是学校根据自身的学科专业发展基础而自主、单方面设置的学院，学院的资源投入、行政管理、日常的运行均取决于学校自身主导的决策安排，各学院根据学科专业发展需求，寻求拓展与校外相关力量进行学科专业建设方面的合作，以更好地提升学院的人才培养、科学研究与社会服务质量。从长远发展的角度来看，产业学院的开办与高水平运行不是依赖于学校单一办学主体的"独角戏"，而是根据学院面向服务的产业领域而决定采取的与行业企业或政府部门共同开展的合作办学，在人才的输出方与接收方之间建立起一条通畅无误的人才协同培养与就业创业促进渠道。在人才培养的规划与方案制定等重要管理决策上由合作主体之间共享决策权，在人才培

---

① 朱为鸿，彭云飞. 新工科背景下地方本科院校产业学院建设研究［J］. 高校教育管理，2018（2）：30－37.

养过程中由合作主体之间共担培养与质量保障任务。产业学院所培养的人才最终以能够顺利流向区域的对象产业部门，真正为产业的发展起到重要的人才与智力支撑作用来衡量学院使命和价值的实现成效。

（三）产业学院积极保障产业人才对口就业

学科性学院注重宽口径、厚基础的通用性专业知识和能力培养，学生毕业后需要根据自身的专业基础和职业意愿来自主择业，同时会面临着高强度的就业竞争，就业对口率的对口范围边界较为宽泛，也不刻意强调就业对口率。学科性学院是一定范围内职业普适性很强的专业人才的培养单位，通常并不具有面向特定产业的用人单位的人才专供性。产业学院根据所服务的产业对象单位的职业岗位要求来培养基础理论、实务操作与创新思维意识兼优的职业人员，并且为学生提供明确的就业前景和稳定可靠的就业通道。学生与家长经过理性的判断分析与职业规划，在最终选择入读产业学院的专业时就已经确立了自身的职业道路方向甚至就业的单位范围，以及对于能够获得高质量就业保障的心理预期。产业学院与学生之间形成一种高度对口的培养与就业保障契约，学院不仅是人才的培养单位，为人才培养的质量负责，同时还是学生就业的保障单位，为学生的就业质量负责。

（四）产业学院高度重视产业创业人才培养

学科性学院的创新创业教育主要集中于学校层面在创新创业课程、创新创业平台、创新创业训练、创新创业竞赛、创新创业成果孵化、创新创业组织管理等方面的整体布局。学校的布局虽然是面向全体学生，但现实中除了少量的全校性创新创业通识必修课程以外，其他创新创业教育环节的参与者主要来自各学院具有一定的创新创业兴趣的学生，各学院也往往是在学校的统一组织下来召集学生参与相关的创新创业活动尤其是各级各类创新创业竞赛活动，学院的自主性创新创业教育动力不足、力度偏弱。产业学院的产业服务组织性质客观上要求学院的人才培养不仅重视高质量就业人才的培养，还会承担好产业创新创业人才"孵化器"的组织功能，着眼产业未来的发展壮大，培育产业的新生主体力量。产业学院具有开展创新创业人才培养的天然的资源禀赋优势和环境条件，以高水平的创新创业人才培养带动高质量的就业人才培养是产业学院人才培养的显著特色。

三、地方高校现代产业学院人才培养的困境

（一）学院生源的质量与稳定性不足

地方高校产业学院人才培养面向的特殊性使得学院在招生环节即面临着招生的规模、招生的吸引力、入读学生的稳定性等系列关联性难题。产业学院的招生规模受制于学院自身的办学资源与条件以及产业领域用人单位对毕业生的接收能力的双重限制，其规模的确定要基于对区域产业人才市场对产业学院培养的人才的实际需求的准确研判，而产业学院对于这种人才供需力度的把握具有很大难度。产业学院的招生吸引力不足，学生对于报考新兴学院、新兴专业及专业的未来出路多有疑虑，而更愿意选择老牌的热门专业，导致产业学院的学生来源主要集中于被动性的低分报考学生与专业调剂生，生源的整体质量偏低。同时，在入读学生当中，不少人由于所学并非是自己真正中意的专业，以及所读专业与内心的就业意向不符，致使学习兴趣与动力不足，普遍存在着转专业的心理，以求能够通过学校的转专业考试来转入心仪的专业，客观上给学院的教育教学的正常运转带来了不稳定的困扰。充足、优质、稳定的生源是产业学院高水平、可持续发展的命脉，生源支撑上的乏力不利于产业学院的人才培养规划与实施，同时增加了人才培养质量的保障难度。

（二）学院管理权中产业实体的缺失

地方高校产业学院在学院的管理体制上普遍袭用传统学科性学院的管理体制，学院领导班子的搭建与各级领导干部的配备是由学校的组织部门严格按照校内领导干部选拔任用的相关规定来实施，具有固定套路式的领导责权分工与权力运行机制，属于典型的由校内人员构成，突出严格行政等级制特征的"学院派"领导管理体系。虽然有产业学院成立了由政府部门、企事业单位、社会知名人士等校外力量参与的学院理事会，并制定了理事会的建立运行规章制度，但理事会往往处于学院管理结构的边缘而非中心，更多的是在一定程度上对学院的办学事项发挥一定的咨询、建议、指导作用的非行政性机构，对于学院的人才培养体系的构建落实并没有实质性的话语主导权。

站在现实中产业学院管理权配置的角度，产业学院属于学校的学院而非产业的学院，因此学校与产业双方并非基于对产业学院对等管理的合作办学关系。产业学院核心管理层中产业部门力量的缺失使得产业部门难以形成对产业学院的归属感，以及对于推动产业学院建设与发展的自觉责任感与使命感，从而制约、影响着产业部门对于学院人才培养流程的参与程度与积极性。

（三）学院对传统专业教育路径的依赖

地方高校产业学院建制的建立在路径上主要依托于学校既有的相关学科专业与相关科研平台的支持，学院的师资与领导力量也相应地出自其中。在此基础上申报增设的适配于产业服务方向的新专业，在专业的人才培养体系上存在着对传统的专业教育路径的依赖。人才培养的专业课程内容体系突出的是对专业基础理论知识传授的完整性，且专业基础理论课程的学时学分占有很大的比例，直接对接产业领域的职业岗位的知识、技术与能力需求标准的操作性课程内容不足，实务、实践课程环节主要体现在固定的学期阶段所组织实施的专业见习实习，并且实习更多的是观摩学习与一定程度上的非核心性业务的参与，难以真正建立起对理论内容在现实场景中的实践感知。专业课程的教学以"学院派"教师占据绝对的主导地位，产业人员参与常态化授课的数量极为有限，工学融合教学模式、学徒制教学模式、嵌入式教学模式的实施广度与深度不够，理论教学与实践锻炼"两张皮"现象突出。学生的毕业论文设计集中于学理性的实验室实验与数据统计分析，以及概略性的调研资料的整理分析，缺乏助力解决产业领域面临的现实问题的选题意识和研究能力。

（四）学院就业创业服务保障能力偏弱

地方高校产业学院普遍未能有效利用学院与产业之间天然的纽带关系优势构建起自身特有的强有力的就业保障体系，并且缺乏对创新创业教育体系建设的深入、系统的规划与推进。产业学院的人才培养关于学生的就业出路安排主要停留于就业的选择面与方向的引导，以及提供专业相关的职业招聘信息，但对于学生毕业后是否能够顺利实现在学院服务的区域产业领域的高质量就业，普遍缺乏有针对性的制度设计及确保学生就业的路径保障与承诺，既影响着学院对于潜在报考学生的吸引力与在读学生的专业学习的信心，也影响着学院对于产业的实际服务成效与办学使命的落实。同时，产业学院在很大程度上没有能够彰显、发挥出学院内在兼具的创新创业学院的能量，遮蔽了学院对产业创新创业人才培养的重要责任。学院缺乏从战略性高度定位产业创新创业人才培养的举措，而是把创新创业人才培养作为产业职业就业人才培养"主业"之外的一种副业，重激励、轻培养，没有以一种刻意去花大力气联合产业部门共同打造更多的产业创新创业人才的心态去系统构思、开展学院的产业创新创业教育，在很大程度上压制了学生的创业性就业的巨大潜能。

四、地方高校现代产业学院人才培养困境的突破

（一）构建院产主体的合作招生工作格局

地方高校产业学院的办学规模不宜贪大，适宜按照"小而精"的办学路线来实施招生。在总体策略上，学校可以将产业学院的招生计划予以单列，建立提前批次录取等特殊的录取通道，增强产业学院的生源吸引力。突破传统上完全由学院方单方面开展招生的工作格局，尝试构建由学院与合作产业单位联合招生的机制。建立合作产业单位、行业、地方政府共同参与的招生规划与招生规模制定的会商制度，使学院的招生规模建立在对于科学、合理的产业人才培养供需平衡的预测基础之上，确保前提性的人才供需数量结构上的优化。同时，产业单位作为人才培养过程的重要参与实施主体和最终的用人单位，在吸引与稳定生源过程中具有难以替代的独特作用。积极吸收、发动合作产业单位参与产业学院的招生宣传，利用产业方的宣传影响力增强学生对于产业学院的认识与感知，可以提升学生对于选择就读产业学院专业的信心，从而招收到那些真正对从事相应产业领域职业感兴趣，有助于为地方产业发展服务的优秀生源，为保证人才培养质量奠定有力的生源基础。

（二）构建院产双方权利共享的管理体制

地方高校产业学院要加强构建产教融合的实体性学院管理体制。产业学院必须从根本上树立学院发展与产业发展之间的命运共同体关系的理念，把

学院视为产业的学院，把产业视为学院的产业，将产业学院定位为产教双方的共同办学载体。产业学院存在的现实合法性不仅表现在外在宣示的服务于某一特定产业领域的学院，还在于内在管理与运行中产业单位发挥的主体性与实体性作用。产业学院作为一种学院建制虽然是由学校主导设立，学院的所有权属于学校，但并不代表学院的管理与运行就要把办学中的产业元素的介入单纯作为学院之外的一种独立力量的介入；反之，要将其作为产业学院自身存在所必需的成分构成。基于这一理念，学校有必要跳出惯例上对二级学院的纯"学院派"干部选拔任用与构成的人事框框，建立聘用产业领域人员承担产业学院具体管理职务的人事制度，赋予产业人员以参与学院管理的实权，明确相应人员的责、权、利，优化管理权的配置，从而构建起能够为产业学院的人才培养全程提供长期、稳定、有效支持的管理体制保障。

（三）构建职业导向的专业课程教学体系

地方高校产业学院需要通过探索构建新型专业教育模式来彰显产业学院的专业人才培养的产教融合特性。对标产业领域的职业从业资格来设计专业课程的内容与课程结构，构建能够兼顾专业学习深度与广度的专业课程体系。在深度上，明确每一门必修课程在职业人才培养过程中的功能与定位，确保设置的每一门专业课程真正都能学有所用，有针对性地提升学生对于相应的职业岗位的驾驭力。在广度上，提供宽博的专业选修课程，培养学生一专多能，增强学生的职业岗位的转换应变力。在实践教育课程中，学生的实践课程学习力度不以一种制度性的实践学分占总学分的比例的规定为界，而是以课程的学习成效是否能够达到职业岗位的胜任要求为界。建立实践型教师队伍，让产业一线真正懂实践，有实践经验，实践业务表现优秀的人员来承担实践教学，使每一门理论课程的学习能够及时、随时结合到相应的实践体验与反思过程当中。毕业综合考察环节，把思考与助力解决产业发展中的现实问题作为核心的考察检验手段，确保理论与实践学习的互通互补。

（四）构建系统化的就业创业服务保障体系

地方高校产业学院要紧紧围绕实现学生的高对口就业率和学生的高创业率来构建学院特有的就业保障体系和创新创业服务体系。产业学院的就业保障可以采取"零售"与"特供"相结合的实施路径，确保毕业生能够下得去、留得住、用得上。主动寻求并广泛建立与对应产业领域单位之间关于人才需求信息的常态化专门沟通联络机制以及面向产业领域单位的人才推介机制，为毕业生和用人单位之间牵线搭桥，拓展毕业生的择业面。同时，与具体的产业部门之间签订人才培养合作与就业协议，建立起畅通的人才输送绿色通道，从而为学生标定清晰的就业出口，提供稳定的就业岗位选项。产业学院要注重推动以创业带动就业，建立与产业单位之间合作支持促进学生开展创新创业活动的教育与服务机制，尤其要注重充分发挥产业部门在创新创业支持上的先天优势，通过提供务实有效的创新创业指导和创业资源支持，激发学生的创新创业意识和动机，增强学生创新创业的勇气和能力，提升学生主动开展创新创业实践的使命感，为产业领域的长远发展培养积蓄新生力量。

第三节　地方高校区域特色新型智库

公共政策的科学化与民主化发展加速了我国特色新型高校智库的建设。在此过程中，更接地气的区域特色新型高校智库的建设正在引起地方高校的高度重视，因为区域特色新型高校智库的建设更有利于促进地方高校与地方经济社会的协同发展。从知识社会学的角度看，地方高校区域特色新型智库的建设，虽然存在诸多因素限制着高校智库知识供给功能的有效发挥，但其中最大的制约因素就是高校智库建设的体制机制问题，即根源于其不合时宜的知识供给制度。高校智库知识供给制度是指为有效地满足社会大众的政策科学知识需求而构建的附属于高校的专注于政策科学知识创新的知识供给体系。高校智库作为政府决策的"外脑"之一，需要为知识社会大众提供有效的政策科学知识供给，方能立于不败之地。

一、地方高校智库知识供给制度创新的背景

（一）知识时代呼唤地方高校智库知识供给制度创新

知识时代最具竞争力的要素是知识，最有价值的资本也是知识。然而，

当下各种知识爆炸式地增长，看似知识繁华，实则知识低水平地"泛化"。2016 年 5 月 17 日，习近平总书记在哲学社会科学工作座谈会上的讲话中指出，"近年来，哲学社会科学领域建设智库热情很高，成果也不少，为各级党政部门决策提供了有益帮助。同时，有的智库研究存在重数量、轻质量问题，有的存在重形式传播、轻内容创新问题，还有的流于搭台子、请名人、办论坛等形式主义的做法"。① 张宏宝（2017）认为，习近平总书记所指出的这一问题"正是挑明了当前智库研究支撑中国特色实践的有效知识供给不足的核心命题"。② 地方高校智库是我国智库产业体系中的非常重要的类型，在其建设过程中，与全国大部分智库一样，虽然知识的产量飙升，但从质量的层面观察，却又陷入供给"质滞"的尴尬局面，而这"主要根源于现行的以'短平快'为特征的高校智库知识供给体系，没有回应国家和社会发展转型的战略调整，难以支撑中国实践发展的战略需求"。③ 为此，地方高校智库必须改变现状，在提升知识供给的数量的同时，努力增加知识供给的质量。

"经济领域的'供给侧结构性改革'启动了高校智库作为'知识供给侧'的改革引擎"④，为知识社会中地方高校智库的知识供给制度创新带来新契机。供给侧结构性改革既是经济学领域的专业术语，也是今后较长一段时期国民经济和社会发展的主线，旨在调整经济结构，使要素实现最优配置，提升经济增长的质量和数量，有效地满足广大人民群众的各种需求。地方高校智库要想在创新驱动的知识社会立足，不被时代所抛弃，彻底改变有效知识供给不足的现状，唯有乘势而为，实现知识供给侧的结构性改革，创新地方高校智库的知识供给制度，为知识社会的利益相关主体供给高质量的政策科学知识。作为附属于高校的专业政策研究机构，地方高校智库必须专注于知识产品供给质量的提升。"知识社会中的大学必须高度专注于它本身的使命所在，即知识产业，而与此无关的工作将从大学剥离。"⑤ 同时，"作为知识供给侧，推进地方高校智库知识供给改革的核心是提升知识产品的质

---

① 新华社. 习近平：在哲学社会科学工作座谈会上的讲话 [EB/OL]. (2016 – 5 – 18) [2022 – 7 – 18]. http：//www.xinhuanet.com//politics/2016 – 05/18/c_1118891128.htm.

②③ 张宏宝. 高校智库从"慢一步"到"快一步" [N]. 光明日报，2017 – 2 – 28 (13).

④ 张宏宝. 从"规模扩张"到"内涵提升"：高校智库知识供给范式转型 [J]. 教育发展研究，2017 (3)：8 – 13.

⑤ 王建华. 知识社会视野中的大学 [J]. 教育发展研究，2012 (3)：35 – 42.

量，即要提高知识生产效率与质量，从重'需求管理'向重'供给管理'的渐进式改革，向重知识供给可持续增长的方向调整"。① 总之，知识时代呼唤地方高校智库知识供给制度的创新。

（二）高校智库知识供给制度创新的时代内涵

创新地方高校智库的知识供给制度是地方高校智库有效地满足利益相关主体政策科学知识需求的不二法门，更是其勇于迎接知识社会挑战的必然抉择。同时，知识社会也赋予地方高校智库知识供给制度创新的独特的时代内涵。对地方高校智库知识供给制度创新的理解的关键在于明晰"高校智库""知识供给""制度创新"等关键词的深层内蕴。首先，地方高校智库建设是推进国家治理体系和治理能力现代化的重要动力之一，对其概念的理解务必要站在国家全面深化改革的宏观视角。地方高校智库作为现代化国家治理体系中的智力之源和治理主体之一，必须遵守"中国特色新型智库"的发展模式，即"必须立足中国特色社会主义制度，符合我国政治制度和决策咨询规律，符合选举民主与协商民主相结合制度，符合合作共赢的政党制度"。② 其次，从知识供给的角度看，地方高校智库本质上是为"创新思想"而生的，其存在的价值就是为知识社会大众供给高质量的知识产品，"专注于思想创新的政策研究机构，其核心角色和首要功能是以客观的态度、求真的精神、科学的方法为政府决策部门提供可操作性的政策建议和高质量的智力支持"。③ 最后，制度创新是地方高校智库供给侧结构性改革的核心内容。无论从地方高校智库内部的组织结构还是其所处的外部环境看，都存在不合时宜地制约其有效知识供给的制度障碍，例如行政干预过度、独立性不足就是影响其声誉的制度根源之一。为了能够创新高质量的政策科学思想，提升地方高校智库的影响力，就必须对限制地方高校智库知识供给质量的体制机制进行制度创新。"如果计划体制以及相适应的计划思维不变，如果大学智库不能真正成为独立的思想中心，无论在大学里建立多少智库，都很难真正促进

---

① 张宏宝. 从"规模扩张"到"内涵提升"：高校智库知识供给范式转型 [J]. 教育发展研究，2017（3）：8－13.

② 王莉丽. 智力资本——中国智库核心竞争力 [M]. 北京：中国人民大学出版社，2015：149.

③ 王莉丽. 智力资本——中国智库核心竞争力 [M]. 北京：中国人民大学出版社，2015：159.

政策创新。"① 知识社会的地方高校智库知识供给制度创新是在遵循知识供给规律的前提下，通过对扎根于"中国土壤"的地方高校智库的体制机制进行供给侧结构性改革，既从内部建设执着于政策科学知识创新的专业化智库组织结构，又要创新紧随知识社会发展新形态的外部知识供给的互动制度体系，使地方高校智库能够提供高质量的且受利益相关主体高度认可的"政策科学知识"产品。

二、地方高校智库知识供给制度创新的逻辑起点

从供给侧对地方高校智库知识供给制度进行结构性创新是为了使"供需两方在追求各自利益和效用最大化过程中取得相对平衡"。② 供给侧与需求侧相辅相成，"供给能够创造需求，需求也会倒逼供给，经济的平稳健康发展离不开两者的协调平衡和良性互动"。③ 要想实现地方高校智库知识供给侧和需求侧的协同互动，既要从地方高校智库内部开始，实现内部政策科学知识供给要素的优化配置，又要协调地方高校智库与外部利益相关主体的相互关系，构建科学的制度互动体系。

（一）内部知识供给制度创新的逻辑起点

地方高校智库内部知识供给制度创新的逻辑起点是指智库作为履行决策咨询服务职责的实体组织所应遵循的内部合法性原则。合法性是指组织被社会大众认可的程度，社会认可度高则其具有较高的合法性。在知识社会中，地方高校智库只有通过内部供给侧结构性改革，才能为社会大众提供有效的政策科学知识供给，进而获得利益相关主体的高度认可，最终赢得内部合法性。为了实现这个目标，地方高校智库的内部供给侧结构性改革需要遵循专业性原则。专业性是任何组织想要在知识社会站稳脚跟而必须具备的核心竞争力，因为专业性代表不可替代性。"专业化发展是提升我国新型高校智库

---

① 王建华. 如何建设促进政策创新的高校智库［J］. 江苏高教，2017（6）：1－10.
② 武毅英，童顺平. 高等教育供给侧改革的动因、链条与思路［J］. 江苏高教，2017（4）：1－6.
③ 车海刚. "供给侧结构性改革"的逻辑［J］. 中国发展观察，2015（11）：1.

影响力的核心路径。"①"智库就是高校创新知识生产模式生产'跨学科'治理知识的专业学术组织。"② 在此情境下，地方高校智库只有成为其他组织不可替代的专业化的政策科学知识供给组织，才能获得在知识社会立足的内部合法性的前提。此外，地方高校智库要想完全获得内部合法性，还需要遵循内部供给侧结构性改革的第二个逻辑，即价值性原则。"知识价值"是知识社会非常重视的术语，"在知识生产模式变革中，对'什么知识最有价值'的回答无疑是最能满足政府、市场需求的知识，大学知识生产必须有效回应此种需求以获得知识的交换价值"。③ 知识社会是建立在对知识价值的深刻认识和充分利用上的一种社会形态，它以知识型人力资源为社会主体，通过大力学习、传递、利用、创造、共享知识的社会取向和社会机制，深入开发、利用知识价值，以实现社会经济和文化的加快发展。④ 无论如何，地方高校智库要想在知识社会中建构内部合法性，唯有专业化地开发、利用和提升政策科学知识的社会价值，有效地满足知识社会中利益相关主体的科学化决策咨询需求，而这恰恰是地方高校智库内部供给侧结构性改革的终极目标。

（二）外部知识供给制度创新的逻辑起点

地方高校智库外部知识供给制度创新的逻辑起点是指地方高校智库作为社会大系统中的子系统，在与外部其他子系统中的利益相关主体互动过程中所应践行的相互性原则。相互性原则蕴含两个方面的内容：第一，地方高校智库外部供给侧结构性改革需要践行独立性原则。独立性是高校智库必须具备的智库品质，只有相对独立，高校智库才能发挥其专业化的水平，例如，著名的美国布鲁金斯学会始终坚持三个核心价值——质量、独立性与影响力，而独立性恰恰是布鲁金斯学会获得高质量和影响力的关键因素。独立性不仅是推动高校智库产生高质量研究成果、发挥政策影响力的前提，而且是

① 刘金松. 我国新型高校智库专业化发展：内涵、困境与对策 ［J］. 教育发展研究，2016（7）：42－47.

② 张洪娟. 论高校智库建设的伦理逻辑 ［J］. 高教探索，2017（6）：5－9.

③ 黄文武，唐青才，李雅娟. 大学知识生产的物化逻辑及其二重性 ［J］. 江苏高教，2018（1）：31－35.

④ 庞跃辉. 从哲学角度透视知识社会形态 ［J］. 上海师范大学学报（社会科学版），2002（3）：8－13.

保证其健康发展的根本。① 第二，地方高校智库外部供给侧结构性改革需要践行责任性原则。责任性是指高校智库对自身以及对外部利益相关主体所应尽的职责。只有执着于诚实负责的智库精神，高校智库才能真正成为"科学良心的团体"。② 自由和责任是对立统一的关系。在我国智库体系中，地方高校智库享用着因为附属于高校所带来的便利和优势，获得了相对独立的自由，就需要承担社会责任，需要为高校和社会大众服务。例如，服务政府决策、引领高校发展以及促进学科建设等。社会问责已经渗透到知识生产的整个进程之中，这不仅反映在对于研究结果的阐释和传播中，还体现在对于问题的定义以及研究的优先次序上。③ 总体而论，地方高校智库不仅要获得在知识社会立足的内部合法性，还需要处理好与外部社会系统中利益相关主体的相互关系。既要保持相对的独立，也要积极承担知识社会大系统所赋予的为外部利益相关主体服务的社会责任。唯有如此，地方高校智库才能构建良好的外部关系，实现与外部利益相关主体的协同共进，而这恰恰也是地方高校智库外部供给侧结构性改革的终极目标。

三、地方高校智库内部知识供给制度创新的策略

（一）研究范式的创新

研究范式是指从事同一领域的研究者所共同遵从的信念、传统和理论形式，即他们看待和解释世界的共同方式。地方高校智库是一个独特的存在，既不同于官方智库和民间智库，又不同于高校内部的其他基层学术组织。地方高校智库需要构建和培育体现其独特性的研究范式，既要跳出高校传统的纯学术研究范式的思维局限，也要不同于一般智库机构的决策咨询服务路径，而是需要另辟一条不可替代的蹊径。传统的高校纯学术研究是为了理论构建，一般的智库更多地服务于政府即时的应用性政策研究，上述两者的研究范式都不符合知识社会对高校智库提出的知识供给要求；相反，创新高校

---

① 张珺. 我国高校教育智库建设的困境与出路 [J]. 教育评论，2016（4）：26 – 29.

② ［英］迈克尔·波兰尼. 科学、信仰与社会 [M]. 王靖华，译. 南京：南京大学出版社，2004：58 – 59.

③ ［英］迈克尔·吉本斯，等. 知识生产的新模式——当代社会科学与研究的动力学 [M]. 陈洪捷，沈文钦，等，译. 北京：北京大学出版社，2011：7.

智库的研究范式需要实现高校纯学术研究传统与一般智库政策研究倾向的整合，即打破两者之间的孤立和壁垒，发挥高校学术研究的批判性思维优势，累积政策研究的经验，构建具有理论优势和战略眼光的政策研究范式，成为致力于为知识社会民众服务的"学院风政策科学流派"。正所谓，"要建设一流的大学智库必须有清晰的战略定位，必须持续从事某一领域的政策研究和学术研究，通过专业化策略提高核心竞争力，以形成稳固的学术价值传统和政策流派"。①

（二）组织结构的创新

组织结构是为实现组织的战略目标而构建的管理框架，地方高校智库需要一种依据研究任务而进行分工协作的动态组织结构。高校传统强调分科的系科制的基层学术组织结构必定不适应知识社会中高校智库的知识创新需求，因为知识社会"主要以知识为基础，凸显个性化和创新性"。② 这就决定了地方高校智库的组织结构应该具有应用性、跨学科性、权变性等时代特征。为适应政策科学知识创新需求，地方高校智库应该构建相对于系科制更加灵活且高效的项目制的组织结构，且"项目化的管理模式已经成为优秀智库的共同特征"。③ 所谓"项目制"是指基于跨学科的以问题为导向的而组成的临时的矩阵型团队组织，它随项目的开发与结束进行组织或解散，任务清楚，目的明确，各方面有专长的研究人员都是有备而来。然而由于矩阵型组织结构的天生缺陷，即参加项目的人员都来自不同学科，隶属关系仍在原单位，只是为"任务"而来，项目负责人对参与成员管理较难，所以，我国地方高校智库的负责人最好由具有实权的高校校长或书记担任，发挥民主集中制的管理优势。

（三）人才培养的创新

地方高校智库除了提供有效决策咨询服务以外，有实力的地方高校智库还可通过人才培养而实现知识供给制度的创新。这里所说的人才培养包含两层意思：一是指地方高校智库从事政策研究所需要的专业化研究人才的培

---

① 王建华. 如何建设促进政策创新的高校智库 [J]. 江苏高教, 2017 (6)：1 - 10.
② 王建华. 知识社会视野中的大学 [J]. 教育发展研究, 2012 (3)：35 - 42.
③ 戴栗军，颜建勇. 我国高校智库的发展逻辑与战略转型 [J]. 教育探索, 2015 (10)：60 - 63.

养。"人才是智库的核心，只有高素质的研究人员才能打造出高水平智库，中国大学智库在人才选拔、考评与激励方面还存在诸多问题，限制了中国大学智库的发展。"① 地方高校智库应该成为高端人才的中转站，其"不仅为政策知识精英提供舞台，为年轻政策学者提供锻炼的机会，还为政府官员退休后从事学术研究提供平台"。② 二是指有实力的地方高校智库要依托学科优势和特色招收一定数量的学生，开设一定的课程，培养知识社会所需要的高端政策型人才。"高校智库承载为其他类型智库培养后备专业研究人才的职责。"③ 国外的许多高校智库不仅发挥着决策咨询服务的功能，还同时为政府输送和培养高级管理人才。我国的地方高校智库需要创新人才培养制度，"未来大学智库在培养人才方面应该有所转变，将学术型人才和实用型人才结合起来，做到在研究现实问题时，既有理论支撑，又有解决现实问题的能力，以使培养的学生能够更好地开展政策建议方面的工作"。④

（四）智库精神的培育

智库精神是地方高校智库的灵魂，是地方高校智库成员在政策研究过程中所追求和秉持的思想和行为状态。智库精神与研究范式、智库文化有共通的地方，都属于地方高校智库的软实力，且彼此相互交错。然而，三者又有本质的不同，研究范式是地方高校智库研究者的"世界观"，智库文化是研究者的"风格"，而智库精神则是研究者始终如一的"风骨"。"风格"易成，"风骨"难就。智库精神是驱动地方高校智库从事政策研究的更高层次的原动力，是地方高校智库行为导向的旗帜，决定着地方高校智库的知识供给品质。智库精神主要表现在地方高校智库研究者执着于独立、客观、专业和负责的政策研究行为。在知识社会，地方高校智库的精神不是一蹴而就的，需要持之以恒地培育和锻造，而培育智库精神的最好办法莫过于在实践中执着于政策思想和知识创新。此外，智库精神的培育不能忽略地方高校智库对高影响力的卓越追求，因为影响力是评价高校智库最重要的绩效指标。总之，智库精神就是在坚持追求高绩效、高影响力的过程中实现知识供给品质的不断提升而铸就的。

---

①②④ 胡光宇. 大学智库 [M]. 北京：清华大学出版社，2015：179.

③ 梅新林，等. 中国大学智库评价的"三维模型"和指标体系研究 [J]. 智库理论与实践，2017（10）：33–41.

四、地方高校智库外部知识供给制度的创新策略

（一）加强政策支持

我国智库建设热潮本身就是在政府主导逻辑下形成的。"在政府行政权力主导下，我国大学智库如雨后春笋般出现。"① 在未来，创新地方高校智库外部制度供给体系，必然需要更好地发挥政府的支持作用。只有政府提供科学的制度供给，高校智库才能获得可持续发展所需要的各种资源支持。"中国的智库发展与核心竞争力提升必须在国家治理体系建设的大框架下进行，尤其是提升智库的人才资本和制度资本上，政府的政策支持至关重要。"② 当然，利益相关主体必须有理智的认识，加强政府对高校智库建设的政策支持，不是为了使高校智库更加依赖于政府，恰恰相反，"通过不断优化政府部门与大学智库之间的公共交往结构，来构建确保'共同范式'实践生成的制度保障"。③ 强而有力的制度供给最终目的则是提升地方高校智库的社会影响力，进而形成高校智库与政府决策之间必要的内在张力。高校智库"必须反思传统学术体制的历史惯性，突出学术研究的内在逻辑，使内在逻辑与外部干预保持适度的张力"。④ 只有存在适度的内在张力，高校智库才能保持相对独立，才能更科学地供给政策科学知识，更有效地为政府提供决策咨询服务。

（二）构建高校"特区"

大学发展千年而屹立不倒的一个很重要的原因就是大学能够根据时代的发展而不断扩展自身的社会功能。知识社会又对高校的社会功能提出新的要求，而为了满足利益相关主体对政策科学知识的迫切需求，有实力的地方高校可以在自身科研优势的基础上构建高校"特区"——高校智库。"特区"

---

① 王建华. 如何建设促进政策创新的高校智库 [J]. 江苏高教，2017 (6)：1 – 10.
② 王莉丽. 智力资本——中国智库核心竞争力 [M]. 北京：中国人民大学出版社，2015：149.
③ 张玉，李小龙. 论大学智库的功能定位及其体制性供给路径 [J]. 江淮论坛，2015 (6)：62 – 67.
④ 阎光才. 中国学术制度建构的历史与现实境遇 [J]. 北京师范大学学报（社会科学版），2008 (6)：21 – 28.

是指地方高校智库是不同于其他基层学术组织的特殊存在。例如，科研考核、人才评价以及成果转化途径等，无不体现了高校智库的独特之处。"在庞大的中国智库群中，高校智库是一种特殊的存在。"① 地方高校智库的评价指标更侧重于它对政府决策的影响力，而其他高校内部的基层学术组织更看中的是它的理论构建，二者属于不同的学术范畴，需构建不同的科研评价体系。为了获得高质量的政策科学知识供给，在充分尊重智库运行规律的基础上，在地方高校内部需要针对高校智库的发展实际，突破现有体制机制的束缚，构建灵活的智库科研考核机制，尊重和激活知识供给，实现制度供给创新，以期为国家培养一批具有高度影响力的高校智库。

（三）反哺学科建设

地方高校智库与学科建设有着密不可分的互为促进的关系。"高校学科建设与智库建设一体两面。"② 一方面，地方高校智库依托自身的学科优势，享有研究氛围更加浓厚、研究人员更加充足等优势，"高校智库研究只有以学科为依托，将学术研究置入核心位置，才能真正提升'智'的内涵和发展的可持续性"③；另一方面，地方高校智库则可以凭借自身的跨学科的科研优势，进一步反哺高校的学科建设，甚至可以帮助高校实现一流学科建设的目标。"高校智库则能够通过以问题为导向，以项目为纽带，把来自不同学科的研究人员整合在一起协同攻关，起到有效整合学术资源、提升科研创新能力的作用。"④ 从世界各国高校智库发展经验来看，一流高校智库背后离不开强势学科的支撑，而一流学科的构建同样离不开高端高校智库的实力赞助，二者的发展战略具有高度的协同性。因此，我国的地方高校智库建设不能孤立进行，而是要与学科建设协同并进，利用自身的科研实力反哺学科建设，实现高校智库与学科建设之间的良性互动。

---

① 王辉耀，苗绿. 大国智库 [M]. 北京：人民出版社，2014：242.
② 刘鸿武. 高校学科建设与智库建设：一体之两面 [J]. 图书馆论坛，2017（10）：1–3.
③ 马翔，张春博，丁堃. 美国布鲁金斯学会科学研究发展现状与特征分析——基于科学计量学的视角 [J]. 中国高教研究，2016（3）：80–85.
④ 汪锋. 高校一流学科与新型智库建设的互动机制研究 [J]. 中国高教研究，2016（9）：35–41.

（四）优化和培育思想市场

诺贝尔经济学奖得主科斯（Ronald H. Coase）曾指出，"如今的中国经济面临着一个严重缺陷：即缺乏思想市场。这是中国经济诸多弊端和险象丛生的根源"。① 在这种背景下，健全我国开放的思想市场则显得尤为迫切，因为从世界大国发展经验来看，任何大国的崛起都必然伴随着思想的崛起，甚至可以说，"真正的大国不仅仅是在经济和军事上有强大的实力，更重要的是思想创新的能力"。② 知识社会提倡开放、创新和共享的价值理念，这为我国思想市场的培育和优化提供了千载难逢的机会。按照"物竞天择"的市场生存逻辑，在开放健全的思想市场中，众多不同类型智库只能凭借自身实力说话，谁有实力，谁就能赢得在思想市场创新知识的主动权。地方高校智库作为独特的政策科学知识供给制度，凭借自身的科研优势，必然能够在思想市场中占有不可替代的一席之地。"加强大学智库建设，让大学智库首先成为中国思想创新的'发动机'。"③ 或许，"钱学森之问"很快就会有答案，因为开放的思想市场正是孕育创新思想的摇篮。

我国高校智库的建设行为是"政府意图实现治理转型而实行的一种知识采集活动"④，应紧紧抓住新时代给予的知识供给制度创新的历史机遇，提升政策科学知识供给的质量和社会影响力，因为"大学智库这样的新领域，如果无法在政策研究的质量和影响力上取得大的突破，很快就会沦为政府和大学的'鸡肋'，失去存在的意义"。⑤ 然而，在地方高校智库供给侧结构性改革上，需要秉持理性，方能真正实现知识供给制度创新。第一，高校智库建设不是所有大学的必要行为，而是有实力者而为之。第二，高校智库供给侧结构性改革需遵循政策科学探究逻辑，不唯"钱"，只为"真"。"教育领域供给侧结构性改革遵循的是教育逻辑，必须按照教育规律办事。"⑥ 第三，高校智库只是我国智库产业体系的一种类型，政策思想市场的培育需要整个智

① 王辉耀，苗绿. 大国智库 ［M］. 北京：人民出版社，2014：242.

②③ 王莉丽. 智力资本——中国智库核心竞争力 ［M］. 北京：中国人民大学出版社，2015：149.

④ 陈丽. 论高校智库建设的三重逻辑 ［J］. 高教探索，2016（3）：12–16.

⑤ 王建华. 如何建设促进政策创新的高校智库 ［J］. 江苏高教，2017（6）：1–10.

⑥ 刘云生. 供给侧结构性改革：教育怎么办？［J］. 教育发展研究，2016（3）：1–7.

库产业体系的协同努力。第四，政策思想的创新必须扎根于"中国土壤"的政治环境，因为政府适当的干预可以化解"思想市场失灵"的危机。归根结底，政策制定者、高校以及智库等利益相关主体都需要深刻认识知识社会追求协同创新的本质，勇于实现彼此间的多方位的交流与多样化的协作，从而增强政府政策创新的能力。

第六章

地方高校学科—专业—产业链建设相关治理问题

　　地方高校学科—专业—产业链的建设过程涉及多主体、多要素的参与和协同，因此往往面临着复杂的建设相关治理问题，包括相关治理体制机制建设与治理文化的塑造。从实际情况来看，在管理制度层面，政府主导下的学科专业设置审批管理体制机制需要进一步优化，高校主导下的产学研合作管理体制机制有待进一步完善；在高校文化层面，学科—专业—产业链的建设要在注重制度管理推进的基础上，进一步注重发挥文化管理的推动作用，营造浓郁的创业性组织管理文化氛围。

第一节　学科专业设置审批管理——美国新泽西州的经验

　　2017 年 3 月，教育部等五部门联合出台的《关于深化高等教育领域简政放权放管结合优化服务改革的若干意见》中将"完善高校学科专业设置机制"列为一项重要任务。对于政府部门而言，寻求在放权与监管之间达成有效的平衡，是提升专业设置管理成效的关键与难点。对此，20 世纪 80 年代中期以来美国新泽西州州政府在持续开展的高等教育"放管服"改革中对于高等教育专业设置管理的创新提供了富有价值的参考和标杆。在改革涵盖的所有事项中，涉及高等教育专业设置管理的改革取得了尤为突出的成效，从而奠定形成了新泽西州极具特色的高等教育专业设置评估体系。对这一体系的构建历程、运行机制、核心特征进行分析，可为我国高等教育学科专业设置管理的改革提供新的思路和视角。

一、新泽西州高等教育管理分权改革

美国各州的教育事业，尤其是公立教育体系本身的规制和管理是在州政府领导之下实现的。[①] 体现在高等教育管理体制上，其最大的特点就是高等教育的责任由各州政府而不是由联邦政府承担。[②] 州政府作为本州高等教育发展与改革的主导者，在实践中形成了高等教育管理的多样化的"州域"模式。[③] 为回应高等教育发展的新形势和高等教育集权管理体制的弊端，20世纪80年代中期以后，美国新泽西州州政府对本州的高等教育管理进行了独树一帜、大刀阔斧的分权管理改革。改革以简政放权为主线，以增加高校办学自主权为核心，通过管理组织的革命性重构，构建了三方共同治理结构，实现了高等教育管理权的优化配置，对其他各州产生了广泛而深刻的影响。

（一）集权到放权：公立高校理事会的扩权

1965年，美国联邦政府颁布《高等教育法》，明确要求各州建立高等教育发展的协调机构。这也是美国历史上首次以法律形式对州政府的高等教育治理权进行确认。[④] 1966年，新泽西州州政府设立了州高等教育部，作为统管、协调全州高等教育事务的最高行政机构，对所有公立高校行使法定的集中管制权。在这一集权管理体制之下，由于各公立高校的理事会在涉及本校办学的主要事项上缺乏实质性的自主管理和决策权，极大地限制了学校办学的灵活性和创造性，导致学校难以及时回应、满足广大民众对于高等教育提出的新需求。

面对集权管理的弊端和公立高校对办学自主权的呼吁，新泽西州在1986年颁布了《州立高校自治法案》，迈出了扩大公立高校办学自主权的第一步。

① 王欢.1980~2008美国各州政府改革［M］. 北京：光明日报出版社，2010：4.
② 陈蕾. 美国高等教育的州级管理［J］. 世界教育信息，2006（1）：21－23.
③ 杨桂梅，何振海. 美国公立高等教育协调机制探析——以华盛顿州为例［J］. 河北大学学报（哲学社会科学版），2013（1）：80－84.
④ 吴越. 美国州级高等教育治理的权力结构演变与政府角色定位［J］. 高等教育研究，2017（4）：101－107.

根据法案，公立高校理事会获得以下权力：决定本校的课程和专业；制定并向州长和州财长提交年度预算；任命校长以及确定校长的薪酬；决定学杂费标准；授权开设与本校学历教育层次相符合或者州准许的新专业、系或学院。① 然而，出于权力利益的维护，州高等教育部及部分政府部门持续反对给予公立高校以充分的自治权，致使高校理事会的权力执行遭到了各种直接或间接的阻碍、干预。② 在改革的实际效果上，州政府的此次权力下放没有得到有效的贯彻落实，改革也并没有能够从根本上起到优化高等教育治理结构的作用。

（二）单一到协同：三方共同治理结构的建立

20 世纪 90 年代初，新泽西州新任州长惠特曼（Christine Todd Whitman）提出，即将到来的 21 世纪将给美国社会带来新的挑战，改变新泽西州高等教育系统的需求，急需改革高等教育治理结构，以更好地为本州服务。而改革所要重点思考的是，面对美国高校的独立性传统以及公众的高等教育问责，州政府所把持的权力当中是否存在将其下放给高校反而能够带来更大成效的可能，如果有的话，需要什么样的新的责任机制或组织变化来实现。

1994 年，新泽西州颁布了具有里程碑意义的《高等教育重组法案》。法案撤销了州高等教育部，代之以由州高等教育委员会、州大学校长委员会、高校理事会三方共同治理的高等教育治理结构。其中，州高等教育委员会由州长任命的本州知名人士组成，职责为：负责高等教育的整体规划和政策倡导，向州长和议会提供咨询建议；对于高校的学历教育层次变更、办学许可、层次类型定位，以及州大学校长委员会所提请审核的专业设置申请拥有终决权；评估高校的预算申请，向州长和议会提交年度统筹性预算政策声明等。州大学校长委员会由所有接受州政府直接资助的高校的校长组成（1996 年的法案修订将专科院校和宗教院校的校长代表也纳入其中），负责评估高校的专业设置申请，推动形成高校间地区性合作项目，以及向州长、议会和

---

① The New Jersey Higher Education Task Force. The Report of the Governor's Task Force on Higher Education ［EB/OL］. （2010－12）［2022－7－18］. http：//njpc. org/documents/the－report－of－the－governors－task－force－on－higher－education/view.

② 王景枝. 美国新泽西州公立高等教育分权改革及其启示［J］. 北京理工大学学报（社会科学版），2008（1）：92－96.

州高等教育委员会提供高等教育总体规划和政策方面的建议。高校理事会对本校的规划、学杂费、招生标准、学位要求、基金投资、法律事务、向州政府申请拨款等事项行使最高管理权。同时，还对本校的专业设置、人事政策以及基础设施改善举措拥有校内最高权威。

新泽西州高等教育三方共同治理结构的建立是当时全美最彻底的一次分权改革，被视为创业型高等教育治理结构的典范。根据法案规定，1996 年，州高等教育委员会和州大学校长委员会联合发布了法案执行情况评估报告，报告显示，所有改革任务中，其成效受认可程度最高的分别为高校开设新专业的灵活性大大提升，以及高校理事会的决策权和责任感明显增强。[①] 在1999 年两大委员会联合发布的法案执行 5 年情况评估报告中，高校理事会的决策和责任感，建立新专业的灵活性，专业设置评估的充分性等方面同样获得了最高评价。[②]

（三）低效到高效：三方共同治理结构的优化

2010 年 5 月，新泽西州州长克里斯蒂（Christopher Christie）组建了高等教育特别行动小组，对本州高等教育发展现状进行全面调研。调研结果认为，近 20 年来，新泽西州的高等教育经历了州政府拨款的持续下降和学费的不断攀升，财力上的窘迫大大限制了高校办学潜力的充分发挥，制约了学校的发展。面对庞大的学生群体，高校没能获得足够的支持，专业开设数量不足，基础设施落后，导致本州很多优秀的学生选择到别的州就读。新泽西州的高等教育发展已经到了一个决定性时刻，应该立即着手改善政府与高校之间的关系，重新确定政府对高校的支持承诺，急需对州高等教育的治理结构进行改革，以大力增强高等教育服务本州的协作性、效率和责任。

高等教育特别行动小组对于《高等教育重组法案》颁布以来州高等教育委员会和州大学校长委员会的职能发挥所做的评价指出，州大学校长委员会

---

① New Jersey Commission on Higher Education and the New Jersey Presidents' Council. The Restructuring of New Jersey Higher Education ［EB/OL］. （1996 - 7）［2022 - 7 - 18］. https：//www. nj. gov/highereducation/archives/news - reports/1996/restruct. htm.

② New Jersey Commission on Higher Education and the New Jersey Presidents' Council. The Five - Year Assessment of Higher Education Restructuring ［EB/OL］. （1999 - 6 - 25）［2022 - 7 - 18］. https：//www. nj. gov/highereducation/documents/pdf/archives/2001andOlder/res99. pdf.

在高校专业设置评估方面扮演了重要角色，并帮助促成了很多校际合作项目，很好地履行了自身的职责。相较之下，州高等教育委员会的职能发挥并没有达到原初的设计预期，一方面由于其多年来开展工作所需的人力、财力资源持续缩减，另一方面由于州议会和州长赋予了其很多额外的政策制定任务与内阁级别的任务，资源的萎缩再加上委员会的执行主任并非内阁级别的职务，从根本上限制了其工作成效。①

为了降低管理成本，优化决策流程，建设精干高效的三方共同治理结构，新泽西州撤销了州高等教育委员会，同时设立具有法定内阁级别的高等教育秘书长一职，州高等教育委员会的职权、人事、资料、设施设备、财产均被转交于高等教育秘书长。高等教育秘书长拥有领导全州高等教育发展、确保各高校运行透明和充分履责的权力，负责向州长和议会提供高等教育重要发展事项方面的意见和建议。新的治理结构对于促进新泽西州高等教育发展提供了重要支撑。

二、基于三方共同治理结构的学科专业设置评估机制

20 世纪后期，美国公立高等教育规模的快速扩张带来了高校专业重复设置和资源浪费情况严重等问题，高校就新专业设置等事务纷纷向州政府和立法机构游说，相互之间竞争激烈。②③ 各州政府不得不对高等教育专业设置进行强力干预。由集权向分权的改革过程中，新泽西州州政府基于三方共同治理结构，对高等教育专业设置进行最大限度统一规划管理。除了 1887 年 4 月 1 日之前获得办学特许状的 8 所老牌私立高校可自主决定专业的设置之外，其他所有高校的专业设置都必须经历州大学校长委员会设定的申请、评估与核准流程。④

① The New Jersey Higher Education Task Force. The Report of the Governor's Task Force on Higher Education ［EB/OL］. （2010 - 12） ［2022 - 7 - 18］. http：//njpc. org/documents/the - report - of - the - governors - task - force - on - higher - education/view.

② 王景枝. 美国州级高等教育协调机构的权力演变 ［J］. 外国教育研究, 2009 （11）：87 - 91.

③ 杨文明. 美国州级高等教育治理组织：定位、职能与分类 ［J］. 外国教育研究, 2013 （11）：107 - 115.

④ New Jersey Presidents' Council. 2018 - 2019 AIC Manual ［EB/OL］. （2018 - 11 - 11）. http：// njpc. org/documents/2018 - 2019 - aic - manual - 3/view.

（一）梯次衔接的专业设置评估权力配置

新泽西州的高等教育专业设置管理以体系化的评估为主要手段，在评估权的分配上，高校理事会、州大学校长委员会和高等教育秘书长分级承担着专业设置申请的评估与决策职能。高校理事会对本校的专业设置申请拥有校内最高决定权。州大学校长委员会是专业设置申请评估规则的制定者与评估的主导实施者，拥有常规性的评估结果终决权，只有在面临如下特殊情况时，才需向高等教育秘书长提请终裁：第一，申请设置专业超出了学校的学历教育层次；第二，申请设置专业需要改变学校的学历教育层次；第三，申请设置专业虽然符合学校的学历教育层次，但需要大量的附加资源投入或属于过度重复设置。

（二）内外结合的专业设置评估流程设计

高校在将专业设置申请提交州大学校长委员会进行评估之前，除了进行学校的内部评估之外，还必须按照规定征询州内其他高校的意见并接受独立的第三方专家组的评估，且要对两方提出的所有意见予以沟通处理。

第一，专业设置申请书的校际流转。高校将专业设置申请书递送给州内其他高校的校长，主要就专业的重复设置、成本、使命及相关事项广泛征求意见。其他高校在收到申请书的意见征询函后，如果对申请持有异议，则要在 30 日内给出明确的意见反馈。并且，双方学校须站在推动校际合作的立场上，就意见上的分歧进行沟通、解决。如果通过双方努力，分歧仍然存在，那么其分歧点要作为专业设置申请书的附带材料提交给州大学校长委员会。

第二，专业设置申请书的外部专家组评估。高校按照州大学校长委员会制定的外部专家遴选标准和要求，组织一个独立的该专业领域的外部专家组驻校考察，对专业设置申请进行评估，并形成书面评估报告。报告须从州大学校长委员会明确要求的方面对专业质量进行细致透彻的分析，包括专业目标的适切性，专业的社会需求市场调查与毕业生就业前景的预测论证，专业的教育教学内容、模式与管理，目标人群与招生，师资队伍与教辅人员配备，财力保障，基础设施支撑，管理结构，教育质量评价机制设计等。同时，报告还要给出结论性建议，包括批准、小幅修改后批准、进行大幅修改、不予批准。学校则要对专家组所提出的意见和建议作出正式的书面回应，与评估报告一并提交州大学校长委员会。

（三）严格有序的专业设置校内评估监控

专业设置申请的校内评估是第一级评估。受制于州高等教育专业设置管理流程规则的传导性"压力"，各高校给予了专业设置的内部评估以高度重视，为了首先获得其他高校和校外专家组的支持和肯定，都自觉加强内部把关。以新泽西州的唯一公立综合性研究型大学——新泽西州立大学为例，该校立足分校办学、总校统揽的格局，建立了严格有序的专业设置内部评估监控体系。[①]

第一，教师组织评估。任何分校中，有意申办新专业的教师或系向相关学院的院长以及分校领导进行专业申请计划的汇报，并在总校院校研究与学术规划办公室的协助下完成专业设置申请书的制作，重点阐明专业的学术质量、适切性与设置需求、所需资源的充足性与资源保障承诺。学院院长和分校领导安排相应的教师组织对专业设置申请进行所有必要的评估。

第二，分校领导评估。教师组织的所有评估成功完成之后，正式进入分校领导评估阶段。分校的教务长或分管学术事务的副校长重点就专业的质量以及该专业与分校办学使命和战略规划的契合性进行评估，确保专业所需师资与管理队伍、图书馆、计算机、实验室及其他资源的保障能力。同时，院校研究与学术规划办公室将专业申请书递交给其他分校的领导以征求意见。

第三，总校领导评估。专业设置申请在经过了分校主管领导的核准之后，进入总校评估阶段。首先由校长内阁集团从总校的视角对专业的学术和预算问题、开设需求、与总校使命和战略规划的契合性进行评价，其考虑主要基于专业的质量、需求、既有领域的实力、主要的新举措以及资源的可获得性。校长内阁集团核准后，提交至学校最高管理决策机构进行终决并形成决议书。

（四）快捷高效的专业设置评估结果反馈

在州一级，专业设置评估的具体操作性事务由州大学校长委员会下设的

---

① The Office of Institutional Research and Academic Planning. New Program Approval Process ［EB/OL］. （2007－2）［2022－7－18］. http：//oirap. rutgers. edu/NewProgramApproval. pdf.

学术议题委员会负责执行，基于评估结果向州大学校长委员会提供处理建议，州大学校长委员会视情况来作出核准、否决或向高等教育秘书长提请终裁的决定。

第一，如果学术议题委员会评估后认定专业设置申请存在突出问题，则直接将申请材料退回申请高校，并且详细告知退回原因。高校可选择重新提交申请或不提交申请，如果重新提交，则必须根据学术议题委员会提出的问题对材料进行修改后，将修改稿与原稿一并提交。

第二，如果学术议题委员会评估后认定专业设置申请没什么大问题，则向州大学校长委员会提出批准建议。如果州大学校长委员会认可该建议，则将专业设置核准结果于 15 日之内反馈给高校，专业即可进入开办实施阶段。

第三，如果学术议题委员会评估后认为专业设置申请超出了学校的学历教育层次，则要上报给州大学校长委员会进行审议，州大学校长委员会审议后再交由高等教育秘书长进行评估、终裁。

第四，如果学术议题委员会评估后认为专业设置申请虽然没有超出学校的学历教育层次，但成本过高或过度重复设置，则提请州大学校长委员会审议。如果州大学校长委员会认定专业成本过高或过度重复设置，则提请州高等教育秘书长终裁。如果州高等教育秘书长 60 日之内没有否决，则视为核准通过。

三、新泽西州高等教育学科专业设置评估的核心特征

专业设置的评估、核准是美国州高等教育系统质量保障体系的有机组成部分，是专业起步阶段的质量保障举措。[①] 在美国的绝大多数州，高校专业设置自主权是在政府规制范围内的有条件的自主权。[②] 新泽西州的高等教育管理分权改革通过独特、柔性的评估机制安排，维持了专业设置自主权与政府的监控之间的最大张力，彰显了专业设置管理上的"小政府"与"大学校"，引导、推动实现了高校专业设置的各安其位和校际协调，保障了高等

---

① Don G. Greamer, Steven M. Janosik. Academic Program Approval and Review Practices in the United States And Selected Foreign Countries [J]. Education Policy Analysis Archives, 1999 (23): 1 - 20.

② 旋天颖. 美国州高等教育委员会对大学专业设置的管理 [J]. 中国高教研究，2006 (9): 43 - 45.

教育专业设置的源头质量。

（一）专业设置终决权在高校群体

新泽西州高等教育管理分权改革虽然旨在增强高校的办学自主权，但在专业设置一项上，改革并没有赋予对象高校个体以专业设置的最终决定权，而是将决定权保留在州层面，主要赋予了具有大学联盟性质的州大学校长委员会，而作为州政府直接代理人的高等教育秘书长仅拥有针对"特殊情况"的最高裁决权。从表面上看，州政府对于高校专业设置放权的改革并不彻底，高校自身并没有获得完全的专业设置自主权，但实质上，将高校专业设置的终决权置于大学联盟性管理组织而非高校个体，则是以一种特殊的给高校赋权的方式，利用州大学校长委员会的"办学内行者"的身份和优势来协调、控制、优化全州的高等教育专业结构，最大限度降低了高校个体的"本位"意识所带来的专业设置上的盲目性，避免了高校之间在专业设置上的恶性竞争，从而为提升每所高校在专业设置上的科学性、合理性，促进专业办学的特色化发展提供了基础保障。

（二）专业设置评估重头在高校自评

在高等教育三方共同治理结构之下，新泽西州构建了严格的专业设置评估体系，根据逐级评估的结果来决定专业设置的许可与否。在这一体系中，虽然州大学校长委员会是评估要求和规则的制定者，以及州一级评估的操作者和常规性评估结果的终裁者，但实际上专业设置最主要的、最繁复的评估过程则是由高校按照州大学校长委员会设计的自评估系统来完成的。高校的自评估除了传统上的学校内部评估之外，还包括来自州内其他高校的评议和校外第三方专家组的评估，而这些都要由高校自行组织完成。自评估过程完整涵盖了专业设置常规要素评估，以及专业设置与学校学历教育层次的契合性、专业成本的合理性和专业重复设置的适度性等关键要素评估，这些关键要素也是州一级的评估当中所关注和考察的重点。重头前置的专业设置高校自评估的质量高低不仅在很大程度上决定了专业设置的最终审批结果，还大大减轻了州一级的评估工作负担。

（三）专业设置评估基础在高校内控

高校内部专业评估是学校基于内部视角针对本校专业建设质量和水平所进行的一种综合性自我检视与自我评价。[①] 新泽西州的高等教育专业设置评估机制安排隐含贯穿了一种明确导向，即高校自身必须首先要树立自觉的专业设置质量内部监控意识，构建强有力的组织严密、执行严格、运行顺畅的专业设置内部监管体系。以新泽西州立大学为例，该学校的多分校办学格局对于专业设置的管理极具难度与复杂性，不仅要充分考虑各分校自身的需求，还要考虑分校间的专业协调。为保障每一个专业设置申请的谨慎，学校基于民主参与原则，尽可能调动校内多方力量参与专业评估，构建形成了从分校到总校，从基层到高层，教师组织和行政力量共同参与的专业设置内部评估监管体系，以高度责任感对专业设置的必要性、合理性与可行性进行全方位综合论证，有效保障了专业设置能够真正符合分校与总校办学实际，并获得校内相关资源的积极支持。

四、新泽西州学科专业设置管理的启示

（一）注重省级教育主管部门对本科专业设置的行政统筹

历经多年的改革，虽然我国地方高校在本科专业设置上具有了极大的自主性和灵活性，但并没有从体制上有效解决专业设置盲目、随意等突出问题。省级教育主管部门对省域内高校专业设置的实际统筹力走向弱化，带来了潜在的风险。我国省域之间的高等教育发展水平处于明显的不均衡状态，再加上省域之间的产业结构与产业发展水平的不同所带来的人才需求结构上的巨大差异，客观上使得国家教育主管部门难以从一个笼统的"平均化"的层面对所有高校的专业设置进行精准、有效的集中调控，唯有加强省级教育主管部门对本省域内各类各层次高校专业设置的统筹规划管理，才能更加具有针对性地布设真正符合地方经济社会发展形势的专业，形成高校之间专业设置上的良性搭配。加强统筹规划管理的前提在于省级教育主管部门对于域内地方院校本科专业设置的审批权，对专业设置进行严格的"一盘棋"把

---

① 吴一鸣. 高职院校内部专业评估的几个问题探讨 [J]. 职教论坛, 2018 (4): 19 - 23.

关，综合审视专业设置的必要性与可行性，以维持专业设置的区域内协调。在具体的管理方式上，省级教育主管部门可实施专业设置的评估、核准制度，尝试建立并委托各高校代表共同参与的具有学校联盟性质的专业设置管理组织，具体负责制定专业设置评估管理办法，对高校的专业设置进行严格的评估把关，真正做到从一线办学主体群体的视角来审视专业设置的必要性与可行性，以维持专业设置的区域内协调。

（二）加强第三方力量对于学校专业设置自论证的参与

就实际情况来看，高校未能自觉构建专业设置的严格内控监管体系，各高校的内部规章制度中对于新专业的申报原则与流程虽然有明确的规定，通常较为典型的做法是：二级学院负责申报，申报材料交教务处审核后报送学校的归口管理委员会评审通过。然而，专业设置申报规定往往形式大于内容，更多体现的是一种行政审批流程，而非对于专业设置质量的监控。高校的专业设置论证由于主要在于校内专业设置评议组织或承担专业设置评议职能的组织的评议、审核，缺乏所在省域内兄弟院校的参与和校外独立的专家组的参与，导致高校在进行专业设置论证时缺乏深度和全局视野，流于"一己之见""一时之见"。尤其对于急于在短期内扩大专业开设数量的高校，在冲动驱使下，在独立的校外第三方力量参与缺乏的情况下，会降低对专业设置申报的实际标准和要求，对专业设置的既有条件予以夸大。这也是为什么有些高校申报的新专业在教育部备案后，由于诸多先天条件限制，多年不招生，而处于"闲置"状态的一个重要原因。因此，对于政府主管部门而言，构建专业设置抽查制度和专业的就业信息发布制度固然重要，但建立高校专业设置论证的省域内校际交流互通和第三方专家力量参与论证的硬性制度，从外部专家视角来把关专业设置的必要性与可行性，制衡与补充高校自身的内部评议也非常关键。

第二节　地方高校的产学研合作管理

在我国，越是高水平的大学，越是经济发达的地区，开展产学研合作的活跃度与成效就越高。对于大多处于经济发展水平与高等教育发展相对薄弱的地区的地方高校而言，在建设应用型大学的目标驱动下，虽然在办学中积极坚持优势互补、资源共享、校地互动、合作共赢的原则，努力建设"产教融合、校地联动"的合作办学体制机制，但产学研合作在整体水平与实际影响力上远远落后于经济发达地区。这种局面固然受制于多重因素的共同作用，包括地方政府的政策引导、地方产业的发展活力、地方高校的创新服务能力等。其中，高校在产学研合作管理方面存在的一系列现实问题是一个不容忽视的因素。

一、地方高校产学研合作管理的不足

地方高校通常成立正处级建制组织，作为学校履行社会服务职能的常设管理机构，统筹产学研合作工作。同时，还组建校地一体的产学研合作指导委员会、学校理事会等组织，定期召开学校发展咨询会议，并通过这一机制加强和优化与行业和企业沟通对接。但由于缺乏产学研协同创新的顶层设计，合作机构之间往往难以建立起实质性的协同进化、共享共赢的合作关系。① 产学研合作具有普遍的松散性，难以形成有效的规范与持久的动力。

（一）产学研合作的技术支撑能力不足

地方高技术性企业对于先进技术的研发和掌握有着迫切的需求，但地方高校在对接本地高技术企业的技术领域的科技研发能力上比较弱，难以支撑开展企业所需的技术研发，因此，虽然在地域上相近，但很难与企业达成深度产学研合作关系，这些企业往往会选择与在核心技术相关领域研发能力较强的知名大学与科研院所进行合作。地方高校的科研成果产出结构呈现"一高一低"的特点，科技论文、承担科研项目等纯科研型产出较高，专利、新产品等商业化应用成果产出数量少，层次不高。这一点从根本上制约了地方高校真正参与到地方高水平的产学研合作体系当中。

（二）产学研合作方信息相互理解不足

一是合作方的合作很多是基于早期的合作意向交流，缺乏精确的目标，

---

① 王树国. 大力推进协同创新 提高人才培养质量 [J]. 大学（学术版），2013（6）：43 –47.

导致了合作对象的舍近求远，或选择了非最佳合作对象，很多时候加大了先期成本；二是信息不对称，地方高校的知识创新体系和产业化的技术创新体系之间的差异，导致双方在研发定位和对对方需求的理解上出现偏差，使合作过程走歪路，影响了成效；三是合作方的价值取向和对产学研合作深度认识的差异化使得各方主要考虑自身的利益，在研发经费、项目实施、知识产权保护、利益分配等方面的互信度不够，影响合作效果，甚至导致合作流产。

（三）产学研深度结合的长效机制不足

产学研合作从研发资金注入、研发人才投入、研发进度管理、研发利益分成等方面更多的是以企业为主，地方高校处于一种附属的、被动的、弱势的地位，其研发的潜能难以得到充分的激发，研发的积极性与动力不足。学校科研人员的关注点通常集中于所研发技术的先进性程度如何，对于技术的市场需求把握不够，成果技术难以实现商业化应用。反之，企业所注重的是能够投入工程化使用的可靠的成熟技术成果。另外，产学研的合作存在着形式重于实际的弊端，难以真正激发企业的积极性与主动性。总体上，地方高校尚需在新型的实体性地方产学研合作创新组织构建方面进行深入探索。

二、地方高校产学研合作管理的优化

（一）加强科技研发队伍建设，提升学校科技研发能力

推行以科研院所等校内科技研发平台为主体的科技创新队伍建设，形成稳定的专职骨干科研人员与流动的高水平兼职科研人员相结合的人才队伍体系。赋予科研院所的负责人以兼职人员的人事自主聘任权，负责人根据所攻关的科研项目的实际需要，自主决定兼职人员的遴选、临时聘任与人事待遇。同时，至关重要的一点是，着眼可持续与长远创新能力，围绕关键学科的优势拓展，逐步培养并积累构建起高水平科技创新团队，形成专职研发中坚力量，并形成具有稳定合作关系的兼职人员资源库。推动科研攻关任务的资源集约化、高效化开展，形成一种公平竞争、优胜劣汰、机动灵活、注重绩效的用人机制。

（二）强化科研市场效益观念，促进教师应用成果产出

以突出应用绩效为科研管理工作的核心准则，分别以市场需求和市场转化效益作为科技研发的出发点与落脚点，把面向社会、市场与生产融入科研自始至终的全流程，切实推动专利性科研成果向现实生产力的转化。同时，地方高校要把尊重和保护科研成果的知识产权作为推动、激励研发人员创新的关键举措，依法依规建立本校的知识产权保护服务体系，不断强化对科研人员关于知识产权的宣传学习与教育，强化科研人员的知识产权自我保护意识和能力。同时，要聚力打造一支既能深刻了解科技研发规律与科技发展实践，还能够熟知国家知识产权法律法规的专业化科研管理队伍。

（三）树立管理信息服务观念，发挥合作桥梁沟通作用

信息在市场经济时代的科研管理中发挥着重要作用。在市场竞争机制的作用下，产业部门的发展高度依赖于管理模式的创新与产业技术的换代升级，客观上催生了高校与科研院所横向科研的蓬勃发展。横向科研是产教主体之间高度自主、互利的一种合作方式，研究以应用性为导向，科研承担者在委托方提供的社会资金的支持下，致力于为委托方提供现实问题与实践创新需求的"私人订制"解决方案，将科研成果转化为实际的经济与社会效益。横向科研研发始于产业部门的管理与技术需求，需求信息的获得是地方高校助力科研人员能够及时参与横向科研项目竞争的前提性因素，内在性地要求学校的科研管理部门从高度行政化的事务管理者角色转向行政管理与市场信息服务咨询功能兼具的管理与服务机构。

三、地方高校横向科研管理的问题

在地方高校学科科研格局中，横向科研项目属于典型的"立地"项目，直接接轨经济社会建设主战场中的现实问题。① 当前，地方高校对于横向科研的关注程度与重视程度越来越高。横向科研的开展在增加地方高校的科研经费投入，提升学校应用科研创新与服务能力，策应学校的应用型转型方面

① 沈意文. 文科横向项目：高校文科科研"立地"的基石 [J]. 江苏高教, 2011 (3)：57 - 58.

发挥了积极显著的推动作用。但需要注意与警惕的是，地方高校的横向科研在繁荣的外表之下正在呈现出一定程度的"异化"现象。推动横向科研回归本体价值，是地方高校在横向科研管理方面亟待解决的重大现实问题。

（一）地方高校横向科研的"异化"现象

异化是指"主体在一定阶段把自己的素质或力量或其他方面从自身分离出去，弄成某种外在的、异己的与自己对立的东西"。① 地方高校横向科研中存在的"貌合神离"现象违背、剥离了横向科研的价值初心与使命，使其异化为制约自身发展的对立因素。

横向科研在一定程度上沦为一种指标创收工具。学校以达成上级管理部门在各种考评中所要求的科研经费指标为主要出发点，专注于横向科研的经费指标创收功能，极力挖掘、彰显横向科研的快速聚才潜力，从实际上淡化了横向科研的社会服务使命，从而导致服务假、创收真的现象的普遍存在。另外，学校通过一系列制度性的利益诱导，吸引、激励越来越多的教师加入到申报承担横向科研项目的队伍当中，吸引教师追求大额经费数量的项目。例如，划分经费数额标准，将经费数额大于等于相应数额标准的横向科研项目等价于相应等级的纵向项目，据此进行科研积分。对项目进行个人配套奖励，根据到账经费的数量来给予相应的科研奖励。横向科研管理制度注重流程性规范，弱化质量考核，为教师提供操作便利。横向科研项目从申报立项到结项，教师只需要按照既定的各个环节的规范提交学校管理部门审核所需要的信息和材料，至于有没有真正做出成果并不重要。横向科研实质上简化为项目经费在学校科研财务账户上的一进一出的纸面流水项目，并最终转化成学校科研经费统计报表中一个单纯的数字。

横向科研在一定程度上沦为一种私利牟取手段。学校重经费、轻服务使命的横向科研激励制度与重流程、轻质量的横向科研项目管理制度客观上为教师的横向科研操作留出了灵活的解读与操作空间，从而使教师经过分析权衡后得出一种结论，即承担横向科研项目门槛低、操作易、收益高、见效快，明显就是帮助教师轻松获取科研利益的一条捷径。基于此，个别教师所关心的已经不是如何去申报实施真正的横向科研项目，而是如何以最为取

---

① 刘建明，张明根. 应用写作大百科［M］. 北京：中央民族大学出版社，1994：10.

巧、简捷的方式走完所有的审核与备案流程，进而获得相应的科研积分与奖励，从而导致项目虚、谋利实的现象的普遍存在。一方面，教师将主要的精力花费在寻求并利用那些经济、适用的窍门上，在教师之间的私下交流传播中，各环节的窍门被自然而然地串联起来，形成了一整套成熟的横向科研项目操作潜规则。另一方面，横向科研在教师这里失去了科研的本体职能，教师不用像承担纵向科研项目那样真正付出科研的努力，产出货真价实的科研成果，而只不过是在游刃有余的学校政策空间里，在潜规则的助力下，去轻松摘取学校提供的横向科研的福利果实，来装点、粉饰自己的科研绩效。

横向科研在一定程度上沦为一种生态腐蚀行为。学校执着于对横向科研经费数量的考量，而在科研的质量上听之任之，为横向科研的注水行为打开了方便之门。横向科研运行的实质上的空壳化与失真化使得横向科研的发展处于一种管理规程上的表面有序，而知识价值创造上的实则无序的状态。这种状态一则不符合科研活动求真务实的精神要义，违背了实事求是、追求真理的根本遵循与科学研究的严肃性，客观上形成了对横向科研项目造假行为的鼓励与纵容，无形中使得横向科研在广大教师心目中成为一种只为外在利益所裹挟与绑架，难以与纵向项目相提并论的次等、低劣科研，降低了横向科研的地位，从根本上造成了对纵向科研与横向科研协同发展、平衡发展的科研生态的破坏；二则滋生、助长了教师，尤其是综合科研素质较低的教师力图通过投机手段来从横向科研项目中捞取科研利益，为自己在职称评审、评奖评优等活动中增加科研竞争砝码的不良思想和心态，扭曲了教师对于横向科研的价值认知，为诱发教师科研道德的滑坡带来风险，并引发横向科研的"破窗效应"，有损于科研利益公平竞争的良性生态。

（二）地方高校横向科研"异化"成因

地方高校横向科研的异化是学校内外部多种因素共同作用的结果。因素所涉及的相应的主体中，政府与高校之间、高校与教师之间、教师与社会之间分别形成了引致异化现象的放任、共谋与合作关系，使横向科研偏离了正确的运行轨道。

政府层面的监管缺位。在纵向科研与横向科研之间，纵向科研主要是由各级各类项目的政府相关管理部门根据自身制定的管理制度与创设的管理机制来实施管理，具有高度的严格性、规范性与统一性，而横向科研主要是由各高校根据政府相关的政策精神而自主构建的管理体系来实施管理，具有高度的自控性、多样性与复杂性。长期以来，高校在横向科研项目管理方面拥有高度自主权，政府部门对于高校的横向科研项目缺乏健全有力的管理制度与机制的顶层设计，使得高校在横向科研项目的管理工作中逐渐偏离了项目的职能初心。通过对相关政策的梳理可以发现，政府对于高校开展横向科研持积极鼓励与支持的态度。例如，教育部、科技部《关于加强高等学校科技成果转移转化工作的若干意见》中明确指出，鼓励科研人员面向企业开展技术开发、技术咨询和技术服务等横向合作，与企业联合实施科技成果转化。高校科技人员面向企业开展技术开发、技术咨询、技术服务、技术培训等横向合作活动，是高校科技成果转化的重要形式。对科技人员承担横向科研项目与承担政府科技计划项目，在业绩考核中同等对待。① 然而，在对高校横向科研的管理事务上，政府部门则缺乏有针对性的、明确的体制机制安排，出台的与横向科研管理直接相关的规范性管理政策主要集中在对科研经费、成果利益分配管理的关注上，在科研的质量规制方面尚处于"洼地"状态。

学校层面的急功近利。特定时期内的人均科研经费总量在一定程度上反映着一所学校的科研实力，高校在这一指标上的表现往往是政府部门主导的各种重要工程、项目、平台、授权资格等遴选时的硬性考评标准或参考依据，也是很多大学排行榜中的排名指标。因此，对于总体科研实力较弱的地方普通本科院校而言，致力于获得科研经费指标上的竞争优势是学校不得不予以高度重视的科研发展问题。传统上，地方高校的科研经费来源主要是教师承担的各级纵向科研资助项目，尤其是省部级及以上的高层次项目。然而，相比老牌本科院校，地方高校在申报竞争高层次纵向科研项目的过程中处于不利地位，获批的项目数量总体偏少，使得师均科研经费的拥有量长期处于较低的水平，并且单纯依靠纵向科研项目来走出这一困局在短期乃至较长的一段时期之内都难以实现。由此，在纵向科研项目之外，地方普通本科院校普遍将目光转向了加强横向科研上，积极引导、鼓励教师去承担横向课题，以快速实现到账科研经费总量的积累。然而，在横向科研管理的"放"与"收"之间，即适度放开制度约束以调动教师参与积极性与在管理手段上

---

① 教育部，科技部. 关于加强高等学校科技成果转移转化工作的若干意见［EB/OL］. （2016－6－3）［2022－7－18］. http：//www. most. gov. cn/tztg/201608/t20160817_127255. htm.

加强管理和监督之间①，学校重"放"轻"收"，选择以丰厚的利益激励、宽松的管理规制为主要基调，蓄意淡化对横向科研质量的考核与监督，因为一旦在质量上"较真"，就会使很多教师望而却步，拖慢创收目标实现的脚步。

教师层面的科研压力。通过横向科研项目获得科研积分，以满足职称的评定、定级与科研业绩考核需求是教师承担横向科研项目的核心动因。② 在高校中，科研是横亘在教师职称晋升阶梯上的必须要跨越的障碍，在"工分制"的科研评价体系下，教师的每一级职称晋升都必须要拥有足够亮眼的、具有数量优势的科研积分。科研的激烈竞争态势与求得职称发展的双重压力意味着教师必须在科研中付出巨大的努力，以高水平的项目与成果来争取科研积分。高层次纵向科研项目对于申报者的资格条件有严格的限制，对于申报者的科研水平与能力有很高的要求，再加上项目的立项比例的限制，以及项目结项的高要求，使得这些项目的申报与获批面临着巨大的竞争，结项面临着不小的压力。相对而言，横向科研项目的申报与结项具有灵活、广阔的可操作空间。教师可以通过灵活手段在委托方的辅助配合与掩护下完成研究合同的签订，研究经费的入账，研究任务完成的书面证明的出具等关键流程，做到不用产出具有实际价值的成果，委托方也不用承担任何损失。学校管理部门所需要的只是一套有据可查的完整的过程材料与实际到账的科研经费数量。教师所申报立项的横向科研项目在获得学校管理部门的审核立项后，主要任务不是去按照合同约定去实施科研活动，而是经费报销，想办法在尽可能短的时间内将经费报销完毕，经费报销结束就意味着项目结项。

社会层面的推波助澜。政策激励之下，教师们都倾向于寻求承担大额经费的横向科研项目，主要是被学校定性为省部级及以上层次的项目。动辄几十万元的科研经费，实际上并非由项目委托单位来承担，而往往是由教师个人筹措的。教师将经费交由项目委托单位后，以委托单位的名义把经费打入学校的财务账户，再由教师个人把经费报销出来。这就意味着教师要承担学校认可的高层次横向科研项目，在前期需要个人大量的经费资金投入。在这

---

① 杨晓刚，赵志丹，殷昊. 高校横向科研项目管理的"放"与"收"［J］. 中国高校科技，2017（7）：19 - 20.

② 王振华，黄志纯. 产教融合背景下地方本科院校横向科研工作研究［J］. 江苏高教，2019（10）：62 - 66.

一点上，对于经济条件优渥的教师而言，轻而易举就可以实现。对于经济条件一般的教师而言，则会通过金融借贷的方式来筹集资金。对于很多教师的这种资金借贷需求，部分小型地方商业银行"心领神会"，会积极通过短期低息贷款或信用贷款的方式为高校教师这一金牌客户群体提供便捷的借贷服务，只要有这种需求的教师很容易就可以获得贷款。经费报销方面，教师需要在短期内寻求开具大量发票，以尽快将个人筹措投入的科研经费报销完毕。发票的获取则主要依赖于社会上的发票买卖交易链，教师通过熟人公司、中介机构等，按照比较低的税点就可以很快购买到大量发票，从而在最短的时间内将经费报销完毕。

四、地方高校横向科研管理的优化

实现对横向科研"异化"现象的标本兼治需要从体制机制、制度、理念、精神等多个维度共同发力，通过刚性制约与柔性自律的有机结合，使横向科研的运行能够真正回归到其在政府、高校、教师三大核心主体各自所本该具有的责任框架当中。

（一）政府要加强对地方高校横向科研质量的监管

我国高校横向科研管理关注的重点往往是结果而非过程中的质量，主要以横向科研经费的增长作为考核横向科研管理工作的指标。[①] 保障科研质量是横向科研项目管理的核心与灵魂，如果管理中对科研的质量关设虚防，所带来的科研经费指标上的卓越只能是一种失去灵魂的卓越，因为支撑卓越经费数字的并不是卓越的科学研究成果。横向科研具有自身的特殊性，自成体系，现实中对横向科研的管理面临着比纵向科研管理更为复杂的局面与问题。就管理主体而言，纵向科研项目的管理中，政府部门是管理规则的制定者与科研质量的控制者，高校只是政府部门管理工作的协助者与服务者。而在横向科研项目的管理中，政府对于高校所做的管理规则制定与科研质量控制肩负着宏观政策引导与运行监控的责任。可以说，在高校横向科研的质量

---

① 汤鹏翔，马炳涛. 基于过程管理的高校横向项目管理流程优化［J］. 北京航空航天大学学报（社会科学版），2011（2）：117-120.

保障过程中，政府部门的参与不可缺位，政府的监管是防止高校在横向科研质量管理上产生"盲区"与"疏漏"的一道关键保险。横向科研的管理是一项立体化、系统化管理工程，在当前高校横向科研的战略地位愈加突出的形势之下，政府部门需要将横向科研管理作为科研管理改革的一项重点工程予以推进。在体制上，统筹对高校横向科研管理体系的建设进行顶层设计，构建、优化横向科研的政府与高校联动管理体制，明确两大主体的管理职责与各级管理组织与制度建设要求。在机制上，以提升高校横向科研的内涵式发展为主旨，弥补高校横向科研质量内外部控制机制上的不足，构建政府部门常态化的横向科研质量检查与考核机制，推动高校的横向科研走向规范化、科学化。

（二）地方高校要加强对横向科研社会服务使命的坚守

在各种竞争性考评的科研经费数量指标压力下，地方高校充分利用横向科研项目的优势，通过有针对性的激励制度与流程规范设计来推动横向科研项目的开展，这种思路与举措本身无可厚非。更何况，鼓励支持教师开展横向科研项目，积极服务地方经济社会发展需求，本就是地方高校提升履行社会服务职能力度的应然要求。但问题的关键在于学校在横向科研项目管理当中刻意顾此失彼，重数量轻质量，重表面轻实质，致使横向科研项目在实际运行中鱼龙混杂、良莠不齐。在很大程度上，这是学校在发展重压之下的一种无奈之举。但就现实角度而言，这种刻意为之虽然在科研经费指标提升上短期内可以达到立竿见影的效果，但附带而来的是横向科研项目的虚火与浮躁，如果不能去火降躁、返璞归真，长此以往将会给学校的声誉与学校服务社会能力的建设带来潜在的巨大风险。横向科研的精神与使命不应被外部的利益所绑架，横向科研管理的核心要义并非在于技术性的、事务性的、流程性的规制，而是在于管理的内涵建设，即能够以正确的管理理念对横向科研的科学探究精神价值与行动服务价值所做的正向传达。因此，地方高校必须在管理中将横向科研的研究创新、研究应用、研究服务价值有机统一起来，把横向科研的社会服务质量与实际贡献水平作为提升、确立横向科研重要地位的根本依靠，通过科学的理念、严谨的制度、负责的态度，引导教师树立正确的横向科研的价值观、绩效观、发展观，使横向科研项目真正成为教师的硬核科研项目，使横向科研的社会贡献与服务文化真正成为学校的硬核科研文化。

（三）教师要加强对横向科研精神与学者道德操守的维护

在获得职业发展的科研压力之下，教师可以通过横向科研项目来换取科研积分与奖励，固然有学校管理制度上的问题，但与教师自身过度的功利取向而导致的学术态度与立场的失衡不无关系。管理制度上有空子，并不代表着作为学者的教师钻制度的空子、利用制度的空子就是正确的、合理的。教师承担任何科研项目，从根本上要遵从的只能是学术探究逻辑，要以学者的精神和对学术的坚守来对待科研，而不是无所顾忌地完全被行政管理逻辑牵着鼻子走，更不能充当有致命漏洞的行政管理逻辑的拥护者。因此，珍惜并维护好自身的学者良知与职业道德，对横向科研项目持有正确的态度，崇尚学术的荣誉感，自觉抵制、远离有违横向科研本体价值的行政态度，以选择做真横向科研、真做横向科研来获得应得的科研利益，不为狭隘的利益所奴役是教师在选择横向科研时首先要守好的身份底线。同时，基于对教师科研成长与发展的考虑，科研的成长与发展需要在脚踏实地的科研活动中不断地去尝试探索、逐步积累。横向项目的最大特点就是选题由实际需求产生，是最贴近实际、贴近现实需求的研究方式。① 教师从事的横向科研项目的研究过程是对自身应用性科研素质与能力的一种提升和历练，对于增加自身的科研实力，拓宽专业发展的基础与空间具有重要的推动作用。因此，对于广大已经熟悉与习惯了纵向科研逻辑的教师而言，着眼长远，应该将横向科研视为一种新的重要体验与自我培养的机遇，通过横向科研项目的研究为经济社会发展解决实际问题，彰显个人的学术研究态度与学术研究的实践价值。

第三节　地方高校的创业性组织管理文化

20 世纪 70 年代，企业管理领域提出了"组织文化"的概念，透过文化视角审视企业组织，意在通过文化"软实力"提升组织的核心竞争力。学者们认为，一个组织必然存在着一种相对统一、稳固的文化，这种文化在不同

---

① 方晓霞. 高职院校承接"横向项目"的探索 [J]. 中国高校科技，2015（Z1）：110-111.

的人和部门之间提供了一种恒常、无形的连接纽带，文化越强大，越是有利于提升组织的运行效率，最终达成组织的运行目标。就现代大学而言，在创业使命的驱使下，其原有的组织文化正在经历重塑，创业性组织管理文化作为新的组织文化形态，被推向大学组织文化建设的前台，成为大学创业的重要支撑力量。

一、大学创业性组织管理文化的兴起

世纪之交以来，处于知识创新前沿的大学，正在承受着外部环境的飞速巨变。不论是在发扬开拓进取精神的意义上，还是作为一种新的大学发展模式，创业已经凸显为现代大学的一个核心议题。现代大学创业使命的确立注定要为大学植入新的文化因子，要求大学进行组织文化的创新，建设大学的创业性组织管理文化。

（一）大学发展使命的延伸

在世界高等教育发展史上，大学的使命始终伴随着时代的变化而不断拓展。20 世纪后期，大学作为重要的知识输出机构，在促进西方国家的知识经济发展过程中起到了关键性作用。"直接基于知识和信息生产、分配与应用"① 的知识经济的到来，将大学引入了社会的中心，成为了现代社会的轴心机构。欧洲学者用教学、科研之外的"第三使命"（third mission）来指称大学的这种经济社会角色，包括"与知识的形成、转移、运用与开发相关的所有活动"。② 同时，19 世纪 60 年代借助《莫雷尔法案》（morrill land - grant act）而肇始于本土大学的公共服务使命，虽然已经在强调将科研成果运用于地方的农工产业的发展，但尚属于比较原始、简单、粗浅的知识服务形态，知识主要是作为一种公共产品而非商品，这种状态已经远远不能说明大学在知识经济发展中的作用及扮演的角色。1980 年出台的《贝赫 - 多尔法案》（bayh - dole act）允许大学可以享有联邦资助取得的科研成果的知识

---

① Benoit Godin. The Knowledge – Based Economy: Conceptual Framework or Buzzword? [J]. Journal of Technology Transfer, 2006 (31): 17 – 30.

② Attila Pausits. The Knowledge Society and Diversification of Higher Education: From the Social Contract to the Mission of Universities [J]. The European Higher Education Area, 2015 (3): 267 – 284.

产权，大学将知识产权许可作为创收的一个重要来源，再加上很多州的政府立法将对公立大学的拨款数额与大学参与商业与经济发展的积极性捆绑在一起，使得大学原有的公共服务使命的内涵发生了革命性的变化，这种变化被称为大学的"创业性转向"①，标志着大学创业使命的到来。

（二）大学发展环境的挑战

2005 年，伯恩斯（Paul Burns）在其出版的《公司创业：建造一个创业型组织》一书中首次运用了组织的"创业建筑"这一术语。"创业建筑"包含五种要素：组织内部的创业机构与平台、机构平台之间的协调系统、创业战略、创业领导、创业文化，五种要素相互依存、相互支持。"创业建筑"的建造动因主要是帮助组织适应新的社会变迁，鼓励组织进行内部创新，建立竞争优势，保护组织的投入利益不受损害。他认为，对于要应对持续变化、面对激烈竞争的组织而言，创业应该是其主导运行逻辑，需要构造功能性的"创业建筑"，建立个人、组织节点与外部环境之间的联系，有效管理组织的创业目标，激励、提升组织的创业性。② 显然，从组织变革的意义上而言，"创业建筑"不仅适用于公司，还适用于大学、科研院所等极富创新性的组织。20 世纪末期以来，大学的生存环境呈现了一系列新的变化，面临的竞争更加激烈，公共资金的支持力度不断减弱，对学术管理、学术问责有更多要求，学校对自主权有更多呼唤，科技新兴产业大量涌现，等等。这一切让大学面临着适应、协调、沟通、评价及效率等方面的棘手问题，迫使大学深入思考如何持续不断地进行变革，提升自身的创业意识，增强自身的创业能力，以契合未来的发展方向。

（三）大学发展模式的创新

大学发展的创业模式是大学参与区域发展，与区域发展相互支持的过程，传统的教学与科研将更多地开展指向所在区域环境的活动，注重区域经

---

① Harvey A. Goldstein. The "entrepreneurial turn" and regional economic development mission of universities [J]. Ann Reg Sci, 2010 (44)：83 – 109.

② Burns，P. Corporate entrepreneurship：Building an entrepreneurial organization. Basingstoke ［M］. England：Palgrave Macmillan，2005：59 – 74.

济的发展和来自产业的支持，以及对产业的知识转移和学术成果的商业化。①
相关理论建构中，三螺旋模式最具代表性和影响力，它是大学、产业与政府
三者之间相互合作形成的一种通过技术创新来促进经济发展的螺旋连接模
式，力图打破阻碍三者合作的组织、文化、规范等方面的障碍，要求大学重
塑自身的学术结构和功能，把经济发展与教学和科研进行结盟。具体而言，
教师充当教练的角色，学生在教师的安排下在实践中检测所学的知识；知识
的资本化成为大学、教师业绩的重要衡量标准；知识从生产到最后的商业化
主要依靠战略联盟或团队的组织形式；大学在区域合作中的调节与连接的功
能与能力会被放大，与产业和政府之间建立无缝互动与谈判机制；大学将发
挥企业孵化器的功能，通过改变大学的文化与回报结构去提升教师创业的发
生率；大学更多地用经济理性而非认知理性去处理它与内部成员以及与外部
组织的关系。② 三螺旋模式不是传统公共服务使命的简单逻辑延伸，而是对
大学教学、科研使命新的理解与衡量，是大学内部的组织变化和新的大学治
理模式。

二、大学创业性组织管理文化的特质

大学创业性组织管理文化是大学集体与个人对于创业的态度，以及其所
赋予创新的价值和创业导向的文化，包括外显的创业物质、形式文化与内隐
的创业价值、信念文化。

（一）人本性

大学创业涉及校内外多个活动主体的共同参与。政府主要通过有效的政
策手段来激励、促成大学知识的外溢，并最终转化为社会的财富；产业领域
将大学作为潜在的问题解决方法和新产品服务的供给者，利用自身的资金优
势和知识转化硬件优势，寻求与大学之间建立合作关系；大学则利用教师的

---

① Angelika Jaeger, Johannes Kopper. Third mission potential in higher education: measuring the regional focus of different types of HEIs [J]. Rev Reg Res, 2014 (34): 95 –118.

② ［美］亨利·埃兹科维茨. 国家创新模式：大学、产业、政府"三螺旋"创新战略 ［M］.
周春彦，译. 北京：东方出版社，2014：3 –6.

专业知识、科研基础设施、知识创新等优势与产业形成多种形式的合作。①虽然大学、产业与政府代表了三种不同的运行文化，大学将创新作为一种知识转移的来源，服务于一种新产品的生产，产业将创新作为一种创造与保持竞争优势的手段，政府将创新作为促进经济增长与发展的一种手段，但在相互合作基础上共生的创业性组织管理文化的核心特质则在于其具有的人本性。创业性组织管理文化形成于大学创业实践且服务于创业实践，而创业实践的实施主体是每个个体的人或团队。因此，创业性组织管理文化归根结底是创业参与主体共同创造的结果，具有以人为本的根本目标导向。人的主观能动性、创造性、自觉性、有为性是创业性组织管理文化得以生发的基本前提和基础，以人为本蕴含了创业性组织管理文化对于人所具有的这些社会性特征的尊重。从人的发展角度看，"文化的功能，从根本上说是对作为社会活动的主体人的不断塑造，提高他们的素质，完善他们的能力，使他们成为一代新人"。②创新创业活动是人的主观能动性与客观规律性高度统一的高级社会实践活动，是个体解放自我发展潜力的一种自主性选择和安排，萌发创业意识、制定创业计划、实施创业行为、提升创业能力是个体自我独立意识觉醒、彰显自身独特的社会价值、释放自我创造的社会本能、实现自身存在意义的重要表征。大学创业性组织管理文化的浸润力和感染力，促使个体通过创业不断提升自身的发展层次，满足自我实现的需要。

（二）权变性

官僚等级文化是传统大学组织文化中比较突出的文化成分。官僚等级文化重在权力与角色的控制，在基于权力的文化中，资源的可获得性是不平等的，握有权力的人利用所掌控的资源来满足或阻止他人的需求，控制他人行为。其他人则被要求遵守规则，否则将受到惩罚。在基于角色的文化中，规章制度是最重要的。领导者对规则、程序和效率感兴趣，而教职人员往往会感到负担过重、紧张，且倾向于废除这些规章制度。③受官僚等级文化的束

---

① Jeaninne Horowitz Gassol. The effect of university culture and stakeholders' perceptions on university – business linking activities [J]. J Technol Transfer, 2007 (32)：489 – 507.

② 陈筠泉，刘奔. 哲学与文化 [M]. 北京：中国社会科学出版社，1996：170.

③ Geanina Cucu – Ciuhan, Iuliana Guit – Alexandru. Organizational culture versus work motivation for the academic staff in a public university [J]. Social and Behavioral Sciences, 2014 (12)：448 – 453.

缚，学校各种资源的使用效率往往难以盘活，难以从根本上激发教职员工和团队的积极性与创造性。创业使命下，大学需要革新传统的官僚等级文化，发展一种权变性的组织文化。该文化的核心属性是创造性、创业、适应性、活力，领导风格为创业者、创新者、风险承担者，文化纽带是创业、灵活性、风险，战略重点是创新、成长、新资源。[①] 权变性组织文化有助于打造一支极具活力和创造性的教职队伍，这些人主要依靠灵活的规定，促进组织的成长和创新，增加组织的资源，同时，人是受到尊重的与自我激励的。这种文化对于大学中临时的团队工作，需要高水平技术的支撑才能得以完成的工作，以及不确定的、模糊性的工作具有积极的促进作用，有助于大学快捷、公开地进行组织内部及组织内外部之间的信息交换，引导知识与创新成果顺利地流向其他部门和市场，提升大学的创业效率。

（三）市场性

与传统封闭的学院式运行逻辑不同，大学创业意味着大学与产业、政府之间具有更加紧密的伙伴关系，教师具有更多从外部获取资金资源的责任，管理者与教师具有更多的市场性行为，大学管理、领导与规划中充满了经理主义气质，而所有这些特征都破坏了大学传统的基于学科的组织特性和功能。[②] 大学利用诸如孵化器、科技园等平台，积极参与知识的资本化和商业化，通过专利、研究合同、与私人企业结成伙伴、创办企业等方式开拓新的资金来源，以一种交易的思维在开放的市场中提供各种专业活动与服务。大学的这种活动模式主要是基于一种实用主义的方式和问题解决的逻辑，鼓励通过跨学科的合作以满足社会或市场需求。因此，大学创业的发展需要市场性文化的推动，提升自身的市场意识，注重市场、外部机会，以及与利益相关者的关系。从内涵上看，市场性组织文化指的是组织关注其生存环境且能够提供具有竞争优势和市场领导力的业务。管理规则是市场规则，主要的价值是竞争力与生产力，核心属性是竞争性、目标达成、环境交换，领导风格为果断性、以生产与目标达成为指向，文化纽带是目标定位、生产、竞争，

---

① Maria Liana Lacatus. Organizational culture in contemporary university [J]. Social and Behavioral Sciences, 2013 (76): 421-425.

② George Subotzky. Alternatives to the entrepreneurial university: New modes of knowledge production in community service programs [J]. Higher Education, 1999 (38): 401-440.

战略重点是市场中的竞争优势与优越性。① 然而，在现实中很多人会担忧大学的市场行为可能会腐蚀掉大学的地位和名誉最终所依赖的价值，进而反对在大学中引入市场文化的因素。但大学的市场性文化并不等于将大学转变为商业组织，而是一种遵循学术基本准则的学术应用文化，与大学的学术创新文化相互协调。否则，一旦教学和研究全成了获利行为，知识和人带上浓厚的商品属性，大学的精神与价值、大学组织所特有的属性也就丧失殆尽了。②

三、大学创业性组织管理文化的价值

大学创业性组织管理文化是进取性、激励性、融合性的文化，集中反映了大学的创业理念，在引领大学创业发展目标，统一大学创业认识，点燃大学创业热情，激励大学创业行为，优化大学创业软环境方面具有重要的价值。

（一）促进创新创业精神的引导

大学创业使命的产生是环境催生与历史选择的结果，在创业实践中培育起来的创业性组织管理文化根本上所承载的是大学为求得生存竞争优势而秉持的奋发图强、主动开拓的发展理念和精神，且成为现代大学发展核心价值观的重要组成部分。从形式上看，与企业合作开展科技成果转化，利用科技成果创办企业，基于自身的知识、智力优势服务社会的特定需求等是大学创业的重要手段，但在大学创业不断深化的背后发挥主导、支持性作用的是大学的创新创业精神。求变、竞争、协同、开放、服务、融入、共赢是大学创新创业精神的内核，也是大学创业性组织管理文化的精髓。作为一种内隐的精神力量，大学创业性组织管理文化驱动、规范着大学的创业目标追求，引领、推动着大学的创业行为。

（二）促进创新创业潜力的激发

大学创业性组织管理文化的兴起打破了知识创造与知识转移文化之间的

① Maria Liana Lacatus. Organizational culture in contemporary university［J］. Social and Behavioral Sciences，2013（76）：421－425.

② 阎光才. 识读大学：组织文化的视角［D］. 上海：华东师范大学，2001.

二元对立，寻求保持两者之间的有效平衡，以维护大学中所存在的学术自由与市场导向动力之间的协调。虽然大学创业性组织管理文化具有浓厚的商业意味，但其突出的价值不在于促进学校以产业研究合同、发明专利以及开办企业等形式开展知识转移活动，为大学带来更高收入，充实办学经费，而在于通过创业性组织管理文化的环境氛围，形成强劲的牵引力，有效激活大学中相关的创新创业主体，调动他们的创新创业激情和积极性，释放他们的创新创业能量，挖掘他们的创新创业潜力，实现他们的创新创业价值。对于教师而言，将自身的科研成果带出实验室、带出"书斋"，把"虚体性"的新知识转化为"实体性"的生产力，可以充分检验与证明自己的科研劳动成果的成色，不断实现自我超越。对于学生而言，一方面，利用自己的专业知识创办企业，挑战自我，不断实现自我突破；另一方面，通过参与创新创业活动，培养创新创业的思维和意识，有助于在未来的发展道路上开创自己的事业。

（三）促进创新创业向心力的凝聚

大学创业性组织管理文化以人为本，尊重个体主观能动性的发挥和创新创业意愿，可以营造一种相互信任的人文氛围，给予所有成员以责任感与使命感，从而强化团体意识。大学里所有的教师、管理者、委员会成员、系主任、项目指导者、学生、员工等都是重要的创新创业来源，共同为开发知识交换策略、程序、系统和支持性的创新创业文化贡献力量。[1] 大学创业性组织管理文化的凝聚力突出体现在相关利益主体在创业实践与创业文化建设过程中的主动性、自觉性程度。在创业发展战略下，将创新创业文化注入到大学的创新创业管理体系当中，对所有成员形成刺激，有助于使每个个体和团队认同大学的创新创业使命和目标，深入了解大学的创新创业制度政策，将个人的创新创业目标与大学的总体目标相结合，并协调好个体之间、个体与团队之间、个体与学校、学校与社会之间的利益关系。在大学创业性组织管理文化的影响下，不同的成员之间可达成共识性的创新创业观念，形成创业文化认同和文化自觉，在大学创业主体之间构筑起强大的创业凝聚力和向

---

① Jen Nelles, Tim Vorley. Constructing an Entrepreneurial Architecture: An Emergent Framework for Studying the Contemporary University Beyond the Entrepreneurial Turn [J]. Innov High Educ, 2010 (35): 161 – 176.

心力。

（四）促进人文与科技精神的融合

古典大学一直以教育的"人文化"为典型特征，从中世纪早期的大学以降，最初的文法神医四大学院都以一种人文的形象示人，也宣告了古典大学的人文取向，并且得到了延续和保留。大学的创业性组织管理文化提供了一种机制，可以使得大学将科技创新服务的可能性与传统的人文本质有效结合起来。"创业的过程实质是人的综合素质释放的过程，不仅需要具备扎实的文化素质，更需要有敢于开创事业的思想意识，不怕挫折的勇气和毅力，需要具有提出新的创造思想、发展这些思想并坚定不移地使之付诸实施的能力。"① 大学创业性组织管理文化内在地要求人文精神与科技精神的统一、融合。人文精神关注的是人的主体创造性，侧重于其存在的社会方式、意义和价值。科技精神的要义在于鼓励对未知领域的探索、敢于冒险、勇于创新、不惧失败、倡导合作等。人文与科技精神的融合要求科技的人文化与人文的科技化，科技探索创新充满人文关怀，赋予人文以科技探索创新意识，使人们感觉到他们作为人的价值，而非一种工具或仅仅是任务的推进者。

从文化的视角来看，大学组织中传统主导性的学院文化与官僚等级文化难以适应和支撑大学创业使命和大学创业行为的需求，需要培育、形成大学的创业性组织管理文化。大学的创业性组织管理文化伴随着大学使命的逐步衍生与确立而相应地发生着创新和演变，新的使命注定要为大学注入新的文化因子。在当前创业使命业已确立的背景下，大学组织文化正在经历一个重塑、再造的过程，知识生产与知识处理的议题极大冲击着大学的传统组织文化，而不可避免地充斥着创造、创新创业、可持续发展、竞争优势等有着浓烈商业意味的成分。总体而言，大学的创业性组织管理文化是一种强有力的具有人本性、权变性、市场性特质的外部取向性文化，这种文化的构建有利于增强大学组织的环境适应性。在这种文化中，学校成员的活动更多具有外部导向，所有成员共享同样的价值、信念与态度，具有相同的行为模式，并且具有灵活应对变化的能力。此外，这种文化还能够包容具有价值与信念分

① 娄东生.试论大学创业文化建设［J］.福州大学学报（哲学社会科学版），2009（6）：89－93.

歧的大学亚文化，将它们整合为一个整体，通过对亚文化活动的协调以有效达成它的活动目标。最终通过文化的穿透力与浸染力，有力支撑、促进大学的创业实践。由于大学创业共包括两个大阶段，一是起始于大学中的创新、创造，二是创新、创造本身的价值在经济社会中的最终实现。因此，大学中的学术创造文化以及支撑学术应用的文化需要相互支撑、协调，但也要保持其各自相对的独立性。

| 第七章 |

地方高校学科—专业—产业链建设挑战

随着地方高校学科—专业—产业链建设在政策、理念与实践领域逐步走向深入，其建设需积极应对以下挑战：一是要立足高层次应用型人才培养根本使命，深度感知国家与区域产业结构变化形势，融入第四次工业革命时代新的职业与劳动力需求格局，培养新型人才；二是要立足多层次的一流高校发展定位，充分发挥地方"双一流"建设的驱动力，融入高质量应用型高等教育发展背景下高校差异化发展路径格局，建设一流应用型大学；三是要立足类型化的学科建设理念，深刻把握学科间性质特征差异与学科发展规律，融入对推进不同学科协调发展要求下新的学科专业生态构建格局，打造一流学科体系。

第一节　第四次工业革命的职业结构变革与人才培养

2016 年，"第四次工业革命"在世界经济论坛上首次被提出。论坛创始人与执行主席施瓦布（Klaus Schwab）指出，人类当前正处在第四次工业革命的开端。第四次工业革命始于 20 世纪与 21 世纪之交，以第三次工业革命的数字化革命为基础，但数字技术更为精深化和一体化。移动设备带来了全球互联，人工智能、机器人、物联网、3D 打印、纳米技术、材料科学、生物技术、量子技术等重大先进技术横跨物理、数字与生物三大领域而相互促进融合，催生了各行各业的重大转变。这次革命表现出的史无前例的发展速度，给社会各领域和人类自身带来的前所未有的改变，以及引发的整个社会体系深刻的系统性变革等三大特征，使其从根本上区别于第三次工业革命。①
在高等教育领域，第四次工业革命背景下的劳动力市场需求变化与人才技能
需求特征，对于大学的人才培养提出了新的挑战和要求。当前，我国正在紧
抓第四次工业革命的机遇，大力构建服务产业转型升级的高等教育应用型人
才培养体系。

一、第四次工业革命的工作技能要求

在人类发展历史上，第一次工业革命（1760—1840 年）以蒸汽机为动
力推动实现了由手工作坊式的简陋工具生产向工厂化的机器生产的转变，第
二次工业革命（1860—1900 年）以电气为动力推动实现了基于流水线的规
模化机器生产，第三次工业革命（1960—1990 年）基于计算机和互联网技
术的数字革命推动实现了机器自动化生产。每一次工业革命的发生都是对生
产活动中人力操作劳动的一次大解放，随着更为先进的生产工具的出现，越
来越多的先前由人工来完成的任务被机器所取代。在第四次工业革命时代，
人工智能、机器人等先进技术的发展和应用正在加速这一趋势。2016 年，韩
国职业围棋手李世石在与谷歌 DeepMind 科技公司开发的"阿尔法狗"
（AlphaGo）所进行的人机大战中 1∶4 失利，赢得的唯一一局则是因为阿尔
法狗出现了故障。这次举世瞩目的对决也让世人领教了人工智能的巨大威力
和发展潜力。人工智能的发展所带来的技术性失业极大地冲击着传统劳动力
市场。

虽然当前难以预期人工智能未来发展的极限状态，但在目前的阶段，不
同性质类型的工作在智能化进程中的命运会有所不同。萧康（Keng Siau，
2018）将工作任务分为结构化和非结构化任务、日常性和非日常性任务，其
中，结构化任务是可以被清晰定义和描述且能够分解为更小、更易管理的任
务，非结构化任务是依赖直觉、判断力和经验来完成的任务，日常性任务是
受到强力的规制或在指定周期内完成的不变任务，非日常性任务是偶尔、不
定期或首次实施的任务。涉及日常性的、结构性的任务的工作很容易实现自
动化，很快就会被人工智能取代，受到人工智能的严重打击。结构化但非日

---

① ［德］克劳斯·施瓦布. 第四次工业革命［M］. 李菁，译. 北京：中信出版社，2016.

常性的任务的工作，将其实现自动化在经济上并不划算。而非结构化任务的工作则难以被机器所替代，如精神科医生和心理学家等。① 在各种任务类型中，只有主要依靠"人"的特殊能力来完成的任务保持着对机器的优势。

从具体的职业分布上来看，世界经济论坛发布的《2018 未来工作报告》(*The Future of Jobs Report 2018*) 对 20 个国家涉及 12 大产业群的 313 个大型龙头公司的高层主管（主要是人力资源主管）的调查显示，2018～2022 年，需求量持续增长的工作职位大体包括三类：一是既有的常规性高技术人才，如数据分析师和科学家、软件和应用程序开发人员以及电子商务和社交媒体专家；二是利用独特的"人"的技能的职位，如客户服务人员、销售和营销专业人员、培训和开发、组织发展专家以及创新经理等；三是对于与理解和利用新兴技术有关的各种新的专业角色，包括人工智能和机器学习专家、大数据专家、过程自动化专家、信息安全分析师、用户体验和人类—机器交互设计师、机器人工程师和区块链专家等。变得越来越过剩的工作职位主要是日常性的容易受到新技术和流程自动化影响的中等技能职位，如数据录入员、会计和工资结算员、秘书、审计员、银行出纳员和收银员等。② 从以上的分布中大体可以看出，能够掌控、运用高技术，需要人的高度主观能动性与高知识含量，难以被机器自动化所替代的工作角色是未来的人力工作主导。

相应地，体现在工作人员的具体技能要求上，从 2018 年到 2022 年，完成大多数工作所需的技能将发生重大变化。与技术相关的非认知性软技能变得越来越重要，因为这些技能在不久的将来仍将超出大多数人工智能的范围，对于人类取得卓越成就并在未来的工作场所发挥作用至关重要。其中，分析思维和创新、积极学习和学习策略、创造力、独创性与主动性、批判性思维与分析等技能要求持续增加，技术设计和编程、对系统的分析与评价等技能的重要性日益凸显，而对手工操作技能和身体能力，与财务与其他资源管理

---

① Keng Siau. Education in the Age of Artificial Intelligence：How Will Technology Shape Learning? [EB/OL]. (2018 – 3 – 26) [2022 – 7 – 18]. https：//xueshu. baidu. com/usercenter/paper/show? paperid = 13876d575660ad2ab4e33ffe893d9e3b&site = xueshu_se&hitarticle = 1.

② World Economic Forum Centre for the New Economy and Society. The Future of Jobs Report 2018 [EB/OL]. (2018 – 9 – 17) [2022 – 7 – 18]. https：//www. weforum. org/reports/the – future – of – jobs – report – 2018.

以及基本的基础安装与维护技能有关的技能要求则逐渐下降（见表7－1）。①

表7－1　　　　　2018年与2022年排名前十位的关键技能要求比较

2018 年技能要求	2022 年技能要求	
	保持或继续增长的技能	衰减的技能
分析思维与创新	分析思维与创新	手工操作的灵巧性、耐久性与精确性
复杂问题解决	积极学习与学习策略	记忆、口头、听觉与空间能力
批判性思维与分析	创造力、独创性与主动性	财务与材料资源的管理
积极学习与学习策略	技术设计与编程	技术安装与维护
创造力、独创性与主动性	批判性思维与分析	阅读、写作、数学与积极倾听
关注细节，可信赖	复杂问题解决	人事管理
情商	领导力与社会影响力	质量控制与安全意识
推理、问题解决与概念形成	情商	协调与时间管理
领导力与社会影响力	推理、问题解决与概念形成	视觉、听觉与言语能力
协调与时间管理	对系统的分析与评价	技术的应用与监控

2019年，美国东北大学与盖洛普（GALLUP）公司联合发布的报告《面向未来：美国、英国、加拿大公民对于人工智能时代的统一技能策略的呼吁》（*FACING THE FUTURE：U. S. , U. K. and Canadian citizens call for a unified skills strategy for the AI age*）中，对美、英、加的1万余名成年公民及10家大型公司的人力资源主管的调查结果显示，美、英、加分别有50%、60%、60%的受访者认为，相比数学、科学、编程、运用与处理数据等硬技能，团队合作、交流、创造性与批判性思维等软技能对于决定工作人员不因新技术、自动化、机器人或人工智能而失去工作更为重要。所有的人力资源主管都表明他们公司所要寻求的是既拥有软技能，如在团队中工作的能力，同时拥有硬技术的员工。② 未来工作中，除了难以被机器所学习与获取的软

---

① World Economic Forum Centre for the New Economy and Society. The Future of Jobs Report 2018 [EB/OL]. (2018－9－17) [2022－7－18]. https：//www. weforum. org/reports/the－future－of－jobs－report－2018.

② NORTHEASTEN UNIVERSITY, GALLUP. FACING THE FUTURE：U. S. , U. K. and Canadian citizens call for a unified skills strategy for the AI age [EB/OL]. (2019－6) [2022－7－18]. https//www. gallup. com/education/259514/northeastern－gallup－perceptions－preparing－to－meet－ai. aspx.

技能之外，对于先进技术的创造、控制与应用的硬技能同样不可或缺。

二、第四次工业革命中大学人才培养趋向

教育的核心使命就是培养人才，为未来的劳动力市场输出高质量的劳动力。美国前联邦储备委员会副主席、经济学家布林德（Alan S. Blinder, 2008）在谈到第三次工业革命中的教育发展问题时提出，从广义上来讲，K-12（美国基础教育统称）教育系统的一个主要目的就是"职业技术性"。具体来说，K-12 系统是一种机制，为 18 岁的年轻人去步入就业市场做好准备。由于从五岁起将学生"投入"到学校系统，一直到 13～17 年之后高中和大学毕业，中间具有很长的时间差，因此在设计教育时应在尽可能地范围内考虑到未来工作的性质。[1] 单纯地从就业的角度来看，布林德的这一观点不无道理，且富有前瞻性。不论如何，相较于 K-12 教育阶段的这种就业时间差，高等教育阶段则直接处于即时性的高端劳动力培养与输送的最前沿。历史上，历次工业革命的发生都伴随着高等教育的人才培养变化。以美国为例：第一次工业革命之后，高等教育进行了重大课程体系改革，从《1828 耶鲁报告》（*The Yale Report of 1828* ）倡导的古典自由教育为主转为实施"新教育"，表现在设置多样化的学位项目以及基于课程选修制的新的通识教育项目，培养具有知识广博度的实用人才。第二次工业革命期间，开始了高校类型和数量的扩增以及高等教育的民主化推进。1862 年颁布的《莫雷尔法案》推动建立的赠地高校促进了工农业技术教育领域的快速发展，为工农阶层的子女提供了接受高等教育的机会。受到德国大学的研究生教育模式的影响，一批研究型大学在美国兴起，在铁路、石油、钢铁产业领域的私人财团资助下，建立了一批私立研究型大学、小型学院。这一系列变化，产出了诸多有助巩固与加速经济社会发展的发明和应用型人才。第三次工业革命时代，高等教育的变化主要体现在高等教育的普及化以及数字化教学技术的应用。高等教育普及化的实现使得在校学生的背景更加多样化。以 2012 年"慕课（MOOCs）元年"为巅峰代表的在线教育获得了巨大发展。在线

---

① Alan S. Blinder. Education for the Third Industrial Revolution［EB/OL］.（2008-5）［2022-7-18］. https：//ideas. repec. org/p/pri/cepsud/163blinder. pdf. html.

与技术支撑的教学使得高校能够更加有效地对不同背景的学生施教，能够向更多的教师和学生开放学校的资源。校际之间利用新的在线教育技术加强资源的合作共享，提升学生的学习体验和办学的规模效益。① 总体来看，前两次工业革命所带来的经济社会对于大量应用型人才的需求一方面推动了高等教育通过人才培养体系的改革来培养适销对路的人才，另一方面推动了通过高校类型和数量增加来招收更多普通民众接受教育，从而扩大了人才的培养规模。第三次工业革命则推动高等教育通过数字技术的引入而实施全新的教育教学变革，整合优质教育资源满足学生的个性化学习与发展需求，促进学生的自主学习能力和水平。因此，如何及时对接第四次工业革命时代的劳动力市场的人才技能需求，使学生为人工智能、机器学习和自动化带来的就业市场动荡做好准备是高等教育面临的紧迫任务。

（一）第四次工业革命中的高等教育注重培养学生"人"的特有素质

第四次工业革命中不断涌现的高新技术正在对劳动力市场进行重塑，人们对于未来劳动力至关重要的职业技能要求的定位都基于一个共同的认识，即试图在人与机器之间进行争夺与对抗是毫无意义的，在职场上两者之间是一种协同配合的工作关系，人的工作毫无疑问将只能是突出"人"的独特优势由人来主导和完成的工作，在这些工作中人之所以为"人"的价值高度彰显。例如，美国东北大学校长奥昂（Joseph E. Aoun，2020）提出了"人学"（Humanics）模式，用以培养学生未来必不可少的技能，向学生传授有关其周围的高科技世界的知识。模式贯穿着两大主轴，分别是新素养和认知能力。新素养包括三大素养，即编码与工程基本原理的技术素养，理解、解释和运用大数据所需的数据素养，以及社会环境、领导才能、团队合作、情感和社会成熟度与敏捷度的要求所需的人文素养。认知能力中，首先是批判性思维，对积聚或发散逻辑持开放态度，可维护各种数据和突发事件之间的平衡；其次是系统思维，使人能够跨越系统的学科界限并提供基于多学科视角的问题解决方案；再次是企业家精神，员工通过创新性的思维与发展为所在公司带来附加值，公司必须在不断发展的市场中进行重新创造；最后是文化

---

① Bryan E. Penprase. The Fourth Industrial Revolution and Higher Education [EB/OL]. Nancy W. Gleason. Higher Education in the Era of the Fourth Industrial Revolution [M]. U. K.: Palgrave Macmillan, 2018: 207 – 228.

敏捷性（跨文化能力），要求具有共情心、谨慎性、人的细微差别的洞察力以及深入其他文化的能力。① 该模式的人才培养目标定位集中体现了人对于技术的驾驭以及人的情感性、能动性和创造性特征，而不是把学生培养成一种高度程序化的"肉体的机器"，有力诠释了第四次工业革命的人才技能需求。

（二）第四次工业革命中的高等教育围绕"技术"元素来优化课程体系

新课程体系的突出特征体现在通识性、人文性、跨学科性。第一，人工智能、机器人、物联网、3D 打印、纳米技术、材料科学、生物技术、量子技术等高端前沿技术是第四次工业革命的核心驱动力，代表了当今最高成就的科技知识水平，并且这些领域的工作在未来几十年中将占据主导地位。这就意味着对于这些先进技术的知识、功能与影响等方面的认知应该成为所有学生都需要了解与思考的不可或缺的内容构成，而非仅限于 STEM（科学、技术、工程和数学）领域学生的学习内容。换言之，高等教育在课程体系当中需将现代科技的内容"通识化""普及化"，通过有针对性的课程内容与学习机制设计来着力提升学生的基本科技素养，激发学生的科技兴趣，帮助学生豁达地去拥抱、适应技术的快速发展。第二，着力充实人文性的课程体系建设。第一，第四次工业革命中兴起的先进技术对于诸如经济与环境的影响要求高等教育对课程尤其是科技领域的课程注入人文性学习内容，使学生不仅能够详细地理解每种技术，而且能够深入地分析和预测互联性的技术系统、环境与社会政治系统，培养既能够开发新应用和新产品，也能够解释这些技术对社会的影响，并利用自己的所学来使科学和技术的应用基于维护社会的可持续性发展和道德原则之上的人，从而不仅可以促进社会的物质繁荣，而且可以改善社会和文化的结构。② 第二，第四次工业革命所需要的重要软技能的培养通常并非 STEM 学科的重点和专长，而是与人文性学科的重点更加紧密地结合在一起。因此，打造高质量的以软技能的塑造为根本的人

---

① Ulloa – Cazarez R L. Joseph E. Aoun：Robot – proof：higher education at the age of artificial intelligence［J］. Genetic Programming and Evolvable Machines，2020（1）：265 – 267.

② Bryan E. Penprase. The Fourth Industrial Revolution and Higher Education［EB/OL］. Nancy W. Gleason. Higher Education in the Era of the Fourth Industrial Revolution［M］. U. K.：Palgrave Macmillan，2018：207 – 228.

文性课程是高等教育课程建设的重要导向。第三,第四次工业革命的核心表征就是先进技术发展所带来的物理、数字、生物领域的界限的模糊,跨学科性是先进技术发展的内在支撑。为了充分把握第四次工业革命浪潮的机会,高等教育不仅应着重于培训知识型技术人员,而且还应着眼于培养创新型人才,特别是高级科学家和技术人员,这些高端人才的培养必须置于跨学科的环境之中。同时,第四次工业革命推动工作场所由基于工作任务的特征转变为以人为中心的特征,由于人与机器的融合,将减少人文与社会科学以及科学与技术之间的间隔,而这将必然要求更多的跨学科教学、研究与创新。[①]面向未来,跨学科性的课程体系的建设相比以往任何时候都更为重要,拥有跨学科的素质和能力对于学生适应未来更加灵活、更为短期的工作任务至关重要。

(三)第四次工业革命中的高等教育利用先进技术的教育赋能来优化教学设计

当今大学生群体的主力军是世纪之交出生的"千禧宝宝"一代。他们所经历的社会化过程自带"数字基因"。他们拥有其父辈所难以完全理解的计算机化的体裁的表达方式。这些技术爱好者和 Wi-Fi 一代更加倾向于通过智能化的方式来应对自己的学习,这一群体具有的强大智能和数字能力无疑是对教育者的一种巨大挑战。[②] 近年来,随着数字技术的快速发展,智慧城市、智慧校园、智慧教室、智慧课堂正在从根本上对传统的教育教学时空进行着重构,线上与线下的结合、虚拟与现实的互动、异步与同步的共存、课堂内与课堂外的协同,打破了时间与空间的限制。拉蒂夫(Radcliffe, 2008)提出了用于设计和评估学习场所的教学法—空间—技术框架。教学法、空间和技术三个方面相互影响,教学法的选择会影响到空间的安排,空间会影响到活动者能够在其中做什么、教学与学习的样式,以及某种技术使用的机会

---

① Hossein Ahmadi, Tshilidzi Marwala. Implications of the Fourth Industrial Age on Higher Education [EB/OL]. (2017-3) [2022-7-18]. https://www.researchgate.net/publication/315682580.

② Shahroom, A. A., Hussin, N.. Industrial Revolution 4.0 and Education [J]. International Journal of Academic Research in Business and Social Sciences, 2018 (9): 314-319.

与受限性，而特定的技术会影响到教育者与学习者如何利用学习空间。[①] 可以说，第四次工业革命时代的高水平教学设计寻求在教学、学习与技术之间进行有机结合是一种必然，也是一种必要的教学改革举措。新技术所具有的强大的教育赋能需要被挖掘并引入、应用于高等教育的教学设计。同时，越来越多的新技术的突破也为实现更加灵活、有效的智能化教学设计提供了广阔的空间与可能性。例如，诺曼等（Helmi Norman et al.，2018）利用无人机的多种视频拍摄与监控技术特征，构建了基于无人机的教学学习模式：最大限度地发挥无人机的教育赋能潜能，使其配合应用于适当的学习理论与学习策略的实施；在结构性物理学习空间中，无人机可被用于户外的实验课与田野调查；在非结构性物理学习空间中，无人机可用于记录户内、外学习中的小组讨论；在虚拟学习环境中，无人机拍摄的视频可共享于慕课与社会媒体等空间。[②] 未来，技术手段在高等教育教学过程中不再是一种单纯附属性的与辅助性的存在，而是教育教学过程的重要构成要素。

三、面向第四次工业革命的大学人才培养策略

当前，我国正在以积极、踊跃的姿态迎接并参与到第四次工业革命当中。施瓦布（2016）认为，在令世界处于智能化的第四次工业革命中，中国已在无人机、太阳能、超级计算机等新兴技术领域处于世界领先水平，展望未来，中国将成为第四次工业革命的领军者。[③] 同时，他也指出，这次革命正在呈现出的新的工作世界对于经济繁荣、社会进步与个人发展蕴藏着巨大的内在机遇，而机遇实现主要有赖于所有相关利益主体在教育与培训系统、劳动力市场政策、技能开发的商业方法、就业安排与既有的社会契约方面所

[①]　Benjamin Cleveland，Kenn Fisher. The evaluation of physical learning environments：A critical review of the literature [J]. Learning Environments Research，2014（1）：1−28.

[②]　Helmi Norman，Norazah Nordin，Mohamed Embi，Hafiz Zaini，Mohamed Ally. A Framework of Drone−based Learning（Dronagogy）for Higher Education in the Fourth Industrial Revolution [J]. International Journal of Engineering & Technology，2018（7）：1−6.

[③]　新华社. 中国将成为第四次工业革命的领军者——专访世界经济论坛主席施瓦布 [EB/OL]. （2016−6−25）[2022−7−18]. http：//www. gov. cn/xinwen/2016−06/25/content_5085508. htm.

实施的改革。① 高等教育系统在劳动力的培养、输出上具有无可替代的角色，深处第四次工业革命的浪潮之中，如何应对劳动力市场的人才需求挑战是我国高等教育发展面临的重大命题。教育部、国家发展改革委、财政部发布的《关于引导部分地方普通本科高校向应用型转变的指导意见》，从宏观战略层面推动应用型大学的建设。把应用型大学的核心使命定位在应用型技术技能型人才的培养与学生就业创业能力的增强上，这种本质上的"职业性"办学特征直接决定了学校对于新的劳动力市场变化应该具有高度的敏感性和应激性。立足当下，面向未来，应用型大学需要以新的视角和前瞻性思维来审视并优化人才培养策略。

（一）构建以促进职业竞争力和转换力提升为根本的人才培养目标体系

第四次工业革命时代，人工智能技术已经被应用于越来越多的工作领域，智能化控制的无人操作展现出了人工操作所难以企及的精确与高效。随着人工智能的"智慧化"程度的不断提升，其对劳动力市场的冲击范围将更加广泛，冲击的速度也会更为迅猛。其一，人工智能的替代使得传统的诸多职业逐渐走向消亡，在职者面临失业、转岗，职业的竞争越发激烈。其二，高新技术的不断涌现所带来的整个社会体系的变化会催生新的职业，但新的职业主要是高知识、高技能、高能力、高素质的人才能够胜任的职业，职业的竞争同样激烈。其三，职业快速的"兴亡更替"意味着每个人在职业生涯中进行多次职业转换的可能性和现实性在不断增加。其四，在职业变化的此消彼长之间，整个社会的创新速度与力度的提升为创业活动提供了无比广阔的空间和舞台。劳动力市场的这些新形态，创新驱动的产业结构转型升级的人才支撑需求，再加上每年规模庞大的高校毕业生的就业需求，要求应用型大学的人才培养目标定位必须以提升学生的职业竞争力和转换力为根本遵循。第四次工业革命中，"技能"的含义将被重新界定，即不同于传统意义上的高等教育或专业教育，以及在某个职业或专业领域拥有相应的能力组

---

① World Economic Forum Centre for the New Economy and Society. The Future of Jobs Report 2018 [EB/OL]. (2018 – 9 – 17) [2022 – 7 – 18]. https：//www. weforum. org/reports/the – future – of – jobs – report – 2018.

合，而是在不同环境下不断自我调整及学习新技能和新方法的能力。[①] 职业竞争力和转换力要落实在具体的技能掌握上，应用型大学须突破传统以单一专业为基础的教育过于偏重专业性知识与技术的硬技能培养，过于讲求就业的专业对口率的狭窄视野，既要着眼于学生即时性的求职竞争所需的专业技术能力的培养，还要统筹考虑学生未来职业发展与转换所需的职业通用性现代技术应用能力以及学生高超、先进的工作思维、意识、社交、创新创业、适应和自我导向的学习和思考等方面的软技能培养。第四次工业革命所呈现出的倒逼更多劳动者从体力转向脑力劳动，工作从常规转向弹性、从简单操作转向多样化地解决问题等趋向，为劳动者的自身发展及自我价值实现提供了更加便利的条件。[②] 应用型大学对于学生技能培养的"软硬兼施"、专通结合、远近兼顾，将有助于提升学生的综合能力和素质，为学生在职业生涯中更好地实现自我的价值奠定坚实的基础。

（二）构建突出提升学生"人"的重要素质与能力的学科综合性课程体系

第四次工业革命的人才需求高度倚重人才的基本技术素养、高技术应用、创新能力和人的高"智慧"性软技能，要求应用型大学必须在课程体系的建设中把握好硬技术培养与软技能培养的辩证关系。对于非工程技术专业领域的学生，设置"基本技术素养"类课程学习模块，使学生能够从多维视角来了解、审视现代高技术发展与应用的重要性，技术与整个经济社会发展、本专业领域发展及自身发展之间的关系，使学生能够积极主动地走近技术、使用技术。对于工程技术领域专业的学生，需培养学生从人文性的角度来理解、掌握、应用技术。当前，全球工程教育所面对的两大社会挑战：一是就业；二是社会可持续发展。对此，大学的工程课程体系有三种变化策略选择：附加策略、整合策略与重构策略。附加策略是增加新的课程或学习活动，或者增加课外活动，例如增加一门新的可持续发展内容的选修课。这种策略不会触动和改变学校的学科结构和文化。整合策略要求对既有课程体系中的具体课程及不同学科中的学习结果进行协调与梳理分析，从而对相关的

---

① 王阳，李爽，张本波，等. 第四次工业革命对就业的挑战与建议 [J]. 经济纵横，2017 (11)：64–71.

② 杜传忠，许冰. 第四次工业革命对就业结构的影响及中国的对策 [J]. 社会科学战线，2018 (2)：68–74.

学习资源进行整合，例如将就业有关方面的诸如项目管理技能、创业、生命周期分析等内容进行整合。这种策略对原有课程结构的影响很小，学科的边界保持不变。重构策略对产业和社会/政治关切进行全面回应，对课程体系进行根本性改变，重构的课程体系注重价值确立、身份塑造与奉献投入精神的教育，将其作为课程学习的中心部分，知识的内涵也从单纯的学科知识扩展为将学科与社会相结合的知识，培养学生成为能够理解创新过程中的社会影响与社会需求的"变革代理人"。这种策略要求学科之间打破边界，进行跨学科合作。① 可以说，培养具有深厚人文情怀、科学情怀的高技术性创新人才必须依靠技术性与非技术性学科之间的渗透、融合的课程体系支撑。软技能的培养面向所有专业的学生，而这有赖于强有力的人文性学科课程体系的优势作用的发挥。以人文学科与纯社会科学为构成的"纯软学科"在知识本质上是整体性的和定性的，教学方法包括更多面对面的课堂互动以及讨论、辩论形式的辅导教学，学生学习中强调思维的创造性和表达的流畅性。② 因此，对于传统注重技术培养的应用型大学而言，整体的学科综合性课程体系的建设是面向未来高质量职业人才培养的必由之路与重要选择。

（三）构建先进技术支撑的适应多样化教学学习的非接触教育空间体系

阿玛蒂等（Hossein Ahmadi et al.，2017）指出，伴随着第四次工业革命，一种新型的大学正在兴起，它以不同的方式进行教学、研究与服务。这所大学是跨学科的，拥有虚拟教室、实验室、虚拟图书馆和虚拟教师。但它并不会降低教育体验，反而会增加教育体验。③ 当前，数字技术作为一种知识正在被纳入大学的课程学习内容，而数字技术赋能教育则正在颠覆大学中传统师生之间、生生之间面对面的、接触式的教育图景，而越来越多地融入了隔空交流、数字传输、智能操作的元素，以重构大学的教育教学与学习空间。由此，以先进技术为支撑形成的非接触教育空间也成为大学的一种新的

---

① Anette Kolmos，Roger Hadgraft，Jette Holgaard. Response strategies for curriculum change in engineering [J]. International Journal of Technology and Design Education，2016（26）：391 – 411.

② Ruth Neumann，Sharon Parry，Tony Becher. Teaching and Learning in their Disciplinary Contexts：a conceptual analysis [J]. Studies in Higher Education，2002（4）：405 – 417.

③ Hossein Ahmadi，Tshilidzi Marwala. Implications of the Fourth Industrial Age on Higher Education [EB/OL]. （2017 – 3）[2022 – 7 – 18]. https：//www. researchgate. net/publication/315682580.

"形态"特征和新的大学"基因"。非接触教育空间的存在为多样性、灵活性的教学学习活动的开展提供了重要的技术设施基础与多路径选择，有助于激发教学学习活动参与主体及整个课程体系的活力，更好地丰富教学设计和教学方法，赋予师生新的教育体验。在第四次工业革命时代，这一空间将成为应用型大学人才培养所不可或缺且必须予以积极加强、拓展和充分利用的空间，以求将技术手段育人的优势与教师面授育人的优势进行有机结合，整体提升人才培养质量。第一，非接触教育空间是数字技术发展与教育活动相结合的产物，这种空间的存在本身就是一种对学生进行技术素养教育的鲜活素材和高端平台，在空间中参与教学学习的亲身体验会潜移默化地引导、加深学生对于现代技术本身以及技术影响的认知。第二，非接触教育空间以互联网为载体承载、包含了海量的数字化学习资源，通过"指尖"轻击资源的网址链接，就可以随时随地轻松、便捷地检索、浏览所需的资源。针对特定的知识点或学习主题，学生可以快速获得远比任课教师大脑中所存储的知识量大得多的信息。第三，非接触教育空间以学生为中心，基于学生的学习与发展需求，使学生在传统封闭的物理空间中的"听者""信息接收者"的状态转向开放空间中主动探索、积极参与的"思考者""发现者"的状态，有助于发挥学习的主观能动性，实现个性化的学习。第四，非接触教育空间塑造了一种高度民主的学习文化。以慕课为例，一门课程的共同参与者的背景具有多元性，不论是在校的教师、学生还是社会人士，国内人士还是国外人士，都可以进入课程的学习，成为"同学"关系，从不同的视角开展讨论、交流，拓宽视野，丰富学习体验。这些特征在学生硬技能与软技能培养方面具有重要作用。面向未来，应用型大学需要有规划地、系统性地加强这一空间的构建，充分利用空间的教育潜力。

（四）构建以产教深度融合为特征的应用型人才培养模式

在高等教育发展史上，每一次工业革命的发生都成为推动应用型高等教育发展的关键催化剂，应用型高等教育的发展史映射着工业革命的变迁史。基于重大技术突破创新的工业革命的发生所带来的产业形态的持续迭代，以及相应的产业领域对于应用型人才的需求的变化，指引着应用型高等教育的发展方向。应用型大学在产业领域释放出的越发强大的磁力的吸引与牵引下，其人才培养模式的变革在社会组织的"自然"选择规律下逐渐经历了与产业的接触与合作由浅入深的社会进程，从产教合作到产教融合再到产教深度融合，应用型大学的人才培养与产业之间正在形成一种界限模糊的利益共生融合体。应用型大学可以为产业输出其可持续发展所需的科技与人才，使产业能够享有、利用高科技和高水平人才来实现产业价值的快速增值。产业可为应用型大学提供应用型知识生产与人才培养的方向和规格要求，以及知识生产与人才培养所需的实践性、经验性资源支撑，引导学校适时优化学科专业结构与资源配置，不断凝练聚焦学科专业方向，充分体现自身应用型办学的教育价值。通过双方合作育人模式的构建，产业被赋予并发挥自身潜在的辅助性教育价值功能，最终反哺提升自身的产业价值，应用型大学得以彰显并发挥自身的产业价值助力功能，最终反哺提升自身的教育价值。在当前以越来越高端、越来越迅速的技术变革为支撑的第四次工业革命时代以及后第四次工业革命时代，产业形态升级换代的高速度对于应用型人才的核心素质要求越来越多、越来越高，客观上要求应用型大学的人才培养必须突破传统上以短期的、交易式的订单合作为主要特征的即时性产教协同育人模式，而更多地实现基于实体性产教合作平台的长期性产教深度融合育人模式，以确保从机制上保障有效汇聚各方的相关资源投入，明晰确立各方的主体责任，将相关合作方的利益进行牢固捆绑，为合作实践提供坚实有力的载体，最终在大学与产业主体之间形成人才培养的嵌入式螺旋上升关系，使双方站在发展利益共同体的高度来及时感知新的人才需求并对人才培养模式进行调整优化。

第二节　地方"双一流"建设的推进

相比国家"双一流"建设，地方"双一流"建设兼具国家战略性与区域统筹性。从地方的"双一流"政策导向来看，地方"双一流"建设展示出了高度的开放性与务实性，实施目标与策略设计具有鲜明的地方性特征。然而，要进一步促进地方"双一流"建设，尚需在实现国家层面的高校统一分类、大力支持普通地方高校尤其是新建本科院校的学科建设，在推动一流学科和专业的一体化建设等方面给予更多的关注与重视。

一、地方"双一流"建设的定位

2015 年 10 月，国务院印发《统筹推进世界一流大学和一流学科建设总体方案》（以下简称世界"双一流"方案），标志着我国的"双一流"建设计划正式启动。除江苏①、广东②、上海③等部分发达地区在此之前就已经制定并实施了相关的一流大学或一流学科建设计划之外，其他各省（市、自治区）随即参照该方案的内容框架，围绕方案中提出的建设与改革任务，结合自身经济社会与高等教育发展实际，相继出台了地方版本的"双一流"计划。地方"双一流"建设不仅为地方政府优化高等教育布局，提升高等教育质量提供了有力抓手，也为地方高校进行科学发展定位，实现跨越式发展提供了难得的历史机遇。

世界"双一流"方案将统筹推进世界一流大学与一流学科建设作为推动实现我国从高等教育大国向高等教育强国的历史性跨越的重大战略举措。"双一流"政策不是短期行为，将在未来 30 年内主导中国高等教育的发展。④ 然而，要实现 21 世纪中叶基本建成高等教育强国的战略目标，单单依靠进入世界"双一流"建设名单的少数高校和学科是远远不够的。高等教育强国不仅需要一批实力居于世界前列的大学和学科，更离不开广大地方高校高质量发展的支撑。在这个意义上，高等教育强国建设是世界"双一流"建设高校的突破引领与广大地方高校的提质增效"双轮驱动"、相互协同的系统工程。⑤ 从另一个角度而言，高等教育强国要由诸多的高等教育强省共同构成。在各地的"双一流"政策中，普遍明确提出通过"双一流"建设逐步达成高等教育强省的战略目标。因此，地方"双一流"建设是国家"双

①　江苏省政府办公厅. 江苏高校优势学科建设工程实施方案［EB/OL］.（2010-9-25）［2022-7-18］. http://doe.jiangsu.gov.cn/art/2017/7/12/art_38693_3247370.html.

②　中共广东省委, 广东省人民政府. 关于建设高水平大学的意见［EB/OL］.（2015-4-13）［2022-7-18］. http://fazgh.gzucm.edu.cn/info/1009/1051.htm.

③　上海市教育委员会. 上海高等学校学科发展与优化布局规划（2014-2020 年）［EB/OL］.（2014-11）［2022-7-18］. http://fzghc.ecupl.edu.cn/df/ef/c2652a57327/page.htm.

④　侯长林, 罗静, 陈昌芸. 地方院校"双一流"建设的策略［J］. 高教发展与评估, 2017（6）: 1-8, 34.

⑤　李斌琴, 彭旭, 丁云华. "双一流"背景下部委属高校与地方高校的协同发展——政策研究的视角［J］. 当代教育科学, 2018（1）: 27-32.

一流"建设战略体系的重要组成部分，直接关系到高等教育强国的建设步伐和最终成效。[①]

从长远来看，地方"双一流"建设是国家"双一流"建设战略体系推进过程中的攻坚难点。如果说世界"双一流"建设重在"顶天"，那么地方"双一流"建设则重在"立地"，主要面向区域、国内一流。统筹服务国家战略需要和区域经济社会发展是地方"双一流"建设的主要使命和担当[②]，将大学作为"服务站"是地方"双一流"建设的逻辑起点。[③] 地方"双一流"政策的主要看点并非其对本地域内进入世界"双一流"建设行列的高校所提供的支持举措与承诺，而在于对广大普通地方高校的发展定位及引导、支持策略所做的统筹性战略思考与部署。地方"双一流"建设首先是一种拔尖式的建设，必然要求择取部分发展基础较好，具有相对实力的高校与学科进行重点投入、重点建设，在短期内形成"标杆"。但同样重要的是，通过灵活有效的政策设计，激励、带动所有地方高校实现全员、全域发展，拔尖与托底并重，扶强与扶弱兼顾，效率与公平共举，整体提升高等教育的核心竞争力。

二、地方一流大学建设的主要趋向

（一）以分类思维建设多极化的一流大学

实施一流大学的分类建设是地方"双一流"建设的共识与前提，意在提升一流大学建设对象的覆盖面和针对性，使不同类型的高校在各自类型内力争一流。地方一流大学建设基于对地域内高校的分类发展定位和建设对象群体的目标分流，引导、支持所有高校走符合自身实际的发展道路，通过多样化发展、特色化发展，形成错落有致、竞争有序、和谐共生的一流大学建设生态结构。例如，四川和辽宁均明确提出通过高校分类发展的方式来支持建设一流大学。四川以创新人才培养为导向，致力于从财政拨款、质量评估、

---

① 王战军. 世界一流大学世界一流学科建设政策汇编 [M]. 北京：中国科学技术出版社，2018.

② 周浩波. 统筹服务国家战略需要和区域经济社会发展：地方"双一流"建设高校的使命与担当 [J]. 辽宁大学学报（哲学社会科学版），2019（1）：2 – 6.

③ 邓小华. 地方政府"双一流"建设的行动逻辑——基于地方政府"双一流"建设实施方案的分析 [J]. 现代教育管理，2018（3）：24 – 29.

人事管理、监测评价等制度领域的改革来助推实现高校分类体系的构建。①
辽宁根据高校服务的产业类型的不同以及高校的人才培养主体功能和办学层
次水平的差异构建立体性的高校分类体系，其中：在服务产业类型维度上，
分为农林医药业类、工业类、现代服务业类、社会事业类等四类学校；在人
才培养与办学层次维度上，分为研究型、研究应用型、应用型三类学校。②

（二）类型上致力于重点打造一流职业性大学

我国高等职业教育实现创新发展，不仅需要专科高等职业院校发展水平
的持续提升，还需要重点举办本科层次的职业教育。③ 在地方"双一流"建
设布局中，尤为注重对直接面向地方经济产业需求的一流应用型本科高校和
高职院校的建设。一方面，积极引导推进普通本科院校转型为高水平应用型
大学。例如，吉林以推动实现研究和应用深度融合为理念，全面实施建设应
用研究型大学，以切实落实研究成果的生产力转化，在科研的应用化导向体
系中培养具有扎实理论基础、较强应用开发与创新能力的高水平复合型人
才。重点支持在服务地方产业发展方面已经形成鲜明特色并取得显著成效的
高校在转型为高水平应用型大学方面起到关键的导航引领作用。④ 另一方面，
着力建设一流的高职高专院校和高职专业群。例如，天津提出要做优、做强
市级层面的高等职业院校建设项目，选择能够紧密对接本市主导性、战略
性、重大产业发展项目的专业（群）进行重点投入建设，最终建成一批达到
国内一流、世界先进水平的高职院校和一批对接服务本市重点产业群的高职
院校优质专业（群）。⑤

---

① 四川省人民政府. 关于统筹推进一流大学和一流学科建设的实施意见［EB/OL］.（2017 -
11 - 7）［2022 - 7 - 18］. http：//www. sc. gov. cn/10462/10464/13298/13301/2017/11/9/10437651.
shtml.

② 辽宁省人民政府. 辽宁省统筹推进世界一流大学和一流学科建设实施方案［EB/OL］.
（2017 - 1 - 3）［2022 - 7 - 18］. http：//kyc. synu. edu. cn/2017/0315/c3177a25105/page. htm.

③ 国务院. 关于加快发展现代职业教育的决定［EB/OL］.（2014 - 5 - 2）［2022 - 7 - 18］. ht-
tp：//www. scio. gov. cn/ztk/xwfb/2014/gxbjhzyjyggyfzqkxwfbh/xgbd31088/Document/1373573/1373573_1.
htm.

④ 吉林省人民政府. 吉林省统筹推进高水平大学和高水平学科专业建设实施方案［EB/OL］.
（2017 - 8 - 4）［2022 - 7 - 18］. http：//www. gjyjs. ccu. edu. cn/info/1004/1397. htm.

⑤ 天津市人民政府. 天津市推进一流大学和一流学科建设实施方案［EB/OL］.（2017 - 9 -
28）［2022 - 7 - 18］. http：//gk. tj. gov. cn/gkml/000125014/201710/t20171017_74441. shtml.

三、地方一流学科建设的主要趋向

(一) 方向上突出服务需求

地方一流学科建设以优先、重点建设匹配国家与地方重大发展战略布局急需的学科体系为基本原则，推动解决传统上部分学科过度重复设置、学科服务能力不强以及原有学科布局对接地方需求严重不足的学科供需结构性矛盾。例如，上海提出着力打造紧密对接的学科—产业链，以促进学科学术创新能力提升与服务战略需求能力提升并重的学科发展导向。[1] 湖南将一流学科建设作为推动落实创新驱动发展战略的重要举措，聚集优势资源，形成优势力量，大力提升学科发展对经济社会发展的支撑度和贡献度。[2] 安徽以坚持服务地方为一流学科专业建设的重要遵循，要求学科专业建设立足地方、融入地方，服务地方发展，优先支持与本省经济社会发展密切结合的相关学科专业。[3] 辽宁的一流学科建设以坚持服务于东北老工业基地振兴为使命，立足自身产业和沿海区域位置优势，充分发挥建设学科在老工业基地振兴中的强基础、拓空间、增动能的强力支撑作用。[4]

(二) 策略上突出分类分层

地方一流学科建设依据建设目标，基于学科的基础水平与高校发展水平的不同，对建设学科进行分类梯次配置，重点打造与积极培育相结合，近期建设与远期发展相衔接，构建富有活力的一流学科生长、发展体系。例如，海南基于高校办学层次的不同，分类开展一流特色学科建设，分为优势学科、扶持学科、培育学科三类，引导高校形成办学特色：特色优势学科建设对象为重点建设高校和已获博士学位授予权的学科，目标为培育形成国内的

① 上海市教育委员会. 上海高等学校学科发展与优化布局规划 (2014 – 2020 年) [EB/OL].
(2014 – 11) [2022 – 7 – 18]. http://fzghc. ecupl. edu. cn/df/ef/c2652a57327/page. htm.

② 湖南省人民政府. 湖南省全面推进一流大学与一流学科建设实施方案 [EB/OL]. (2017 – 2 –
10) [2022 – 7 – 18]. http://ggkb. hnyyjsxy. com/show/532. html.

③ 安徽省人民政府. 一流学科专业与高水平大学建设五年行动计划 [EB/OL]. (2016 – 12 –
28) [2022 – 7 – 18]. http://xxgk. ah. gov. cn/UserData/DocHtml/731/2017/1/11/318349996190. html.

④ 辽宁省人民政府. 辽宁省统筹推进世界一流大学和一流学科建设实施方案 [EB/OL].
(2017 – 1 – 3) [2022 – 7 – 18]. http：//kyc. synu. edu. cn/2017/0315/c3177a25105/page. htm.

一流学科，能够对本省的经济社会发展重大需求提供引领与服务；特色扶持学科主要面向具有硕士学位授予权学科的高校和已获硕士学位授予权的学科，目标是在本省内形成布局合理、特色与优势彰显的学科体系，打造本省高层次人才培养、科学研究和技术服务基地；特色培育学科主要面向即将申请硕士学位授予权的学校和学科以及应用型本科高校，目标是引导学校确立应用型的办学定位，扎根地方需求，产出高质量的应用性科研成果和应用型人才。① 江西基于学科发展的目标性质和目标定位构建一流学科分类建设体系。其中，优势学科与成长学科均面向发展一流的学术，前者主要突出取得突破性、前沿性的科学技术与文化创新，以跻身国内或世界一流；后者主要打造在服务区域产业布局方面具有强劲发展势头和重要支撑作用的学科，目标是冲击国内一流；培育学科则重在挖掘具有发展潜力较大的学科，助力其面向服务产业与社会发展以加速积蓄力量与特色凝练。②

（三）内涵上突出特色聚焦

学科特色是办学特色的重要标志，打造学科特色是推动学科内涵建设的重要抓手。地方一流学科建设不论在理念上还是举措上都积极凸显聚焦学科的特色发展。例如，河南实施的"优势特色学科建设工程"在突出中原特色、区域特色、学校特色、学科特色，凝练学科方向，集聚发展优势，提升优势学科，强化特色学科，以求在关键技术领域获得重要突破，跨入国内一流学科行列。③ 青海选择基础扎实、协同创新能力强，契合青藏高原的资源、地域及民族优势和特色的学科进行重点培育，以优势特色学科建设为突破点，优化区域学科结构布局，构建独特性的学科体系。④ 浙江要求一流学科建设牢固树立特色发展意识，重在强化特色优势，凝练学科发展方向，克服

---

① 海南省人民政府. 海南省统筹推进高水平大学和一流学科建设实施方案 [EB/OL]. (2017 – 1 – 23) [2022 – 7 – 18]. http：//www. hainan. gov. cn/hn/zwgk/zfwj/szfwj/201701/t20170126 _ 2222664. html.

② 江西省人民政府. 江西省有特色高水平大学和一流学科专业建设实施方案 [EB/OL]. (2017 – 5 – 19) [2022 – 7 – 18]. http：//www. jxedu. gov. cn/info/1913/109270. htm.

③ 河南省教育厅，河南省财政厅. 河南省优势特色学科建设工程实施方案 [EB/OL]. (2015 – 12 – 8) [2022 – 7 – 18]. http：//www. haedu. gov. cn/2015/12/12/1449903821125. html.

④ 青海省人民政府办公厅. 关于加快推进一流学科建设的指导意见 [EB/OL]. (2017 – 1 – 10) [2022 – 7 – 18]. http：//www. guoluo. gov. cn/html/33/254809. html.

同质化倾向，办出特色办出水平，构建具有地方特色、国内先进的高水平学科专业体系。①

（四）路径上突出集群协同

地方一流学科建设注重以集群式思维来优化高等教育学科结构，推动实现由打造优势学科点向打造优势学科群转变，以学科群建设来整合优质学科资源，发挥学科间集成攻关、协同创新的能力和潜力，提升学科对于地方经济社会的服务贡献率。例如，湖北的"'十三五'省属高校优势特色学科群建设计划"通过建设一批学科之间联系比较密切，功能上能够资源共享、优势互补的多个学科的集群，来推动部分高校建设一流与学科，使其服务人才培养与经济社会发展的能力全面提升。② 山西的"高等学校服务产业创新学科群建设计划"以助力产业发展为牵引，以学科群建设为抓手，重点着眼于深化高校协同创新体制机制改革，促进校内资源互通与校内外资源合作。该计划明确提出坚持"集群配置、多科协同"的发展策略，强调要"统筹高校资源与学科资源，围绕优势产业链、产业创新链，配置学科链、学科集群，增强学科间的交叉融合与相互支持，促进人员与资源流动、共享，形成开放、高效的学科管理与协同创新机制，整体提升学科的科技创新能力、人才培养能力和社会服务能力。"③

四、地方一流专业建设的主要趋向

（一）创新人才培养模式，提升人才培养质量

培养高素质专门人才和拔尖创新人才是地方"双一流"建设的核心任务。④ 建设一流专业是实现一流学科目标的重要途径，直接影响着一所学校

---

① 浙江省教育厅，浙江省财政厅. 浙江省一流学科建设实施办法 [EB/OL]. (2016 – 12 – 26) [2022 – 7 – 18]. http://yjsw.zjicm.edu.cn/info/1012/3254.htm.

② 湖北省教育厅. 关于开展"十三五"省属高校优势特色学科群申报工作的通知 [EB/OL]. (2015 – 7 – 31) [2022 – 7 – 18]. http://gs.hubu.edu.cn/info/1057/1352.htm.

③ 山西省教育厅，山西省财政厅. 关于进一步加强高等学校重点学科建设的意见 [EB/OL]. (2015 – 12 – 7) [2022 – 7 – 18]. http://xkxwb.llhc.edu.cn/info/1991/2457.htm.

④ 黄崴. 优化地方大学"双一流"建设的生态环境 [J]. 中国高等教育，2017（12）：37 – 39.

的学科发展和人才培养。① 地方"双一流"建设将一流专业纳入建设范围，以一流专业建设构建一流培养模式。例如，北京为贯彻国家"双一流"建设精神，在"十三五"期间支持市属本科高校建设一流本科专业，以此对相近专业及本科教育整体发展形成辐射带动效应，引导各高校主动进行资源整合，优化内部专业结构，进一步凸显办学优势特色，打造具有重大影响力和竞争力的强势、品牌专业。② 江苏持续实施"高校品牌专业建设工程"，针对省内所有类型高校，依据学校办学定位，重点建设一批具有行业优势、学科特色、办学声誉卓著、社会广泛认可的一流专业，引导高校完善专业建设机制，带动其他相关专业建设发展，创新人才培养模式，强化教学中心地位，促进高校内涵式发展，进而在国内高校同类专业中形成较强的示范性、引领性。③

（二）服务地方产业需求，调整优化专业结构

地方政府以一流专业建设推动重组地方的专业结构，瞄准对接地方经济产业需求，实现地方专业布局的换代升级。例如，重庆在"双一流"建设计划中专门开辟一流专业建设规划板块，以一流专业建设驱动专业结构的优化，致力打造一批高度匹配本市关键产业领域发展战略的交叉复合、跨界融合的新兴专业，并且对过时的专业予以改造或淘汰，实现专业对重点产业和战略性新兴产业的全覆盖。④ 黑龙江通过专业结构的调整与优化计划对高质量专业体系构建路径进行系统布局，以达成产业人才的供给侧与需求侧的有效平衡。以人才市场需求和学生的就业质量为导向形成持续、动态的专业结构调整机制，对过剩专业进行精简去冗，对已经被市场边缘化的专业予以革新改造。同时，围绕重点产业的专业群建设来创新专业管理体制，构建高校

---

① 柳贡慧. 地方大学"双一流"建设的逻辑与途径［J］. 中国高等教育，2017（18）：33－34.

② 北京市教育委员会. 关于开展 2017 年市属高校一流专业遴选建设的通知［EB/OL］.（2017－3－27）［2022－7－18］. https：//wenku. baidu. com/view/537e0a9f78563c1ec5da50e2524de518974bd 30a. html.

③ 江苏省人民政府办公厅. 江苏高校品牌专业建设工程实施方案［EB/OL］.（2014－10－21）［2022－7－18］. http：//maths. xznu. edu. cn/_t1395/fb/ab/c4984a195499/page. htm.

④ 重庆市人民政府. 关于加快高校特色发展推进一流大学和一流学科建设的实施意见［EB/OL］.（2017－5－24）［2022－7－18］. https：//wenku. baidu. com/view/b6e2c9488f9951e79b8968020 3d8ce2f00666581. html.

与行业企业共同参与的教学指导委员会，共建创新创业育人基地。[①]

（三）创新专业建设模式，发挥专业集群优势

地方一流专业建设注重由点及线，由线及面，围绕优势特色专业点构建一流专业群，以高度集约、节能的方式提升专业内涵水平。例如，山东积极推动省属公办本科院校开展高水平应用型大学建设，在专业方面致力于打造形成适应现代农业、先进制造业、战略性新兴产业、现代服务业等经济社会发展需求的特色鲜明、优势突出的专业群。同时，明确将专业群中核心专业的带动效果，专业间的集成与融合程度，基地、平台、装备等资源的整合、协同管理和资源共享程度，以及群内各专业发展水平的提升程度等作为重要的绩效考评指标。[②] 湖南实施高职教育一流特色专业群建设项目，发挥专业集聚效应，要求专业群的构建以"专业基础相通、技术领域相近、职业岗位相关、教学资源共享"为原则，紧密对接区域经济和产业发展需求，做到特色突出，核心专业的建设水平、人才培养质量及影响力显著。[③]

五、对地方"双一流"建设的反思

（一）推动实现国家层面的高校统一分类

在政策层面，推动高校的分类发展已然是地方"双一流"建设所遵循的一项基本前提。然而，就具体的分类情况来看，只有个别省份提出了明确的分类框架，即便如此，省际之间的高校分类也是五花八门，各有见解，且缺乏具体的指标性分类依据和标准。这种局面使得地方政府在分类推进一流大学建设的过程中缺乏统一、权威的高校类型参照和遵循，不仅在一定程度上不利于地方高校的科学发展定位，也不利于地方政府对高校实施科学的分类

① 黑龙江省人民政府. 黑龙江省高等教育强省建设规划（二期）［EB/OL］.（2017 - 2 - 21）［2022 - 7 - 18］. http：//www. law - lib. com/law/law_view. asp? id = 570459.

② 山东省教育厅，山东省财政厅. 推进高水平应用型大学建设实施方案［EB/OL］.（2016 - 9 - 5）［2022 - 7 - 18］. http：//sdmu. edu. cn/info/1136/2580. htm.

③ 湖南省教育厅. 关于申报湖南省高等职业教育一流特色专业群建设项目有关事项的通知［EB/OL］.（2018 - 6 - 21）［2022 - 7 - 18］. http：//zcc. gov. hnedu. cn/c/2018 - 06 - 26/917155. shtml.

管理。从全局来看，各省的高校分布虽然在数量上互有差别，但在涵盖的不同性质属性的高校方面高度一致，因此，非常有必要在国家层面推动高校分类框架和标准的统一。但就目前情况来看，国家层面尚缺乏这种统一性的高校分类。虽然《教育部关于"十三五"时期高等学校设置工作的意见》中指出，"以人才培养定位为基础，我国高等教育总体上可分为研究型、应用型和职业技能型三大类型"[1]，但这种划分过于粗略，在实践操作层面难以产生实际的指导价值。而如美国著名的卡耐基高等教育分类，在引导美国高校分类发展及政府对高校的分类管理方面发挥着重要的作用。因此，国家层面需要尽快制定高校的分类标准体系。

（二）积极关注扶持新建本科院校的学科建设

地方"双一流"政策中对于新建本科院校群体的关注严重缺失。例如，陕西的一流大学与一流学科建设主要面向基础雄厚、实力较强的本科院校，一流专业建设主要面向省域内普通高校和军队院校。[2] 福建的一流大学建设主要面向部属高校和省属高水平建设大学，一流学科建设从具有硕士及以上学位授权一级学科中择优选择。[3] 将有限的资源重点投入到最具潜力达成一流目标的少数高校和学科上无可厚非，确属必要。然而，对于占比已经超过全国普通本科院校55%且绝大多数都尚未获得硕士学位授权的新建本科院校而言，如何在"双一流"建设框架下推动这批院校在未来实现高质量发展至关重要。新建本科院校由于本科办学历史短、发展基础薄弱，在可预见的时期内并不具备建设一流大学的条件。但具体到学科建设上，新建本科院校完全可以深度参与到争创一流学科的行列当中。因此，地方政府需要切实改变新建本科院校在一流学科建设体系中的边缘、弱势地位，采取具有针对性的举措，加大对新建本科院校的优势特色学科建设的投入与扶持力度。

---

① 教育部．关于"十三五"时期高等学校设置工作的意见［EB/OL］．（2017－1－25）［2022－7－18］．http：//www.moe.gov.cn/srcsite/A03/s181/201702/t20170217_296529.html.

② 陕西省教育厅．关于建设"一流大学、一流学科，一流学院、一流专业"的实施方案［EB/OL］．（2017－5－5）［2022－7－18］．http：//www.npumd.edu.cn/info/1564/24598.htm.

③ 福建省人民政府．关于建设一流大学和一流学科的实施意见［EB/OL］．（2017－3－6）［2022－7－18］．http：//fzgh.jmu.edu.cn/info/1020/1028.htm.

（三）推动一流学科与一流专业的一体化建设

地方"双一流"政策中，学科建设与专业建设作为地方一流大学建设的两大基础，呈现出了通过学科集群建设打造一流学科，通过专业集群建设打造一流专业的推进策略，既涵盖了宏观层面上的区域内所有地方高校之间所共同构成的学科集群、专业集群，也涵盖了微观层面上的某所高校自身的学科集群、专业集群。显然，政策中的学科集群与专业集群并非国家颁布的高等教育学科专业目录视角下管理制度规范层面的学科、专业的分布形态，而是基于地方产业链、创新链需求视角下突破目录中的固有编排并进行动态选择与调整而形成的学科、专业的组合形态。基于这种认识，一流学科群的建设与一流专业群的建设实际上并非各成一体、互为独立，而是一体两面、相辅相成、互为促进。因此，地方的一流学科建设不仅需要同时关照到一流专业的建设，还需要将一流学科与一流专业的建设紧密结合、统筹推进。围绕区域产业的科技创新与人才需求，通过构建一流的学科—专业—产业链，将学科建设与专业建设嵌入共同的产业链当中，从而在学科专业一体化建设的模式之下形成优势特色学科专业群，实现一流学科与一流专业建设的双赢，为地方一流大学建设提供有力支撑。

第三节　一流学科的分类建设诉求

2015 年国务院印发的《统筹推进世界一流大学和一流学科建设总体方案》中提出，"双一流"建设要坚持以学科为基础的原则，鼓励和支持不同类型的高水平大学和学科进行差别化发展，迈入世界一流。[①] 以实施学科分类建设来达成学科的一流目标是"双一流"建设既定的政策导向。在这一点上，同样适用于地方层面的"双一流"建设。实际上，虽然每一门学科本就存在着学术上的类属性，但并不能单纯以此认为一流学科的建设进程就理所当然、自然而然地在实施着学科的分类建设。本质上，一流学科的分类建设

---

① 国务院. 统筹推进世界一流大学和一流学科建设总体方案 [EB/OL]. （2015 – 10 – 24）[2022 – 7 – 18]. http：//www. gov. cn/zhengce/content/2015 – 11/05/content_10269. htm.

是一种特殊的学科建设行政制度安排，是学术性质意义上的分类建设与知识规划意义上的分类建设的有机结合。因此，在"双一流"建设语境下，对于为何要实施一流学科分类建设以及如何实施一流学科的分类建设进行探讨就显得必要且重要。

一、何为一流学科分类建设

如比彻（Tony Becher，2006）所言，学科是大学的主要组织基础和社交架构，是大学的血液。[①] 在中国的高等教育语境之下，学科被视作大学发展的"龙头"，事关大学的发展命运。可以说，学科之于大学的重要性从根本上决定了大学必须将不断加强学科建设置于学校发展战略的高度，政府必须将建设一流学科置于高等教育发展战略的高度。关于学科建设，大体可归结为两种"过程"认识。一是指某一学科的形成与建立的过程。文森特（Bernadette Bensaude Vincent，2013）指出，学科建设具有三段性：一个研究领域首先围绕特定轨迹进行"成核"；随后通过诸如年会、期刊、学术团体、教授职位、学术课程、教材等多种"社区构建设备"来实现稳定；新兴社区通过其成员公开发表的对于认识过去、展望未来具有参考价值的新颖观点来塑造其社会认同。社会认同不仅发挥着服务于学科存在的合法性目的的功能，同时对于吸引学科发展支持资金和吸引更多研究人员的加盟至关重要。[②]二是指学科发展水平的提升过程。例如，毛海峰认为学科建设是指根据学科的基本要素框架，在不断总结和深化相关理论和知识的基础上，自觉地、有计划地逐步实现学科自身加强和提升的过程。通过学科建设，可以逐步形成独特完善的学科科学知识体系、方法体系和价值体系，形成不同于其他学科的具体科学概念、问题和范畴，以及相对固定的学科"范式"，从而达成学科的发展。[③] 具体到操作层面，学科建设又是一种涉及多种要素的复杂的共

[①]　Tony Becher. The significance of disciplinary differences［J］. Studies in Higher Education，2006（2）：151 – 161.

[②]　Bernadette Bensaude Vincent. Discipline – building in synthetic biology［J］. Studies in History and Philosophy of Biological and Biomedical Sciences，2013（2）：122 – 129.

[③]　Mao Haifeng. Discipline Construction and Knowledge System of "Safety Science and Engineering"［J］. Procedia Engineering，2012（43）：506 – 511.

建过程，是集学科方向建设、学科梯队建设、基地建设和项目建设于一体的综合性建设。它不仅涉及学科自身学术水平的建设，还涉及组织、制度、资源配置等相关社会建制方面的建设。① 从实际情况来看，学科建设的实施主体不仅包括主要集中于大学、科研院所的学科学术共同体成员，还涉及学科建设支撑资源的关键提供者。其中，以行政指令、资源杠杆为手段来调控大学的学科建设就是我国政府的一种典型行为。

一流学科分类建设显然是基于学科发展水平提升过程的认识性概念，作为一种学科建设的行政话语实践与特殊策略，是指一流学科建设的管理者基于一定目的，按照特定的知识规划与划分逻辑，在学科之间预设不同的发展轨道和目标定位，引导、支持不同类型学科进行差异化发展，以实现学科建设的针对性、合规律性，提升学科建设成效。对学科建设工作进行分类布局是我国学科建设长期以来的一项基本特征，特征的形成主要源于中央政府对于大学学科建设的行政规制，主要体现在两个方面：一是制定统一的学科目录，所有大学以目录中的学科划分为依据来实施学科办学与学科建设；二是建立重点学科制度，对学科进行有选择的优先性、偏向性建设，客观上将学科分为三六九等，并由此构建了国家、省、市、高校等多级重点学科建设体系。1985 年《中共中央关于教育体制改革的决定》中作出了建设一批重点学科的决策，目的在于增强科学研究的能力，培养高质量的专门人才。② 2006 年《教育部关于加强国家重点学科建设的意见》中提出，国家重点学科在按二级学科设置的基础上，增设一级学科国家重点学科的建设思路。其中，一级学科的建设突出的是综合优势和整体水平，促进学科交叉、融合和新兴学科的生长，二级学科的建设突出的是特色和优势，在重点方向上取得突破。③ "对事物进行分类，是要把它们安排在各个群体中，这些群体相互有别，彼此之间有一条明确的界限把它们清清楚楚地区分开来。"④ 在学科目录与重点学科制度同构的学科建设管理体制下，学科门类以及一、二级学科的

① 刘开源. 高校学科建设中的若干关系探析 [J]. 黑龙江高教研究, 2005 (3)：99 – 101.

② 中共中央关于教育体制改革的决定 [EB/OL]. (1985 – 5 – 27) [2022 – 7 – 18]. http：// www. moe. gov. cn/jyb_sjzl/moe_177/tnull_2482. html.

③ 教育部. 关于加强国家重点学科建设的意见 [EB/OL]. (2006 – 10 – 27) [2022 – 7 – 18]. http：//yz. aufe. edu. cn/2016/0405/c5379a65319/page. htm.

④ ［法］爱弥儿·涂尔干, 马塞尔·莫斯. 原始分类 [M]. 汲喆, 译. 北京：商务印书馆, 2017：2 – 3.

划分，尤其是重点学科与非重点学科的二元分割从宏观上奠定了我国大学学科分类建设的制度基础和前提。

二、为何要进行一流学科的分类建设

（一）学科的学术性质类型差异是实施一流学科分类建设的内在要求

要建成一流学科，遵循学科的学术性质规律是首要前提与根本。"物以类聚"是学科间在宏观与微观上客观存在的一种布列形态。19世纪，作为对实证主义的反映而产生了自然科学、社会科学与人文学科的划分。马丁（Martin J. R. , 2011）认为，三者分别具有等级性、并立三角形和水平性知识结构。自然科学学科试图建立一般性的能够在较低层次上对知识进行整合的命题和理论，知识依赖于相同的基础并通过实证探究获得积累，用数据来测试理论。社会科学学科通常以自然科学为模型，但具有不同的理论基础，一些理论可能会成为主导并使其他理论边缘化，但很少会有主导整个学科的单一理论。人文学科是通过一系列特定语言建立的，通过对相同现象和人工制品的多种解释来创造知识，使用理论来解释文本。[①] 根据库恩（Thomas Kuhn）的"范式"概念，在自然科学等具有高度共识的领域中，存在非常清晰的范式，而对于社会科学和人文学科等共识程度低，对重要问题、知识内容和研究方法几乎没有一致意见的领域，范式则极为模糊甚至不存在。在微观层面，以比格兰（Anthony Biglan)[②] 和比彻[③]为代表，均从软和硬（基于学科的范式强度）以及纯和应用（基于学科对应用的关注程度）等关键维度来构建学科的类型矩阵，不同维度交叉下的各类学科在学术发展与教学学习特征方面都具有显著的差异。其中，"纯的硬学科"知识在性质上是累积性的，教学内容是线性的、直接的且无争议，教学方法主要是面向集体的讲授和基于问题的研讨，学生学习的重点是事实的保留和富有逻辑地解决结

① Maria Kuteeva, John Airey. Disciplinary differences in the use of English in higher education: reflections on recent language policy developments [J]. High Education, 2014 (67): 533 – 549.

② Anthony Biglan. The Characteristics of Subject Matter in Different Academic Areas [J]. Journal of Applied Psychology, 1973 (3): 195 – 203.

③ ［英］托尼·比彻，保罗·特罗勒尔. 学术部落及其领地：知识探索与学科文化 [M]. 唐跃勤，蒲茂华，陈洪捷，译. 北京：北京大学出版社，2015：4.

构化问题的能力。"纯的软学科"知识本质上是整体性的和定性的，教学方法包括更多面对面的课堂互动以及讨论、辩论形式的辅导教学，学生学习中强调思维的创造性和表达的流畅性。"应用硬学科"知识在序列上是线性的，并且基于事实理解。这些学科关注的是对自然环境的掌握，教学方法专注于与职业背景有关的模拟和案例分析。与"纯的硬学科"一样，学生应该学习事实，但更多地强调实践能力和将理论应用于职业背景的能力。在"应用软学科"中，知识在重复迭代过程中获得积累，教学方法与"纯的软学科"的方法接近，学习重点是关注个人成长和知识的广度。[①] 学科之间事实上存在的学术性质类型差异内在地要求一流学科的建设必须遵循学科的分类运行规律，树立分类建设的思维。

（二）一流学科内涵多元是实施一流学科分类建设的现实需求

"双一流"建设中的一流、非一流建设学科的划分本质上只不过是对原有重点、非重点建设学科划分逻辑的延续。然而，"一流"与"重点"之间至少从字面上来看，"重点"主要传达出的是以针对性的集中投入来着力快速提升一部分学科的发展水平，突出的是学科建设的手段，而"一流"显然是在重点建设基础上的一个极具比较性和竞争性的表述，主要传达出的是学科实力的拔尖性、引领性，突出的是学科建设的结果。在这种差异当中，如果说"重点"是一个对象明确、范围清晰的指向性概念，"一流"则是一个相对的、模糊的、多元性的概念，而如何科学地衡量是否"一流"尚属于仁智之争。通常认为，进入基本科学指标数据库（ESI）全球同类学科前列的就是世界一流学科，进入全国学科评估排名前列或在国内权威第三方评价排名中居于前列的学科就是国内一流学科。然而，如王建华所指出，排行榜上一流的学科并不意味着就是"好"学科，知识生产与人才培养是学科建设不可或缺的两翼，学科建设还必须承担起文化传承和创新的重任。另外，在高等教育的应用性正日益增强的背景之下，一流学科的建设必须着眼于从实践出发，在增进学科知识积累、提升学科实力的同时，注重学科、专业与产业之间的互动，服务于经济社会的发展和人的需要。[②] 具体到高校的一流学科

---

① Ruth Neumann, Tony Becher. Teaching and Learning in their Disciplinary Contexts: a conceptual analysis [J]. Studies in Higher Education, 2002 (4): 405 –417.

② 王建华. 学科的境况与大学的遭遇 [M]. 北京：教育科学出版社，2014：4 –5.

建设实践层面，以北京大学为例，在其发布的《"双一流"建设 2018 年度进展报告》当中即明确提出，一流学科建设是一个长期和系统的工程，如何进行科学合理的绩效考核一直是学校面临的问题，也是学校进行学科动态调整的依据，迫切需要摸索出一套科学、合理、有效的评价方案。显然，对于学科的"一流"性认识与评价确实是一个颇为复杂的问题。但就宏观而言，至少可以学科的学术发展水平上的一流以及学科的社会服务、贡献、责任导向上的一流为统领，微观上则要视具体情况而定。一流目标内涵的多元性客观上要求一流学科的建设需要根据对一流目标定位的不同而采取学科分类建设的策略，使各类建设学科在其相应的实质性目标定位上能够实现各自的高质量、高水平。

（三）优化学科发展生态是实施一流学科分类建设的价值追求

在学科的历史演变体系当中，每一门学科都是特殊的，学科之间在横向与纵向上构成了一张紧密的关系网。孔德（Auguste Comte，1844）基于人类思辨所经历的神学阶段、形而上学阶段与实证阶段证明了学科秩序的存在，认为这种秩序就其性质来说应该具备学理的和历史的两个基本条件。前者在于按照次第互相依存的关系来安排学科，使每一门科学都以前一门学科为基础而又为后一门学科做准备。后者规定按其实际形成的进程进行安排，总是由古及今。学科之间存在着学理互相依存、历史次第相续的共同秩序的基本规律。① 知识价值维度上的学科等级秩序并非学科的知识价值等级，而只是对学科之间的性质差异与历史演变图谱的呈现。至于诸如斯宾塞对于"什么知识最有价值"的发问，只是以有助于达成特定目的为前提的一种个人化与局部性的知识认知理念和选择倾向，而非对所有学科间知识价值大小的一般意义上的评判。诸如在欧洲，自中世纪大学产生开始，人文学科（包括神学）长期在大学中处于统治地位，构成了精英教育的核心课程，以道德和智力、思想和精神的培养为主旨。19 世纪初德国洪堡的教育改革产生了以研究为基础的大学，大学的研究主要指向科学和技术学科领域。大学、自然科学和技术科学开始被视为服务知识经济的高级知识工作者的主要来源。② 因此，

---

① ［法］奥古斯特·孔德. 论实证精神［M］. 黄建华，译. 北京：商务印书馆，1996：68.

② Johan Muller，Michael Young. Disciplines，skills and the university［J］. Higher Education，2014（67）：127 – 140.

学科之间虽然存在等级秩序之分，但并无一般意义的价值大小之别，只在于价值的体现方式与作用领域的不同。如果以学科生态为隐喻，每一种学科都是整个学科生态体系的组成部分，各据生态位。在此情境下，学科之间的地位等级只是学科演变的自然安排，先天并不存在所谓的权力地位上的高低贵贱、弱肉强食。但不能否认的是，基于行政逻辑的重点学科制度都是一种人为的择优性的建设，入选建设对象范围的学科被赋予了一系列的发展优先权，居于学科"圆"的中心和学科"金字塔"的顶端，造成了未入选学科的发展的逐渐边缘化和平庸化，学科划分的"马太效应"使得学科生态越来越处于失衡的状态之中。同理，一流建设学科的"诱人标签"自带的强烈的导向性同样影响着整个学科的生态态势。由此，以一流学科的分类建设为抓手，彰显对每一类学科特有价值的重视，为不同类型的学科争创一流提供有利的、公平的参与机会，对于营造积极的学科发展生态至关重要。

三、如何进行一流学科的分类建设

（一）构建一流学科的分类评价体系

学科的分类评价是一流学科分类建设的首要、核心命题。学科分类评价既是一流学科分类建设的组成部分，也是学科分类建设的先导，没有科学的学科分类评价体系，学科的分类建设实践就难以真正实现落地生根。根据各地的"双一流"建设方案，政府主要以分层逻辑部署面上的学科分类建设。一种是基于大学的分类发展框架确立学科分层建设目标。例如，海南省分别面向博士学位授予权高校和学科、硕士学位授予权高校和学科以及学士学位授予权及应用型本科高校和学科遴选建设学科，各层次目标分别为引领和服务海南经济社会发展的重大需求，打造海南高层次人才培养、科学研究和技术服务基地，引导学校建设高质量应用型大学。① 另一种是基于学科发展导向定位来确立学科分层建设目标。例如，江西省的优势学科与成长学科均面向一流学术，前者主要突出取得突破性、前沿性的科技与文化创新，后者主

---

① 海南省人民政府. 海南省统筹推进高水平大学和一流学科建设实施方案 [EB/OL]. (2017 – 1 – 23) [2022 – 7 – 18]. http：//www. hainan. gov. cn/hn/zwgk/zfwj/szfwj/201701/t20170126_2222664. html.

要打造在服务区域产业布局方面具有强劲发展势头和重要支撑作用的学科。培育学科则主要面向本省产业和社会发展需要，有较大发展潜力的学科，目标是面对产业和社会发展需求，助其积蓄力量、尽快形成特色，服务产业和社会发展。① 不论基于何种思路的分层分类，各层各类学科的建设成效的评价从根本上要遵循学科自身的特性。实际上，我国的学术评价体系长期存在的唯文凭、唯论文、唯帽子的"三唯"顽瘴痼疾背后的主要问题之一就是对学科分类评价思虑不足。如许纪霖所指出，在大学的学术研究之中，不同类型学科各有其内在逻辑，"一刀切"的学术评价体制会诱导研究人员向扭曲的方向发展。当前，绝大部分国内高校对人文学科实行的是一种量化的、外在的、行政主导型的学术评价，表面上客观、中立、科学，甚至去价值化，但这与其强烈的学术价值性特征相背离。② 2018 年中共中央办公厅、国务院办公厅印发的《关于深化项目评审、人才评价、机构评估改革的意见》中指出，对不同门类的学科要坚持分类评价，针对自然科学、哲学社会科学、军事科学等不同学科门类特点，建立分类评价指标体系和评价程序规范。基础前沿研究突出原创导向，以同行评议为主；社会公益性研究突出需求导向，以行业用户和社会评价为主；应用技术开发和成果转化评价突出企业主体、市场导向，以用户评价、第三方评价和市场绩效为主。③ 现实存在的单一评价与学科特质之间的矛盾使得一流学科建设迫切需要从微观、具体的层面统筹考虑对象学科的学术性类型特征与学科建设的目标定位特征，构建具有可操作性的学科分类评价体系。

（二）改进"失衡"的一流建设学科分布

一流学科代表了一定地域空间范围内的学科发展的顶尖水平，体现了学科强大的知识创新力与服务贡献力。教育部原部长陈宝生指出，一流学科建设是一项非均衡发展战略工程，旨在集中优势资源，培育冲刺世界水平的

---

① 江西省人民政府. 江西省有特色高水平大学和一流学科专业建设实施方案［EB/OL］.（2017 - 5 - 19）［2022 - 7 - 18］. http：//www. jxedu. gov. cn/info/1913/109270. htm.

② 许纪霖. 回归学术共同体的内在价值尺度［J］. 清华大学学报（哲学社会科学版），2014（4）：78 - 82.

③ 新华社. 中共中央办公厅 国务院办公厅印发《关于深化项目评审、人才评价、机构评估改革的意见》［EB/OL］.（2018 - 7 - 3）［2022 - 7 - 18］. http：//www. gov. cn/zhengce/2018 - 07/03/content_5303251. htm.

"国家队"第一方阵,增强中国教育的核心竞争力。因此,一流学科建设是锦上添花而非雪中送炭的建设。但需要注意的是,建设名单中的学科固然具有雄厚的实力基础,但其同时也是国家对于所重视的类型的学科的"风向标",这种"风向标"作为一根无形的"指挥棒"对我国整个的学科发展生态趋向会产生直接、深远的影响。从首批入选国家"双一流"建设学科名单的 465 个学科的分布情况来看,所覆盖的全部 12 个学科门类当中,工学、理学、医学、农学等科技与自然科学基础类学科的数量分列前四位,占到了所有学科总量的 76.99%,法学、管理学、经济学、教育学等应用社会科学学科数量占所有学科总量的 13.12%,哲学、历史学、艺术学等人文学科数量占所有学科总量的 9.89%。显然,哲学社会科学学科在一流建设学科当中占有的分量很低,整体处于比较边缘的状态,难以彰显其在推动国家经济社会发展中的重要战略地位。更有甚者,如北京大学中文系主任陈晓明和复旦大学中文系主任陈引驰所指出,尽管北大和复旦的"中国语言文学"双双跻身"一流学科"建设之列,但是从高校的内部资源分配格局来看,包括中文系在内的人文学科历来相对弱势。① 2017 年中共中央印发的《关于加快构建中国特色哲学社会科学的意见》中指出,"要加快完善对哲学社会科学具有支撑作用的学科,重点布局一批对文明传承有重大影响、同经济社会发展密切相关的学科,发展具有重要现实意义的新兴学科和交叉学科,支持具有重要文化价值和传承意义的濒危学科、冷门学科"。② 根据国家官方有关负责人的解读,入选建设名单只是迈向世界一流的起点,不是结果,重点在于一流目标导向下的"建设"过程,能否最终成为一流要看实际建设成效。③ 因此,既然一流建设学科并不代表就是一流学科,那么一流学科建设体系中就不仅需要对于显性地服务于重大物质与经济利益需求且往往也是能够出现在国际量化性的学科排行榜中的学科的重视,还需要进一步充分考虑对于国家的精神文明、思想理论体系建设至关重要而往往又难以通过量化的学科排行榜来体现其作用和价值的隐性学科的投入建设。就此,通过将一流学科建设

---

① 樊丽萍. 建设"双一流",重在选择正确的学科发展路径 [N]. 文汇报,2017 - 9 - 24 (3).

② 新华社. 中共中央印发《关于加快构建中国特色哲学社会科学的意见》[EB/OL]. (2017 - 5 - 16) [2022 - 7 - 18]. http://www. xinhuanet. com/politics/2017 - 05/16/c_1120982602. htm.

③ 胡浩. 三部委有关负责人解读世界一流大学和一流学科建设名单 [EB/OL]. (2017 - 9 - 21) [2022 - 7 - 18]. http://www. gov. cn/xinwen/2017 - 09/21/content_5226694. htm.

计划与中国特色哲学社会科学类学科的重大发展战略需求相紧密结合，切实加强对中国特色的一流哲学社会科学类学科的建设，为哲学社会科学类学科的发展注入强大的信心和能量，将对构建良好的中国特色、世界一流的学科建设与发展生态发挥有力的引导作用。

（三）加强一流跨学科领域的建设

在愈加复杂的学科发展形势之下，突破经典学科间的壁垒和界限，大力推动跨学科领域的创新已经是全球性的不争的事实。跨学科领域以其所具有的强大的知识创新和现实问题解决能力，已经悄然成为学科建设争夺的战略制高点。传统的"权威性"学科分类体系，不论是行政性主导的学科类型划分还是纯学术性的学科类型划分，跨学科领域的发展都正在使其不可避免地遭受着质疑。斯托克（Judith L. Stoecker，1993）认为，随着越来越多新学科领域的发展具有交叉性和跨学科的特点，学科主题的可变性可能会使人们对学科进行分类变得越来越困难。此外，这些新的学科领域存在的时间长度也很重要。传统经典学科的范式发展已经经历了很长的时期，而较新的学科领域，特别是职业性学科领域，因为职业性学科是更为基础的科学学科和人文学科知识库的用户，其认知过程被认为是其他学科领域的衍生物，因而可能没有足够的时间来明确它们的知识领域和发展它们的学术传统。就比格兰的学科分类模型来看，很多新兴的学科在其中都难以找到明确的定位。而相比之下，比彻的学科门类划分由于引入了趋同—趋异性、都市型—田园型两个分析维度，其学科分类概念不再仅仅注重单一性的学科主题，从而对多样性的跨学科领域具有一定的包容性。① 然而，莱恩（Arabella Lyon，1992）进一步认识到，比彻的学术"领地"和"部落"的隐喻强调了具有明确边界的二维空间，这显然不适用于跨学科、多学科和超学科领域，这些领域的工作正是来自学科边界的改变。在这种意义上，跨学科从根本上可以将其定义为放弃领地以及抛弃部落式的知识发展方式。因此，主张将"领地"和"部落"的隐喻变更为"河流"的隐喻，用以表达学科间的分离与聚合，以及潜在的由学科融合与协同所带来的"海洋"结果。② 无独有偶，在布鲁

---

① Judith L. Stoecker. The Biglan Classification Revisited [J]. Research in Higher Education, 1993 (4)：451 –464.

② Arabella Lyon. Interdisciplinarity：Giving up territory [J]. College English, 1992 (6)：681 –693.

（Angela Brew，2008）看来，比彻以"部落"一词来隐喻彼此隔离、共同性少和交流很少但其内部共享着相同的信念、文化和资源的各个学科，意味着每个部落都成为具有相对明确的学术、社会与文化身份的自给自足体。这一隐喻只是提出了一种更为静态的学术实践图景，而非伴随知识转变和大学组织形式变化而产生的学术文化的变化图景，同时也没有考虑到比彻本人所提出的在学者的职业生涯中正在加速由一个学科领域向另一个学科领域转移的论断。因此，当代对于学科与跨学科身份的理解需要具有更具流动性的隐喻和模型，以更好地表达学者学科隶属关系的不确定性变化。[①] 这些质疑和论断表明，政府规划和主导下的一流学科建设需将作为一种独特"类型"学科的跨学科领域的发展，以单列项目或特殊支持安排的方式纳入一流学科的建设范畴中。

---

① Angela Brew. Disciplinary and interdisciplinary affiliations of experienced researchers［J］. Higher Education，2008（4）：423 – 438.

参 考 文 献

［1］胡赤弟，等. 学科—专业—产业链构建与运行机制研究［M］. 北京：教育科学出版
　　社，2013.

［2］顾永安. 应用型院校专业集群研究论纲［M］. 北京：中国社会科学出版社，2021.

［3］蔡敬民. 地方本科院校应用型人才培养的理论与实践探索——以合肥学院为例
　　［M］. 合肥：合肥工业大学出版社，2013.

［4］王莉丽. 智力资本——中国智库核心竞争力［M］. 北京：中国人民大学出版
　　社，2015.

［5］胡光宇. 大学智库［M］. 北京：清华大学出版社，2015.

［6］王辉耀，苗绿. 大国智库［M］. 北京：人民出版社，2014.

［7］陈乃林，周新国. 江苏教育史［M］. 南京：江苏人民出版社，2007.

［8］王欢. 1980～2008美国各州政府改革［M］. 北京：光明日报出版社，2010.

［9］王战军. 世界一流大学世界一流学科建设政策汇编［M］. 北京：中国科学技术出版
　　社，2018.

［10］陈筠泉，刘奔. 哲学与文化［M］. 北京：中国社会科学出版社，1996.

［11］穆荣平，蔺洁. 2019中国区域创新发展报告［M］. 北京：科学出版社，2020.

［12］王志强，卓泽林. "创新驱动"战略下高等教育与社会互动机制研究［M］. 北京：
　　中国社会科学出版社，2016.

［13］王建华. 学科的境况与大学的遭遇［M］. 北京：教育科学出版社，2014.

［14］施晓光. 西方高等教育思想进程［M］. 哈尔滨：黑龙江人民出版社，2002.

［15］［法］奥古斯特·孔德. 论实证精神［M］. 黄建华，译. 北京：商务印书馆，1996.

［16］［英］托尼·比彻，保罗·特罗勒尔. 学术部落及其领地：知识探索与学科文化
　　［M］. 唐跃勤，蒲茂华，陈洪捷，译. 北京：北京大学出版社，2015.

［17］［法］爱弥儿·涂尔干，马塞尔·莫斯. 原始分类［M］. 汲喆，译. 北京：商务印

书馆，2017.

[18] ［美］亨利·埃兹科维茨. 国家创新模式：大学、产业、政府"三螺旋"创新战略
　　　［M］. 周春彦，译. 北京：东方出版社，2014.

[19] ［英］迈克尔·吉本斯，等. 知识生产的新模式：当代社会科学与研究的动力学
　　　［M］. 陈洪婕，沈文钦，等译. 北京：北京大学出版社，2011.

[20] ［美］亨利·埃兹科维茨. 三螺旋：大学·产业·政府三元一体的创新战略［M］.
　　　周春彦，译. 北京：东方出版社，2005.

[21] ［美］彼得·F. 德鲁克. 后资本主义社会［M］. 傅振焜，译. 北京：东方出版
　　　社，2009.

[22] ［英］杰勒德·德兰迪. 知识社会中的大学［M］. 黄建如，译. 北京：北京大学出
　　　版社，2010.

[23] ［英］迈克尔·波兰尼. 科学、信仰与社会［M］. 王靖华，译. 南京：南京大学出
　　　版社，2004.

[24] ［美］约翰·吉尔林. 案例研究：原理与实践［M］. 黄海涛，刘丰，孙芳露，译.
　　　重庆：重庆大学出版社，2017.

[25] ［德］克劳斯·施瓦布. 第四次工业革命［M］. 李菁，译. 北京：中信出版
　　　社，2016.

[26] 唐景莉. 高校转型：突破"围城之困"——访新建本科院校联盟名誉理事长、南
　　　通大学党委书记成长春［J］. 中国高等教育，2015（8）：33－38.

[27] 柳友荣. 中国"新大学"：概念、延承与发展［J］. 教育研究，2012（1）：75－80.

[28] 顾永安. 转型视域下新型大学内部管理体制改革的思考［J］. 应用型高等教育研
　　　究，2016（1）：27－32.

[29] 王锋，王运来. 新建本科院校突破"围城之困"的理性思辨——基于教育依附理
　　　论的视阈［J］. 现代教育管理，2018（1）：36－42.

[30] 蔡翔，严宗光. 基于过程的知识创新链研究［J］. 华东经济管理，2001（1）：
　　　35－37.

[31] 刘满凤. 基于效益视角的创新链合作机制研究［J］. 科技进步与对策，2009（7）：
　　　41－44.

[32] 温晓慧，丁三青. 论我国高校学科结构调整和优化——基于产业结构动态的视角
　　　［J］. 湖北社会科学，2012（11）：186－189.

[33] 吴雯雯，曾国华. 高等教育学科结构与产业结构适配问题——以江西省为例［J］.
　　　教育学术月刊，2015（5）：37－45.

[34] 胡德鑫，王漫. 高等教育学科结构与产业结构的协调性研究［J］. 高教探索，2016
　　　（8）：42－48.

［35］刘畅．基于产业发展的高校学科结构优化设计［J］．中国高教研究，2011（8）：46－49．

［36］崔永涛．我国高等教育学科结构优化调整研究——基于产业结构调整的视角［J］．教育发展研究，2015（17）：8－14．

［37］杨林，陈书全，韩科技．新常态下高等教育学科专业结构与产业结构优化的协调性分析［J］．教育发展研究，2015（21）：45－51．

［38］闫卫华，蔡文伯．新疆高等教育学科结构对产业结构的适应性分析［J］．中国高校科技与产业化，2010（5）：46－47．

［39］刘丽建．区域高等教育学科结构与产业结构关系的实证研究——基于福建省的数据［J］．高等农业教育，2014（9）：13－15．

［40］许春东，黄崴．产业结构调整背景下广东高校学科设置优化［J］．高教探索，2016（5）：44－49，68．

［41］王成端，王石薇．区域高等教育学科结构与产业结构相关性分析：以四川省为例［J］．高等教育研究，2017（12）：51－55．

［42］雷云．供给侧改革视域下区域高等教育学科结构与产业结构的适切性研究［J］．黑龙江高教研究，2017（3）：68－71．

［43］汪馥郁，李敬德，文晓灵．产学研结合新模式 学科集群与产业集群协同创新［J］．创新科技，2008（2）：14－15．

［44］朱明凯，王文平．基于超网络的优势学科与战略新兴产业对接组合机制研究［J］．科技与经济，2012（5）：67－71．

［45］李玉栋，沈红．从交易型到交互型：学科与产业协同的范式变革［J］．高教探索，2018（10）：14－21．

［46］韩红粉，刘传哲，唐安宝．江苏省学科集群与产业集群互动模式分析［J］．商业时代，2013（32）：144－145．

［47］孙育新．高校学科集群与产业集群联合发展策略研究［J］．中国成人教育，2012（1）：14－16．

［48］黄莉敏．学科集群与产业集群协同创新的机理分析——以武汉城市圈为例［J］．商业时代，2011（18）：126－127．

［49］杨道现．学科集群和产业集群协同创新能力评价方法研究［J］．科技进步与对策，2012（23）：132－136．

［50］赵丽洲，李平，孙铁．学科集群对接产业集群的嵌入机理及策略——基于学科链嵌入产业链的视角［J］．现代教育管理，2014（12）：21－25．

［51］刘龙海，戴吉亮．蓝色经济区产业集群与学科集群协同创新平台构建研究［J］．理论学刊，2015（4）：69－73．

[52] 刘传哲, 王玮, 赵树权, 等. 产业集群与学科集群的协同创新评价体系及反馈机制的构建 [J]. 科技管理研究, 2013 (14): 72 – 76.

[53] 罗洁颖. 高职专业结构与产业结构相适应的机制构建研究 [J]. 中国成人教育, 2014 (24): 102 – 104.

[54] 龚森. 福建高职教育专业结构与产业结构契合度实证研究 [J]. 教育评论, 2016 (11): 3 – 8.

[55] 韩永强, 王仙芝, 南海. 职业教育专业结构与产业结构协同度测量 [J]. 中国职业技术教育, 2019 (11): 47 – 52.

[56] 邹吉权, 刘斌, 邢清华. 我国高职专业结构与产业结构协调性实证研究 [J]. 职业技术教育, 2018 (22): 40 – 45.

[57] 李雯. 北京高职院校专业结构与产业结构的协调发展研究 [J]. 教育与职业, 2013 (6): 16 – 18.

[58] 陶红, 廖慧琴. 广东省高职院校专业设置与产业结构对接研究 [J]. 职教论坛, 2016 (18): 40 – 44.

[59] 沈陆娟. 供给侧改革背景下高职专业结构与产业结构的适配分析——以浙江省为例 [J]. 职业技术教育, 2017 (17): 25 – 30.

[60] 刘新钰, 王世斌, 郄海霞. 职业院校专业结构与产业结构对接度实证研究——以天津市为例 [J]. 高等工程教育研究, 2018 (3): 178 – 185.

[61] 赵奇. 山西省职业院校专业设置与产业结构契合度分析研究 [J]. 教育理论与实践, 2018 (6): 29 – 31.

[62] 胡辉平. 安徽高职院校专业建设服务区域产业转型升级研究 [J]. 职业技术教育, 2018 (9): 48 – 52.

[63] 马萍, 刘斌. 基于产业结构演变的高职专业结构调整研究——以新疆为例 [J]. 中国职业技术教育, 2019 (4): 71 – 76, 86.

[64] 刘霞. 基于产业链的高职专业群建设研究 [J]. 中国职业技术教育, 2012 (3): 36 – 40.

[65] 黄影秋. 高职院校专业群与产业群的协同创新发展探讨 [J]. 职业技术教育, 2017 (14): 25 – 29.

[66] 张杰. 提高专业集群与产业集群的匹配度——基于政府职能的视角 [J]. 中国高校科技, 2017 (7): 71 – 73.

[67] 高小泉. 基于产业集群的高职院校专业布局规划 [J]. 教育与职业, 2014 (32): 15 – 17.

[68] 刘家枢, 高红梅, 赵昕. 适应区域产业集群要求的高职专业集群发展对策思考 [J]. 现代教育管理, 2011 (4): 38 – 41.

[69] 顾京. 基于产业结构的高职教育专业群建设 [J]. 教育与职业, 2012 (17): 16 – 17.

[70] 沈陆娟. 高职专业设置与产业结构耦合策略研究 [J]. 中国职业技术教育, 2018 (26): 72 – 80.

[71] 李忠华, 李新生. 基于系统动力学的产业集群与专业集群耦合发展 [J]. 中国职业技术教育, 2019 (8): 69 – 74.

[72] 曾名勇, 马勇, 李巍然, 等. 总体设计 重点突破 全面提高本科教学质量 [J]. 中国大学教学, 2005 (3): 30 – 32.

[73] 李国艳. 构建具有特色的人才培养模式 提升高职院校的核心竞争力 [J]. 辽宁教育研究, 2006 (3): 21 – 22.

[74] 贾宝勤. 建设专业群 推动专业改革 [J]. 机械职业教育, 1997 (3): 21 – 22.

[75] 袁洪志. 高职院校专业群建设探析 [J]. 中国高教研究, 2007 (4): 52 – 54.

[76] 吴仁华. 应用型本科高校专业集群建设探究 [J]. 高等工程教育研究, 2016 (6): 98 – 102.

[77] 顾永安. 应用本科专业集群: 地方高校转型发展的重要突破口 [J]. 中国高等教育, 2016 (22): 35 – 38.

[78] 赵昕, 张峰. 基于产业集群的职业教育专业集群基本内涵与特征 [J]. 职业技术教育, 2013 (4): 36 – 40.

[79] 温辉. 高等职业教育校际专业集群发展研究 [J]. 教育与职业, 2014 (17): 48 – 49.

[80] 朱中伟. 新常态下地方应用型院校专业集群建设 [J]. 教育与职业, 2017 (6): 52 – 55.

[81] 徐德龙, 刘晓君, 李洪胜, 等. 加快专业链群建设适应现代产业集群发展的探索与实践 [J]. 西北工业大学学报 (社会科学版), 2012 (2): 99 – 101.

[82] 秦虹. 职业教育专业链、人才链与产业链对接的探索——以天津职业院校与产业发展为例 [J]. 教育科学, 2013 (5): 76 – 81.

[83] 董晓玲. 学科链、专业链对接产业链办学模式若干问题的探讨 [J]. 南京工业职业技术学院学报, 2012 (1): 70 – 72, 76.

[84] 邵明辉, 张林, 宋端树, 等. 基于专业链的大型仪器设备使用效益提升方法研究 [J]. 实验技术与管理, 2017 (7): 257 – 261.

[85] 陆爱华, 骆光林. 对工科院校学科群构建问题的探讨 [J]. 学位与研究生教育, 2005 (6): 46 – 50.

[86] 丁哲学. 学科群在高校核心竞争力中的作用及构建 [J]. 黑龙江高教研究, 2008 (1): 60 – 61.

[87] 王进富，黄鹏飞，刘江南，等．学科群与战略性新兴产业耦合度评价研究［J］．科技进步与对策，2015（1）：128－133.

[88] 赵文华．略论高等学校的学科群建设［J］．学位与研究生教育，1998（4）：29－32.

[89] 何刚．简论高校学科群的协同效应［J］．中国高教研究，2006（12）：32－34.

[90] 谭镜星，曾阳素，陈梦迁．从学科到学科群：知识分类体系和知识政策的视角［J］．高等教育研究，2007（7）：31－36.

[91] 许四海．学科群：新建本科院校学科建设的现实选择［J］．高教探索，2008（5）：80－85.

[92] 胡仁东．论大学优势学科群的内涵、特点及构建策略［J］．中国高教研究，2011（8）：50－53.

[93] 汪馥郁，李敬德，文晓灵．产业集群呼唤学科集群——谈产学研协同创新［J］．中国科技产业，2010（6）：62－65.

[94] 陈燮君．学科结构理论史纲［J］．上海社会科学院学术季刊，1990（1）：5－15.

[95] 潘云鹤，顾建民．大学学科的发展与重构［J］．高等工程教育研究，1999（3）：8－12.

[96] 张金凤，郭明．刍议高校在高等教育发展中的学科链构筑［J］．高等农业教育，2007（10）：47－50.

[97] 胡赤弟．论区域高等教育中学科—专业—产业链的构建［J］．教育研究，2009（6）：83－88.

[98] 黄志兵，胡赤弟．学科—专业—产业链"公司化"运行模式研究——以中南大学为例［J］．高等工程教育研究，2013（3）：51－54，126.

[99] 陈士慧，胡赤弟．学科—专业—产业链融合价值链分析［J］．科技进步与对策，2013（2）：142－146.

[100] 潘懋元．产学研合作教育的几个理论问题［J］．中国大学教学，2008（3）：15－17.

[101] 丁建洋．应用型大学类型化的逻辑意蕴、建构机理与价值旨趣［J］．高校教育管理，2019（4）：99－107.

[102] 吴岩．中国产学研合作教育发展的新理念、新目标、新任务［J］．北京教育（高教版），2010（1）：5－9.

[103] 黄红武，周水庭，黄小芳．亲产业重应用：地方本科高校特色发展的探索［J］．中国高等教育，2011（20）：48－50.

[104] 徐军伟．地方本科院校转型要聚焦应用型学科建设［J］．教育发展研究，2017（1）：3.

[105] 陈锋．实施"大舰战略"：加快建设学科专业集群超级平台 [J]．中国高等教育，2016（23）：27－30.

[106] 段宝岩．实现协同创新的关键是体制机制改革 [J]．中国高等教育，2012（20）：15－16.

[107] 孙清忠，黄方方．高校协同创新中心资源优化配置机制构建探析 [J]．高教探索，2014（5）：26－29.

[108] 王树国．大力推进协同创新 提高人才培养质量 [J]．大学（学术版），2013（6）：43－47.

[109] 喻江平，王思明．协同创新视角下高校创新人才培养研究 [J]．内蒙古社会科学（汉文版），2013（4）：150－152.

[110] 陈巧巧，卢永嘉．浅析 PI 制的含义及发展 [J]．管理研究，2011（14）：93－94.

[111] 方丽．协同创新视域下的高校人才培养模式的重构与选择 [J]．江苏高教，2014（2）：107－109.

[112] 王丹平．注重人才培养的协同创新发展 [J]．中国高等教育，2013（1）：42－44.

[113] 许日华．地方大学构建协同创新中心的意义、困境与实践探索 [J]．重庆高教研究，2013（5）：29－33.

[114] 刘国买，何谐，李宁，等．基于"三元融合"培养应用型人才：新型产业学院的建设路径 [J]．高等工程教育研究，2019（1）：62－66，98.

[115] 李荣华，邱菁芳．论应用型本科院校产业学院建设 [J]．教育与职业，2019（14）：36－42.

[116] 陈春晓，王金剑．应用型本科高校产业学院发展现状、困境与对策 [J]．高等工程教育研究，2020（4）：131－136.

[117] 成宝芝，徐权，张国发．产教深度融合的产业学院人才培养机制探究 [J]．中国高校科技，2021（Z1）：98－102.

[118] 金劲彪，侯嘉淳，李继芳．现代产业学院建设的法律风险与防范——基于江浙产业学院建设的实证分析 [J]．教育发展研究，2021（5）：20－27.

[119] 黄彬，姚宇华．新工科现代产业学院：逻辑与路径 [J]．高等工程教育研究，2019（6）：37－43.

[120] 宣葵葵，王洪才．高校产业学院核心竞争力的基本要素与提升路径 [J]．江苏高教，2018（9）：21－25.

[121] 崔彦群，应敏，戴炬炬．产教融合推进应用本科"双主体"产业学院建设 [J]．中国高校科技，2019（6）：66－69.

[122] 胡文龙．论产业学院组织制度创新的逻辑：三链融合的视角 [J]．高等工程教育研究，2018（3）：13－17.

[123] 朱为鸿，彭云飞．新工科背景下地方本科院校产业学院建设研究［J］．高校教育管理，2018（2）：30－37.

[124] 张宏宝．改变知识短缺，高校智库如何"快一步"［J］．智库时代，2017（6）：33－34.

[125] 张宏宝．从"规模扩张"到"内涵提升"：高校智库知识供给范式转型［J］．教育发展研究，2017（3）：8－13.

[126] 王建华．知识社会视野中的大学［J］．教育发展研究，2012（3）：35－42.

[127] 王建华．如何建设促进政策创新的高校智库［J］．江苏高教，2017（6）：1－10.

[128] 武毅英，童顺平．高等教育供给侧改革的动因、链条与思路［J］．江苏高教，2017（4）：1－6.

[129] 车海刚．"供给侧结构性改革"的逻辑［J］．中国发展观察，2015（11）：1.

[130] 刘金松．我国新型高校智库专业化发展：内涵、困境与对策［J］．教育发展研究，2016（7）：42－47.

[131] 张洪娟．论高校智库建设的伦理逻辑［J］．高教探索，2017（6）：5－9.

[132] 黄文武，唐青才，李雅娟．大学知识生产的物化逻辑及其二重性［J］．江苏高教，2018（1）：31－35.

[133] 庞跃辉．从哲学角度透视知识社会形态［J］．上海师范大学学报（社会科学版），2002（3）：8－13.

[134] 张珺．我国高校教育智库建设的困境与出路［J］．教育评论，2016（4）：26－29.

[135] 戴栗军，颜建勇．我国高校智库的发展逻辑与战略转型［J］．教育探索，2015（10）：60－63.

[136] 梅新林，等．中国大学智库评价的"三维模型"和指标体系研究［J］．智库理论与实践，2017（10）：33－41.

[137] 张玉，李小龙．论大学智库的功能定位及其体制性供给路径［J］．江淮论坛，2015（6）：62－67.

[138] 阎光才．中国学术制度建构的历史与现实境遇［J］．北京师范大学学报（社会科学版），2008（6）：21－28.

[139] 刘鸿武．高校学科建设与智库建设：一体之两面［J］．图书馆论坛，2017（10）：1－3.

[140] 马翔，张春博，丁堃．美国布鲁金斯学会科学研究发展现状与特征分析——基于科学计量学的视角［J］．中国高教研究，2016（3）：80－85.

[141] 汪锋．高校一流学科与新型智库建设的互动机制研究［J］．中国高教研究，2016（9）：35－41.

[142] 陈丽．论高校智库建设的三重逻辑［J］．高教探索，2016（3）：12－16.

［143］刘云生．供给侧结构性改革：教育怎么办？［J］．教育发展研究，2016（3）：1-7.

［144］张力．产学研协同创新战略意义和战略走向［J］．教育研究，2011（7）：18-21.

［145］张辛卯．地方师范院校学科建设的定位与发展思路［J］．中国成人教育，2007（19）：108-109.

［146］石挺．对加强师范院校学科建设工作的思考［J］．华中师范大学学报（人文社会科学版），1999（2）：115-118.

［147］杨林，李辉，茶世俊．省属师范大学教师教育学科建设：价值、目标与路径［J］．云南师范大学学报（哲学社会科学版），2013（3）：92-96.

［148］朱旭东．加快教师教育学科建设，促进教师队伍建设全面深化改革［J］．华东师范大学学报（教育科学版），2018（4）：28-30.

［149］甘晖．学科综合化：高水平师范大学转型的战略选择——以陕西师范大学为例［J］．高等教育研究，2013（4）：54-59.

［150］张爱珠，贾长胜．新升本科师范学院学科建设的意义、阻力与策略［J］．现代教育科学，2010（5）：114-117.

［151］朱旭东，赵英．"双一流"建设逻辑中师范院校的教师教育学科建设［J］．教育发展研究，2018（9）：7-14.

［152］赵文明．认真学习、努力贯彻全国高等教育工作会议精神［J］．辽宁高等教育研究，1983（3）：1-9.

［153］刘恩贤，姜振家．国家重点学科建设的政策演变轨迹［J］．学位与研究生教育，2007（9）：66-70.

［154］广东省高教局科研处．加强高校重点学科建设［J］．高教探索，1985（1）：35.

［155］桂水德．地方高校重点学科建设管理问题［J］．学位与研究生教育，1990（6）：1-6.

［156］陆耘．高校重点学科建设的若干问题［J］．高教探索，1985（4）：47-49.

［157］李宣海，薛纯良，洪启文，等．重点学科建设管理的实践与探索［J］．研究与发展管理，1995（2）：35-37.

［158］科研处张．我校七个学科获准列为首批校级重点学科［J］．上海师范大学学报（哲学社会科学版），1988（3）：100.

［159］沈意文．文科横向项目：高校文科科研"立地"的基石［J］．江苏高教，2011（3）：57-58.

［160］杨晓刚，赵志丹，殷昊．高校横向科研项目管理的"放"与"收"［J］．中国高校科技，2017（7）：19-20.

［161］王振华，黄志纯．产教融合背景下地方本科院校横向科研工作研究［J］．江苏高

教，2019（10）：62 – 66.

[162] 汤鹏翔，马炳涛. 基于过程管理的高校横向项目管理流程优化 [J]. 北京航空航天大学学报（社会科学版），2011（2）：117 – 120.

[163] 方晓霞. 高职院校承接"横向项目"的探索 [J]. 中国高校科技，2015（Z1）：110 – 111.

[164] 陈蕾. 美国高等教育的州级管理 [J]. 世界教育信息，2006（1）：21 – 23.

[165] 杨桂梅，何振海. 美国公立高等教育协调机制探析——以华盛顿州为例 [J]. 河北大学学报（哲学社会科学版），2013（1）：80 – 84.

[166] 吴越. 美国州级高等教育治理的权力结构演变与政府角色定位 [J]. 高等教育研究，2017（4）：101 – 107.

[167] 王景枝. 美国新泽西州公立高等教育分权改革及其启示 [J]. 北京理工大学学报（社会科学版），2008（1）：92 – 96.

[168] 王景枝. 美国州级高等教育协调机构的权力演变 [J]. 外国教育研究，2009（11）：87 – 91.

[169] 杨文明. 美国州级高等教育治理组织：定位、职能与分类 [J]. 外国教育研究，2013（11）：107 – 115.

[170] 旋天颖. 美国州高等教育委员会对大学专业设置的管理 [J]. 中国高教研究，2006（9）：43 – 45.

[171] 吴一鸣. 高职院校内部专业评估的几个问题探讨 [J]. 职教论坛，2018（4）：19 – 23.

[172] 侯长林，罗静，陈昌芸. 地方院校"双一流"建设的策略 [J]. 高教发展与评估，2017（6）：1 – 8，34.

[173] 李斌琴，彭旭，丁云华. "双一流"背景下部委属高校与地方高校的协同发展——政策研究的视角 [J]. 当代教育科学，2018（1）：27 – 32.

[174] 周浩波. 统筹服务国家战略需要和区域经济社会发展：地方"双一流"建设高校的使命与担当 [J]. 辽宁大学学报（哲学社会科学版），2019（1）：2 – 6.

[175] 邓小华. 地方政府"双一流"建设的行动逻辑——基于地方政府"双一流"建设实施方案的分析 [J]. 现代教育管理，2018（3）：24 – 29.

[176] 黄兢. 优化地方大学"双一流"建设的生态环境 [J]. 中国高等教育，2017（12）：37 – 39.

[177] 柳贡慧. 地方大学"双一流"建设的逻辑与途径 [J]. 中国高等教育，2017（18）：33 – 34.

[178] 袁洪志. 高职院校专业群建设探析 [J]. 中国高教研究，2007（4）：52 – 54.

[179] 娄东生. 试论大学创业文化建设 [J]. 福州大学学报（哲学社会科学版），2009

（6）：89 – 93.

[180] 徐越．从战略高度做好新一轮学科专业结构调整工作——访教育部高教司副司长林蕙青［J］．中国高等教育，2001（24）：11 – 13.

[181] 曾天山．合理定位、明确目标、突出特色、和谐发展——关于新建本科院校发展战略若干问题的思考［J］．龙岩学院学报，2006（4）：5 – 8.

[182] 刘开源．高校学科建设中的若干关系探析［J］．黑龙江高教研究，2005（3）：99 – 101.

[183] 王阳，李爽，张本波，等．第四次工业革命对就业的挑战与建议［J］．经济纵横，2017（11）：64 – 71.

[184] 杜传忠，许冰．第四次工业革命对就业结构的影响及中国的对策［J］．社会科学战线，2018（2）：68 – 74.

[185] 许纪霖．回归学术共同体的内在价值尺度［J］．清华大学学报（哲学社会科学版），2014（4）：78 – 82.

[186] 周春彦，亨利·埃兹科威茨．双三螺旋：创新与可持续发展［J］．东北大学学报（社会科学版），2006（3）：170 – 174.

[187] 张越川，张国祺．分形理论的科学和哲学底蕴［J］．社会科学研究，2005（5）：81 – 86.

[188] 习近平．在党的十八届五中全会第二次全体会议上的讲话（节选）［J］．求是，2016（1）：2 – 4.

[189] 艺术和科学的理解都需要智慧——中央工艺美术学院授予李政道先生名誉教授［J］．装饰，1996（4）：4 – 5.

[190] 武学超．基于"知识三角"逻辑的欧洲大学改革与启示——以芬兰阿尔托大学为例［J］．比较教育研究，2014（2）：60 – 65.

[191] 陈琼琼，李远．旧金山湾区高等教育发展研究——基于区域创新体系的视角［J］．比较教育研究，2020（10）：18 – 25.

[192] 冯之浚，刘燕华，方新，等．创新是发展的根本动力［J］．科研管理，2015（11）：1 – 10.

[193] 李晓娣，张小燕．区域创新生态系统共生对地区科技创新影响研究［J］．科学学研究，2019（5）：909 – 918 + 939.

[194] 詹志华，王豪儒．论区域创新生态系统生成的前提条件与动力机制［J］．自然辩证法研究，2018（3）：43 – 48.

[195] 邹晓东，王凯．区域创新生态系统情境下的产学知识协同创新：现实问题、理论背景与研究议题［J］．浙江大学学报（人文社会科学版），2016（11）：6 – 18.

[196] 李万，常静，王敏杰，等．创新 3.0 与创新生态系统［J］．科学学研究，2014

（12）：1761 – 1770.

[197] 王聪，周立群，朱先奇，等．基于人才聚集效应的区域协同创新网络研究 [J]．科研管理，2017（11）：27 – 37.

[198] 陈先哲．多重逻辑下的旧金山湾区高等教育集群崛起 [J]．比较教育研究，2020（10）：10 – 17.

[199] 李家新，谢爱磊，范冬清．区域化发展视角下的粤港澳大湾区高等教育合作：基础、困境与展望 [J]．复旦教育论坛，2020（1）：84 – 90.

[200] 王方，何秀．高校面向区域发展协同创新的困境与突破 [J]．高校教育管理，2019（1）：65 – 71.

[201] 杨利国．功能性螺旋聚合物的合成与性质研究 [D]．长春：吉林大学，2010.

[202] 阎光才．识读大学：组织文化的视角 [D]．上海：华东师范大学，2001.

[203] 陆雄文．管理学大辞典 [M]．上海：上海辞书出版社，2013.

[204] 奚洁人．科学发展观百科辞典 [M]．上海：上海辞书出版社，2007.

[205] 刘建明，张明根．应用写作大百科 [M]．北京：中央民族大学出版社，1994.

[206] 杨明基．新编经济金融词典 [M]．北京：中国金融出版社，2015.

[207] 黄伯云．架构科技创新组织平台 [N/OL]．中国教育报，（2002 – 12 – 25）．http：//t – cnki – net – s. ssl – vpn. yctu. edu. cn：8118/kcms/detail? v = psIwU9EV0ArIr4fFwvzHJC5pA8Jr_8EEMPywd7dOoRHZIoziQRzDvrEcs6AfjLD6x6kv7gqDFRagnHq2KOiruJs5PWVg0HQKwPsHfeofOI3gomzILjGfKg = = &uniplatform = NZKPT.

[208] 郑永年．有效知识供给不足已经严重制约了改革成效 [N]．联合早报，2016 – 1 – 26.

[209] 樊丽萍．建设"双一流"，重在选择正确的学科发展路径 [N]．文汇报，2017 – 9 – 24.

[210] 邬大光．把握高等教育发展的新格局 更加公平 更有效率 更具品质 引领未来 [N]．人民日报，2020 – 9 – 23.

[211] 刘琴，高众．加快高等教育结构优化调整——专访全国人大常委会委员、教科文卫委员会副主任委员，中国高等教育学会会长杜玉波 [N]．中国教育报，2021 – 3 – 8.

[212] 为创新驱动发展提供强大人才支撑——教育部党组副书记、副部长杜玉波答本报记者问 [N]．学习时报，2016 – 6 – 20.

[213] 陈静．数字经济成为带动增长核心动力 [N]．经济日报，2018 – 5 – 17.

[214] 柴如瑾．本科专业为何这样调整 [N]．光明日报，2021 – 3 – 5.

[215] 张宏宝．高校智库 从"慢一步"到"快一步" [N]．光明日报，2017 – 2 – 28.

[216] 黄阳华．熊彼特的"创新"理论—读《经济发展理论》 [N]．光明日报，2016 –

9 – 20.

[217] 新华社. 习近平：在教育文化卫生体育领域专家代表座谈会上的讲话［EB/OL］. (2020 – 9 – 22). http：//www. gov. cn/xinwen/2020 – 09/22/content_5546157. htm.

[218] 新华社. 习近平：在哲学社会科学工作座谈会上的讲话［EB/OL］. (2016 – 5 – 18). http：//www. xinhuanet. com//politics/2016 – 05/18/c_1118891128. htm.

[219] 中共中央，国务院. 国家中长期教育改革和发展规划纲要（2010 – 2020 年）［EB/OL］. (2010 – 7 – 29). http：//www. gov. cn/jrzg/2010 – 07/29/content_1667143. htm.

[220] 中共中央，国务院. "健康中国 2030" 规划纲要［EB/OL］. (2016 – 10). http：//www. gov. cn/zhengce/2016 – 10/25/content_5124174. htm.

[221] 中共中央，国务院. 国家创新驱动发展战略纲要［EB/OL］. (2016 – 5 – 19). http：//www. most. gov. cn/yw/201605/t20160520_125675. htm.

[222] 中共中央办公厅，国务院办公厅. 关于深化项目评审、人才评价、机构评估改革的意见［EB/OL］. (2018 – 7 – 3). http：//www. gov. cn/zhengce/2018 – 07/03/content_5303251. htm.

[223] 中共中央关于教育体制改革的决定［EB/OL］. (1985 – 5 – 27). http：//www. moe. gov. cn/jyb_sjzl/moe_177/tnull_2482. html.

[224] 中共中央关于制定国民经济和社会发展第十一个五年规划的建议［EB/OL］. (2005 – 10 – 11). http：//www. gov. cn/jrzg/2005 – 10/11/content_76191. htm.

[225] 国务院. 关于加快培育和发展战略性新兴产业的决定［EB/OL］. (2010 – 10 – 10). http：//www. gov. cn/zwgk/2010 – 10/18/content_1724848. htm.

[226] 国务院. 关于取消第二批行政审批项目和改变一批行政审批项目管理方式的决定［EB/OL］. (2003 – 2 – 27). http：//www. gov. cn/zhengce/content/2008 – 03/28/content_1994. htm.

[227] 国务院. 关于第三批取消和调整行政审批项目的决定［EB/OL］. (2004 – 5 – 19). http：//www. gov. cn/zwgk/2005 – 08/06/content_29614. htm.

[228] 国务院. 对确需保留的行政审批项目设定行政许可的决定［EB/OL］. (2004 – 6 – 29). http：//www. gov. cn/zhengce/2020 – 12/27/content_5574585. htm.

[229] 国务院. 关于取消和下放一批行政审批项目的决定［EB/OL］. (2014 – 1 – 28). http：//www. gov. cn/zwgk/2014 – 02/15/content_2602146. htm.

[230] 国务院. 关于第二批取消 152 项中央指定地方实施行政审批事项的决定［EB/OL］. (2016 – 2 – 3). http：//www. gov. cn/zhengce/content/2016 – 02/19/content_5043903. htm.

[231] 国务院. 国家教育事业发展 "十三五" 规划［EB/OL］. (2017 – 1 – 10). http：//www. moe. gov. cn/jyb_xxgk/moe_1777/moe_1778/201701/t20170119_295319.

html.

［232］国务院批转教育部国家教育事业发展"十一五"规划纲要的通知［EB/OL］.（2007 – 5 – 18）. http：//www. moe. gov. cn/jyb_xwfb/gzdt_gzdt/moe_1485/tnull_22875. html.

［233］国务院. 关于加快发展现代职业教育的决定［EB/OL］.（2014 – 5 – 2）. http：//www. scio. gov. cn/ztk/xwfb/2014/gxbjhzyjyggyfzqkxwfbh/xgbd31088/Document/1373573/1373573_1. htm.

［234］国务院办公厅. 关于深化产教融合的若干意见［EB/OL］.（2017 – 12 – 5）. http：//www. gov. cn/zhengce/content/2017 – 12/19/content_5248564. htm.

［235］教育部. 全国教育事业第十个五年计划［EB/OL］.（2001 – 7 – 26）. http：//www. moe. gov. cn/srcsite/A03/s7050/200107/t20010726_171641. html.

［236］教育部. 普通高等学校本科专业目录（2012）［EB/OL］.（2020 – 2 – 21）. http：//www. moe. gov. cn/srcsite/A08/moe_1034/s4930/202003/W0202003033654030 79451. pdf.

［237］教育部. 2016 年度普通高等学校本科专业备案和审批结果［EB/OL］.（2017 – 3 – 13）. http：//www. moe. gov. cn/srcsite/A08/moe_1034/s4930/201703/t20170317_299960. html.

［238］教育部. 2017 年度普通高等学校本科专业备案和审批结果［EB/OL］.（2018 – 3 – 15）. http：//www. moe. gov. cn/srcsite/A08/moe_1034/s4930/201803/t20180321_330874. html.

［239］教育部. 2018 年度普通高等学校本科专业备案和审批结果［EB/OL］.（2019 – 3 – 21）. http：//www. moe. gov. cn/srcsite/A08/moe_1034/s4930/201903/t20190329_376012. html.

［240］教育部. 2019 年度普通高等学校本科专业备案和审批结果［EB/OL］.（2020 – 2 – 21）. http：//www. moe. gov. cn/srcsite/A08/moe_1034/s4930/202003/t20200303_426853. html.

［241］教育部. 2020 年度普通高等学校本科专业备案和审批结果［EB/OL］.（2021 – 2 – 10）. http：//www. moe. gov. cn/srcsite/A08/moe_1034/s4930/202103/t20210301_516076. html.

［242］教育部. 1999 年全国教育事业发展统计公报［EB/OL］.（2000 – 5 – 30）. http：//www. moe. gov. cn/s78/A03/ghs_left/s182/moe_633/tnull_841. html.

［243］教育部. 2002 年全国教育事业发展统计公报［EB/OL］.（2003 – 5 – 13）. http：//www. moe. gov. cn/s78/A03/ghs_left/s182/moe_633/tnull_1553. html.

［244］教育部. 2019 年全国教育事业发展统计公报［EB/OL］.（2020 – 5 – 20）. http：//

www. moe. gov. cn/jyb_sjzl/sjzl_fztjgb/202005/t20200520_456751. html.

[245] 教育部. 关于做好普通高等学校本科学科专业结构调整工作的若干原则意见 [EB/OL]. （2001 – 10 – 25）. http：//www. moe. cn/s78/A08/gjs_left/moe_ 1034/201005/t20100527_88506. html.

[246] 教育部. 国家教育事业发展第十二个五年规划 [EB/OL]. （2012 – 6 – 14）. ht- tp：//www. moe. gov. cn/srcsite/A03/moe_1892/moe_630/201206/t20120614_139702. html.

[247] 教育部. 普通高等学校本科专业设置管理规定 [EB/OL]. （2012 – 9 – 14）. ht- tp：//www. moe. gov. cn/srcsite/A08/moe_1034/s3882/201209/t20120918_143152. html.

[248] 教育部. 普通高等学校本科专业设置规定（1998 年颁布）[EB/OL]. （1998 – 7 – 6）. http：//www. law – lib. com/law/law_view. asp? id = 67390.

[249] 教育部. 高等学校本科专业设置规定（1999 年颁布）[EB/OL]. （1999 – 9 – 14）. http：//www. moe. gov. cn/srcsite/A08/s7056/199909/t19990914_162626. html.

[250] 教育部. 关于做好 2011 年全国普通高等学校毕业生就业工作的通知 [EB/OL]. （2010 – 11 – 15）. http：//www. moe. gov. cn/srcsite/A15/s3265/201011/t20101115_ 111911. html.

[251] 教育部. 关于做好 2012 年全国普通高等学校毕业生就业工作的通知 [EB/OL]. （2011 – 11 – 10）. http：//www. moe. gov. cn/srcsite/A15/s3265/201111/t20111110_ 126852. html.

[252] 教育部. 关于做好 2014 年全国普通高等学校毕业生就业工作的通知 [EB/OL]. （2013 – 11 – 29）. http：//www. moe. gov. cn/srcsite/A15/s3265/201312/t20131202_ 160466. html.

[253] 教育部. 关于做好 2015 年全国普通高等学校毕业生就业创业工作的通知 [EB/ OL]. （2014 – 11 – 28）. http：//www. moe. gov. cn/srcsite/A15/s3265/201412/t2014 1202_180810. html.

[254] 教育部. 关于做好 2016 届全国普通高等学校毕业生就业创业工作的通知 [EB/ OL]. （2015 – 11 – 27）. http：//www. moe. gov. cn/srcsite/A15/s3265/201512/t2015 1208_223786. html.

[255] 教育部. 关于做好 2017 届全国普通高等学校毕业生就业创业工作的通知 [EB/ OL]. （2016 – 11 – 25）. http：//www. moe. gov. cn/srcsite/A15/s3265/201612/t2016 1205_290871. html.

[256] 教育部. 关于全面提高高等教育质量的若干意见 [EB/OL]. （2012 – 3 – 16）. ht- tp：//www. moe. gov. cn/srcsite/A08/s7056/201203/t20120316_146673. html.

[257] 教育部办公厅. 关于编制发布高校毕业生就业质量年度报告的通知 [EB/OL].

（2013 – 11 – 2）．http：//www. moe. gov. cn/srcsite/A15/s3265/201311/t20131105_159491. html.

[258] 教育部，中央编办，发展改革委，财政部，人力资源社会保障部．关于深化高等教育领域简政放权放管结合优化服务改革的若干意见［EB/OL］．（2017 – 3 – 31）．http：//www. moe. gov. cn/srcsite/A02/s7049/201704/t20170405_301912. html.

[259] 教育部．关于推动高校形成就业与招生计划人才培养联动机制的指导意见［EB/OL］．（2017 – 12 – 29）．http：//www. moe. gov. cn/srcsite/A08/s7056/201801/t20180123_325312. html.

[260] 教育部．关于加快建设高水平本科教育全面提高人才培养能力的意见［EB/OL］．（2018 – 9 – 17）．http：//www. moe. gov. cn/srcsite/A08/s7056/201810/t20181017_351887. html.

[261] 教育部．关于深化本科教育教学改革全面提高人才培养质量的意见［EB/OL］．（2019 – 9 – 29）．http：//www. moe. gov. cn/srcsite/A08/s7056/201910/t20191011_402759. html.

[262] 教育部办公厅．本科层次职业教育专业设置管理办法（试行）［EB/OL］．（2021 – 1 – 22）．http：//www. moe. gov. cn/srcsite/A07/zcs_zhgg/202101/t20210129_511682. html.

[263] 教育部公布就业率低的本科专业名单［EB/OL］．（2014 – 10 – 14）．https：//www. dxsbb. com/news/4283. html.

[264] 教育部，科技部．关于加强高等学校科技成果转移转化工作的若干意见［EB/OL］．（2016 – 6 – 3）．http：//www. most. gov. cn/tztg/201608/t20160817_127255. htm.

[265] 教育部．普通高等学校理事会规程（试行）［EB/OL］．（2014 – 7 – 16）．http：//www. moe. gov. cn/srcsite/A02/s5911/moe_621/201407/t20140725_172346. html.

[266] 教育部．关于"十三五"时期高等学校设置工作的意见［EB/OL］．（2017 – 1 – 25）．http：//www. moe. gov. cn/srcsite/A03/s181/201702/t20170217_296529. html.

[267] 教育部，国家发改委，财政部．关于引导部分地方普通本科高校向应用型转变的指导意见［EB/OL］．（2015 – 10 – 21）．http：//www. moe. gov. cn/srcsite/A03/moe_1892/moe_630/201511/t20151113_218942. html.

[268] 教育部，财政部，国家发展改革委．关于高等学校加快"双一流"建设的指导意见［EB/OL］．（2018 – 8 – 20）．http：//www. moe. gov. cn/srcsite/A22/moe_843/201808/t20180823_345987. html.

[269] 教育部高等教育司．关于报送普通高校就业率较低本科专业和发展急需本科专业名单的通知［EB/OL］．（2016 – 6 – 8）．http：//www. moe. gov. cn/s78/A08/tong-zhi/201606/t20160614_267551. html.

［270］教育部，工业和信息化部，中国工程院．关于加快建设发展新工科实施卓越工程师教育培养计划 2.0 的意见［EB/OL］．（2018 - 9 - 17）．http：//www. moe. gov. cn/srcsite/A08/moe_742/s3860/201810/t20181017_351890. html.

［271］教育部办公厅，工业和信息化部．现代产业学院建设指南（试行）［EB/OL］．（2020 - 7 - 30）．http：//www. moe. gov. cn/srcsite/A08/s7056/202008/t20200820_479133. html.

［272］国家教育委员会．普通高等学校本科专业设置暂行规定［EB/OL］．（1989 - 4 - 4）．http：//laws. 66law. cn/law - 15820. aspx.

［273］国家教育委员会．普通高等学校本科专业设置规定［EB/OL］．（1993 - 7 - 16）．https：//code. fabao365. com/law_229213. html.

［274］国家教育委员会．关于评选高等学校重点学科的暂行规定［EB/OL］．（1987 - 8 - 12）．http：//www. law - lib. com/law/law_view. asp？id = 4466.

［275］国家教委高教司．关于公布 1990 年需由国家教委审批的专业目录内专业名单的通知［EB/OL］．（1990 - 5 - 18）．http：//laws. 66law. cn/law - 16350. aspx.

［276］中华人民共和国国家质量监督检验检疫总局，中国国家标准化管理委员会．中华人民共和国学科分类与代码国家标准（GB/T 13745 - 2009）［S/OL］．（2009 - 5 - 6）．http：//www. zwbk. org/MyLemmaShow. aspx？lid = 117222.

［277］国家质量监督检验检疫总局，中国国家标准化管理委员会．关于批准发布《国民经济行业分类》国家标准的公告［S/OL］．（2017 - 6 - 30）．http：//www. sac. gov. cn/gzfw/ggcx/gjbzgg/201717/.

［278］国家统计局．数字经济及其核心产业统计分类（2021）［EB/OL］．（2021 - 5 - 27）．http：//www. stats. gov. cn/tjsj/tjbz/202106/t20210603_1818134. html.

［279］陈宝生．乘势而上狠抓落实加快建设高质量教育体系——在 2021 年全国教育工作会议上的讲话［EB/OL］．（2021 - 1 - 7）．http：//www. moe. gov. cn/jyb_xwfb/moe_176/202102/t20210203_512420. html.

［280］陈宝生．在全国教育工作会议上的讲话［EB/OL］．（2018 - 1 - 23）．http：//www. moe. gov. cn/jyb_xwfb/moe_176/201802/t20180206_326931. html.

［281］陈至立．在 2002 年度教育工作会议上的讲话［EB/OL］．（2001 - 12 - 26）．http：//www. moe. gov. cn/jyb_xxgk/gk_gbgg/moe_0/moe_8/moe_21/tnull_157. html.

［282］陈至立．学习贯彻十六大精神　全面开创教育工作新局面——在 2003 年度教育工作会议上的讲话［EB/OL］．（2002 - 12 - 26）．http：//www. moe. gov. cn/jyb_xxgk/gk_gbgg/moe_0/moe_9/moe_31/tnull_439. html.

［283］周济．推进教育事业科学发展为建设人力资源强国而奋斗——在教育部 2008 年度工作会议上的讲话［EB/OL］．（2008 - 1 - 4）．http：//www. moe. gov. cn/jyb_ xwfb/gzdt_gzdt/moe_1485/tnull_30580. html.

[284] 周济. 深入学习实践科学发展观促进教育事业优先发展科学发展——在教育部 2009 年度工作会议上的讲话 [EB/OL]. (2008 – 12 – 21). http：//www. moe. gov. cn/jyb_xxgk/gk_gbgg/moe_0/moe_2642/moe_2643/tnull_44418. html.

[285] 袁贵仁. 继续解放思想坚持改革创新努力开创教育事业科学发展新局面——在教育部 2010 年度工作会议上的讲话 [EB/OL]. (2010 – 1 – 14). http：//old. moe. gov. cn/publicfiles/business/htmlfiles/moe/cmsmedia/document/1267087571325115. doc.

[286] 杜玉波. 在 2011 年全国教育工作会议上的讲话 [EB/OL]. (2011 – 1 – 24). http：//www. moe. gov. cn/jyb_xwfb/moe_176/201102/t20110228_115388. html.

[287] 袁贵仁. 扎扎实实推进教育规划纲要贯彻落实——在 2012 年全国教育工作会议上的讲话 [EB/OL]. (2012 – 1 – 7). http：//www. moe. gov. cn/jyb_xwfb/moe_176/201202/t20120221_130719. html.

[288] 杜玉波. 在 2012 年全国教育工作会议上的讲话 [EB/OL]. (2012 – 1 – 7). http：//www. moe. gov. cn/jyb_xwfb/moe_176/201202/t20120222_130765. html.

[289] 袁贵仁. 深化教育领域综合改革加快推进教育治理体系和治理能力现代化——在 2014 年全国教育工作会议上的讲话 [EB/OL]. (2014 – 1 – 15). http：//www. moe. gov. cn/jyb_xwfb/moe_176/201402/t20140212_163736. html.

[290] 袁贵仁. 以新的发展理念为引领全面提高教育质量加快推进教育现代化——在 2016 年全国教育工作会议上的讲话 [EB/OL]. (2016 – 1 – 15). http：//www. moe. gov. cn/jyb_xwfb/moe_176/201602/t20160204_229466. html.

[291] 陈宝生. 办好中国特色社会主义教育以优异成绩迎接党的十九大胜利召开—— 2017 年全国教育工作会议工作报告 [EB/OL]. (2017 – 1 – 13). http：//www. moe. gov. cn/jyb_xwfb/moe_176/201702/t20170206_295791. html.

[292] 市教委，市科技局，市工业和信息化局，市人社局. 天津市高校服务产业特色学科群建设计划 [EB/OL]. (2020 – 7 – 2). https：//tianjin. eol. cn/tjwj/202008/t20200828_2001556. shtml.

[293] 浙江省教育厅. 浙江省普通本科高校分类评价管理改革办法（试行）[EB/OL]. (2016 – 8 – 8). http：//jyt. zj. gov. cn/art/2016/8/9/art_1543960_28519742. html.

[294] 吉林省人民政府办公厅. 关于加强普通高等学校分类管理和分类指导的意见 [EB/OL]. (2017 – 9 – 19). http：//www. law – lib. com/law/law_view. asp? id = 599793.

[295] 重庆市教育委员会，重庆市发展和改革委员会，重庆市财政局，重庆市人力资源和社会保障局. 关于促进普通高等学校分类发展的意见 [EB/OL]. (2017 – 11 – 27). http：//www. xiaoxunt. cn/show – 30 – 444 – 1. html.

[296] 上海市教育委员会，上海市发展和改革委员会，上海市人力资源和社会保障局，上海市财政局，上海市规划和国土资源管理局．上海高等教育布局结构与发展规划（2015 – 2030 年）［EB/OL］．（2015 – 12 – 28）．http：//www. shanghai. gov. cn/nw2/nw2314/nw2319/nw12344/u26aw45954. html.

[297] 江苏省政府办公厅．江苏高校优势学科建设工程实施方案［EB/OL］．（2010 – 9 – 25）．http：//doe. jiangsu. gov. cn/art/2017/7/12/art_38693_3247370. html.

[298] 中共广东省委，广东省人民政府．关于建设高水平大学的意见［EB/OL］．（2015 – 4 – 13）．http：//fazgh. gzucm. edu. cn/info/1009/1051. htm.

[299] 上海市教育委员会．上海高等学校学科发展与优化布局规划（2014—2020 年）［EB/OL］．（2014 – 11）．http：//fzghc. ecupl. edu. cn/df/ef/c2652a57327/page. htm.

[300] 贵州省教育厅．大力推进区域内一流大学和一流学科建设的实施意见［EB/OL］．（2016 – 4 – 29）．http：//www. gzsjyt. gov. cn/xxgk/xxgkml/zcwj/qjw/201712/t20171206_2934640. html.

[301] 内蒙古自治区人民政府办公厅．自治区统筹推进国内和世界一流大学一流学科建设总体方案［EB/OL］．（2016 – 5 – 16）．https：//dzb. immu. edu. cn/info/1042/2490. htm.

[302] 河北省人民政府．统筹推进一流大学和一流学科建设的意见［EB/OL］．（2016 – 5 – 25）．http：//xkb. stdu. edu. cn/index. php/2013 – 12 – 24 – 02 – 25 – 27/204 – 2016 – 22.

[303] 四川省人民政府．关于统筹推进一流大学和一流学科建设的实施意见［EB/OL］．（2017 – 11 – 7）．http：//www. sc. gov. cn/10462/10464/13298/13301/2017/11/9/10437651. shtml.

[304] 辽宁省人民政府．辽宁省统筹推进世界一流大学和一流学科建设实施方案［EB/OL］．（2017 – 1 – 3）．http：//kyc. synu. edu. cn/2017/0315/c3177a25105/page. htm.

[305] 吉林省人民政府．吉林省统筹推进高水平大学和高水平学科专业建设实施方案［EB/OL］．（2017 – 8 – 4）．http：//www. gjyjs. ccu. edu. cn/info/1004/1397. htm.

[306] 天津市人民政府．天津市推进一流大学和一流学科建设实施方案［EB/OL］．（2017 – 9 – 28）．http：//gk. tj. gov. cn/gkml/000125014/201710/t20171017_74441. shtml.

[307] 湖南省人民政府．湖南省全面推进一流大学与一流学科建设实施方案［EB/OL］．（2017 – 2 – 10）．http：//ggkb. hnyyjsxy. com/show/532. html.

[308] 安徽省人民政府．一流学科专业与高水平大学建设五年行动计划［EB/OL］．（2016 – 12 – 28）．http：//xxgk. ah. gov. cn/UserData/DocHtml/731/2017/1/11/318349996190. html.

[309] 云南省人民政府办公厅．关于加强全省高等学校分类发展和分类管理的指导意见

[EB/OL]．（2016 – 9 – 14）．https：//www. ynmec. com/Item/6948. aspx.

［310］海南省人民政府．海南省统筹推进高水平大学和一流学科建设实施方案［EB/OL］．（2017 – 1 – 23）．http：//www. hainan. gov. cn/hn/zwgk/zfwj/szfwj/201701/t20170126_2222664. html.

［311］江西省人民政府．江西省有特色高水平大学和一流学科专业建设实施方案［EB/OL］．（2017 – 5 – 19）．http：//www. jxedu. gov. cn/info/1913/109270. htm.

［312］河南省教育厅，河南省财政厅．河南省优势特色学科建设工程实施方案［EB/OL］．（2015 – 12 – 08）．http：//www. haedu. gov. cn/2015/12/12/1449903821125. html.

［313］青海省人民政府办公厅．关于加快推进一流学科建设的指导意见［EB/OL］．（2017 – 1 – 10）．http：//www. guoluo. gov. cn/html/33/254809. html.

［314］浙江省教育厅，浙江省财政厅．浙江省一流学科建设实施办法［EB/OL］．（2016 – 12 – 26）．http：//yjsw. zjicm. edu. cn/info/1012/3254. htm.

［315］湖北省教育厅．关于开展"十三五"省属高校优势特色学科群申报工作的通知［EB/OL］．（2015 – 7 – 31）．http：//gs. hubu. edu. cn/info/1057/1352. htm.

［316］山西省教育厅，山西省财政厅．关于进一步加强高等学校重点学科建设的意见［EB/OL］．（2015 – 12 – 7）．http：//xkxwb. llhc. edu. cn/info/1991/2457. htm.

［317］北京市教育委员会．关于开展 2017 年市属高校一流专业遴选建设的通知［EB/OL］．（2017 – 3 – 27）．https：//wenku. baidu. com/view/537e0a9f78563c1ec5da50e2524de518974bd30a. html.

［318］江苏省人民政府办公厅．江苏高校品牌专业建设工程实施方案［EB/OL］．（2014 – 10 – 21）．http：//maths. xznu. edu. cn/_t1395/fb/ab/c4984a195499/page. htm.

［319］重庆市人民政府．关于加快高校特色发展推进一流大学和一流学科建设的实施意见［EB/OL］．（2017 – 5 – 24）．https：//wenku. baidu. com/view/b6e2c9488f9951e79b89680203d8ce2f00666581. html.

［320］黑龙江省人民政府．黑龙江省高等教育强省建设规划（二期）［EB/OL］．（2017 – 2 – 21）．http：//www. law – lib. com/law/law_view. asp? id = 570459.

［321］山东省教育厅，山东省财政厅．推进高水平应用型大学建设实施方案［EB/OL］．（2016 – 9 – 5）．http：//sdmu. edu. cn/info/1136/2580. htm.

［322］湖南省教育厅．关于申报湖南省高等职业教育一流特色专业群建设项目有关事项的通知［EB/OL］．（2018 – 6 – 21）．http：//zcc. gov. hnedu. cn/c/2018 – 06 – 26/917155. shtml.

［323］陕西省教育厅．关于建设"一流大学、一流学科，一流学院、一流专业"的实施方案［EB/OL］．（2017 – 5 – 5）．http：//www. npumd. edu. cn/info/1564/24598. htm.

[324] 福建省人民政府. 关于建设一流大学和一流学科的实施意见（闽政〔2017〕11号）[EB/OL]. (2017 - 3 - 6). http：//fzgh. jmu. edu. cn/info/1020/1028. htm.

[325] 新华社. 中国将成为第四次工业革命的领军者——专访世界经济论坛主席施瓦布 [EB/OL]. (2016 - 6 - 25). http：//www. gov. cn/xinwen/2016 - 06/25/content_5085508. htm.

[326] 胡浩. 三部委有关负责人解读世界一流大学和一流学科建设名单 [EB/OL]. (2017 - 9 - 21). http：//www. gov. cn/xinwen/2017 - 09/21/content_5226694. htm.

[327] 山东省教育厅.《山东省本科高校分类考核实施方案（试行）》解读 [EB/OL]. (2019 - 11 - 4). http：//edu. shandong. gov. cn/art/2019/11/4/art_11992_7496230. html.

[328] 河南省人民政府办公厅. 关于促进普通高等学校分类发展指导意见 [EB/OL]. (2015 - 11 - 30). https：//www. henan. gov. cn/2015/12 - 18/247453. html.

[329] 贵州省教育厅. 贵州省高等职业教育人才培养质量提升工程重点专业群建设项目 [EB/OL]. (2016 - 2). http：//gzpg. gzvti. com/info/1015/1107. htm.

[330] 江苏省教育厅江苏省财政厅. 关于推进职业学校现代化专业群建设的通知 [EB/OL]. (2015 - 12 - 28). http：//www. ec. js. edu. cn/art/2015/12/31/art_4267_186113. html.

[331] 重庆市教育委员会，重庆市财政局. 重庆市高等学校"三特行动计划"实施方案 [EB/OL]. (2013 - 10 - 13). http：//www. doc88. com/p - 3304319200569. html.

[332] 湖北省教育厅. 关于加快建立普通高等学校学科专业动态调整机制的指导意见 [EB/OL]. (2013 - 5 - 29). http：//jwc. hbue. edu. cn/32/6f/c567a12911/page. htm.

[333] 河北省教育厅. 关于进一步优化调整高等院校学科专业结构的意见 [EB/OL]. (2018 - 8 - 16). http：//jwc. hbu. edu. cn/info_show. asp？infoid =3910.

[334] 辽宁省教育厅. 关于进一步优化高等学校学科专业结构的指导意见 [EB/OL]. (2017 - 12 - 29). https：//jxgcxy. lnist. edu. cn/info/1095/1946. htm.

[335] 安徽省教育厅，安徽省经济与信息化厅. 关于加快专业结构优化支撑服务制造强省建设的指导意见 [EB/OL]. (2020 - 5 - 22). http：//jyt. ah. gov. cn/tsdw/gd-jyc/tzgg/39978757. html.

[336] 福建省教育厅. 关于加快普通高等学校本科专业结构调整优化的若干意见 [EB/OL]. (2015 - 10 - 15). http：//jyt. fujian. gov. cn/xxgk/zywj/201510/t20151020_3179980. htm.

[337] 河北省教育厅. 关于进一步调整优化高等院校学科专业结构的实施方案 [EB/OL]. (2019 - 5). http：//www. sjz. gov. cn/col/1546231082146/2019/05/27/1558919176338. html.

［338］河南省教育厅，河南省发展和改革委员会，河南省财政厅. 关于本科高校学科专业结构优化调整的指导意见［EB/OL］. （2020 - 10 - 30）. http：//jyt. henan. gov. cn/2020/11 - 30/1912063. html.

［339］内蒙古自治区人民政府办公厅. 关于进一步加强高等学校专业结构调整的意见［EB/OL］. （2013 - 2 - 27）. http：//www. 9ask. cn/fagui/201302/185025_1. html.

［340］甘肃省教育厅. 关于进一步加强全省高等学校专业结构调整工作的指导意见［EB/OL］. （2016 - 5 - 9）. https：//jwc. gipc. edu. cn/info/1042/1307. htm.

［341］贵州省教育厅. 贵州省加强外语非通用语种人才培养和学科专业建设服务"一带一路"建设实施方案［EB/OL］. （2019 - 3 - 4）. http：//jyt. guizhou. gov. cn/xwzx/tzgg/201903/t20190306_16607070. html.

［342］安徽省教育厅. 关于进一步优化本科学科专业结构提高高等学校本科教学质量的通知［EB/OL］. （2007 - 5 - 17）. https：//www. docin. com/p - 58403038. html.

［343］安徽省教育厅. 关于做好普通高等学校本科专业设置和管理工作的通知［EB/OL］. （2012 - 11 - 30）. https：//www. doc88. com/p - 3107942485140. html？r = 1.

［344］安徽省教育厅. 安徽普通高校本科专业布局情况分析报告（2012）［EB/OL］. （2012 - 12）. http：//www. doc88. com/p - 9532935342235. html.

［345］安徽省教育厅. 安徽普通高校本科专业布局情况分析报告（2013）［EB/OL］. （2013 - 7 - 1）. http：//jyt. ah. gov. cn/tsdw/gdjyc/tzgg/39853710. html.

［346］安徽省教育厅. 安徽普通高校本科专业布局情况分析报告（2014）［EB/OL］. （2014 - 7 - 17）. http：//jyt. ah. gov. cn/tsdw/gdjyc/tzgg/39853838. html.

［347］安徽省教育厅. 安徽普通高校本科专业布局情况分析报告（2015）［EB/OL］. （2015 - 7 - 16）. http：//jyt. ah. gov. cn/tsdw/gdjyc/tzgg/39853958. html.

［348］安徽省教育厅. 安徽普通高校本科专业布局情况分析报告（2016）［EB/OL］. （2017 - 5 - 9）. http：//jyt. ah. gov. cn/public/7071/39715858. html.

［349］安徽省教育厅. 安徽普通高校本科专业布局和需求分析报告（2017）［EB/OL］. （2017 - 7 - 14）. http：//jyt. ah. gov. cn/public/7071/39715859. html.

［350］安徽省教育厅. 安徽普通高校本科专业布局和需求分析报告（2018）［EB/OL］. （2018 - 7 - 26）. http：//jyt. ah. gov. cn/public/7071/39715863. html.

［351］安徽省教育厅. 安徽普通高校本科专业布局和需求分析报告（2019）［EB/OL］. （2020 - 7 - 9）. http：//jyt. ah. gov. cn/public/7071/39987760. html.

［352］安徽省教育厅. 安徽普通高校本科专业布局和需求分析报告（2020）［EB/OL］. （2020 - 7 - 31）. http：//jyt. ah. gov. cn/public/7071/40229660. html.

［353］安徽省教育厅. 安徽普通高校本科专业布局和需求分析报告（2021）［EB/OL］. （2021 - 9 - 3）. http：//jyt. ah. gov. cn/tsdw/gdjyc/tzgg/40464253. html.

［354］上海市教育委员会．关于 2012 年度对部分本科专业实施预警的意见［EB/OL］．（2012－1－31）．https：//www. lawxp. com/statute/s1132274. html.

［355］上海市教育委员会．关于 2013 年度本科预警专业名单及相关事项的通知［EB/OL］．（2013－4－2）．https：//www. gench. edu. cn/jwc/2013/0710/c1522a11233/page. psp.

［356］上海市教育委员会．关于公布 2014 年度本科预警专业名单的通知［EB/OL］．（2014－3－25）．http：//www. pkulaw. cn/fulltext_form. aspx? Db＝lar&EncodingName＝gb2312&Gid＝17612531&Search_Mode&keyword.

［357］上海市教育委员会．关于公布 2016 年度本科预警专业名单的通知［EB/OL］．（2016－5－30）．https：//edu. sh. gov. cn/xxgk2_zdgz_gdjy_05/20201015/v2－0015－gw_418012016002. html.

［358］贵州省教育厅．关于实施普通高校本科专业预警及退出机制的意见［EB/OL］．（2012－6－19）．https：//www. lawxp. com/statute/s1534442. html.

［359］贵州省本科预警专业名单（2012 年—2015 年）［EB/OL］．（2015－6－5）．https：//www. sohu. com/a/17794336_119665.

［360］贵州省 2014 年普通高校本科专业预警［EB/OL］．（2014－5－9）．https：//guizhou. eol. cn/guizhounews_5223/20140509/t20140509_1111363. shtml.

［361］贵州省教育厅公布 2015 年普通高校本科预警专业［EB/OL］．（2015－6－4）．https：//www. sohu. com/a/17794336_119665.

［362］贵州省教育厅发布 2016 年普通高校本科专业预警通知［EB/OL］．（2016－7－8）．https：//www. ynpxrz. com/n1472639c1223. aspx.

［363］贵州省教育厅．关于发布 2018 年普通高校本科专业预警的通知［EB/OL］．（2018－8－13）．http：//jyt. guizhou. gov. cn/xwzx/tzgg/201808/t20180830_16323566. html.

［364］贵州省教育厅．关于发布 2019 年普通高校本科专业预警的通知［EB/OL］．（2019－8－27）．http：//jyt. guizhou. gov. cn/xwzx/tzgg/201909/t20190906_16682255. html.

［365］贵州省教育厅关于发布 2020 年贵州省普通本科高校预警专业的通知［EB/OL］．（2020－12－17）．http：//jyt. guizhou. gov. cn/xwzx/tzgg/202012/t20201218_65635325. html.

［366］辽宁省教育厅办公室．关于做好 2014 年度普通高等学校本科专业设置工作的通知［EB/OL］．（2014－6－27）．http：//jwch. dlou. edu. cn/2014/0704/c6064a79501/page. htm.

［367］辽宁省教育厅．关于开展 2021 年度普通高等学校本科专业设置工作的通知［EB/OL］．（2021－7－9）．http：//jwc1. dlu. edu. cn/info/1070/5622. htm.

［368］辽宁省教育厅发布的 2013 年度暂缓增设专业名单［EB/OL］．（2015－3－30）．

http：//blog. sina. com. cn/s/blog_a95eaf0f0102visd. html.

[369] 辽宁今年高校暂缓申请增设 56 个本科专业 ［EB/OL］. （2014 - 3 - 27）. https：// www. taodocs. com/p - 22806342. html.

[370] 辽宁省教育厅办公室. 关于公布 2015 年度建议高校暂缓申请增设本科专业名单的 通知 ［EB/OL］. （2015 - 3 - 29）. http：//www. huaue. com/zyxx/201533093851. htm.

[371] 辽宁省教育厅. 关于公布 2016 年度建议高校暂缓申请增设本科专业名单的通知 ［EB/OL］. （2016 - 5 - 18）. https：//www. eol. cn/liaoning/liaoningnews/201605/ t20160519_1399683. shtml.

[372] 辽宁省教育厅发布的 2017 年度暂缓增设专业名单 ［EB/OL］. （2019 - 7 - 9）. ht- tps：//lkyjw. lnist. edu. cn/info/1031/2462. htm.

[373] 辽宁省教育厅. 关于公布 2018 年度建议高校暂缓申请增设本科专业名单的通知 ［EB/OL］. （2018 - 6 - 29）. https：//www. eol. cn/liaoning/liaoningnews/201605/ t20160519_1399683. shtml.

[374] 辽宁省教育厅发布的 2019 年度暂缓增设专业名单 ［EB/OL］. （2019 - 7 - 9）. ht- tps：//lkyjw. lnist. edu. cn/info/1031/2462. htm.

[375] 辽宁省教育厅办公室. 关于公布 2021 年度建议高校暂缓增设本科专业名单的通知 ［EB/OL］. （2021 - 4 - 30）. https：//lkyjw. lnist. edu. cn/info/1031/2979. htm.

[376] 山东省教育厅. 关于公布省属本科高校限制性专业目录和预警专业目录的通知 ［EB/OL］. （2014 - 10 - 17）. https：//jwc. slcupc. edu. cn/info/1175/1225. htm.

[377] 山东省教育厅. 关于做好 2015 年度高等学校本科专业设置工作的通知 ［EB/OL］. 2015 - 5 - 11）. https：//fzgh. sdwu. edu. cn/info/1103/1330. htm.

[378] 山东省教育厅. 关于做好 2018 年度高等学校本科专业设置工作的通知 ［EB/OL］. （2018 - 5 - 9）. https：//jwc. ytu. edu. cn/info/1057/1356. htm.

[379] 浙江财经大学本科专业动态调整管理办法 ［EB/OL］. （2018 - 5 - 28）. https：// jwc. zufe. edu. cn/info/1065/5223. htm.

[380] 贵州师范学院本科专业设置与调整管理办法 ［EB/OL］. （2018 - 10 - 18）. ht- tp：//www. gznc. edu. cn/info/1278/31624. htm.

[381] 华北科技学院本科专业设置与预警退出管理办法 （试行） ［EB/OL］. （2020 - 6 - 18）. http：//jwc. ncist. edu. cn/article/2020 - 6 - 18/art36638. html.

[382] 沈阳航空航天大学本科专业动态调整管理办法 ［EB/OL］. （2018 - 11 - 6）. ht- tps：//jwc. sau. edu. cn/info/1096/1324. htm.

[383] 江苏科技大学本科专业预警与动态调整实施方案 （试行） ［EB/OL］. （2017 - 12 - 4）. https：//jwc. just. edu. cn/2018/0326/c5725a51542/page. htm.

[384] 西安培华学院本科专业建设评价与预警办法 ［EB/OL］. （2019 - 12 - 31）. ht-

tp：//www. peihua. cn/xxgkwn/info/1033/1036. htm.

[385] 南京财经大学本科专业设置与调整管理办法［EB/OL］.（2017 – 11 – 10）. ht-tp：//jwc. nufe. edu. cn/info/1048/8182. htm.

[386] 滁州学院本科专业设置与调整管理暂行办法［EB/OL］.（2019 – 9 – 5）. https：//www. chzu. edu. cn/public/2019/1104/c8911a201668/page. htm.

[387] 南宁学院本科专业动态调整管理办法（试行）［EB/OL］.（2019 – 10 – 12）. ht-tp：//jwc. nnxy. cn/info/1038/1894. htm.

[388] 安徽工业大学本科专业动态调整实施办法（试行）［EB/OL］.（2018 – 12 – 29）. http：//jwc. ahut. edu. cn/info/1158/2880. htm.

[389] 上海市人民政府. 上海市国民经济和社会发展第十三个五年规划纲要［EB/OL］.（2016 – 1）. https：//www. shanghai. gov. cn/nw39378/20200821/0001 – 39378_1101 146. html.

[390] 海南省"十三五"规划纲要编制工作领导小组办公室. 海南省国民经济和社会发展第十三个五年规划纲要［EB/OL］.（2016 – 3 – 16）. http：//plan. hainan. gov. cn/sfgw/gzdt/201603/e144e0d229cc449595d8dbb6271790a1. shtml.

[391] 云南省人民政府. 云南省国民经济和社会发展第十三个五年规划纲要［EB/OL］.（2016 – 4 – 22）. http：//www. yn. gov. cn/zwgk/zcwj/zxwj/201911/t20191101_184 085. html.

[392] 重庆市教育委员会. 关于公布2014年特色学科专业群建设项目名单的通知［EB/OL］.（2014 – 11 – 10）. https：//jwc. cqmu. edu. cn/info/1040/2018. htm.

[393] 重庆市教育委员会. 关于公布2015年特色学科专业群建设项目名单的通知［EB/OL］.（2015 – 11 – 11）. https：//jwc. cqmu. edu. cn/info/1040/2016. htm.

[394] 重庆市教育委员会，重庆市财政局. 关于公布2017年特色学科专业群建设项目名单的通知［EB/OL］.（2017 – 5 – 23）. https：//jwc. cqmu. edu. cn/info/1040/2014. htm.

[395] 山西省教育厅. 关于公布"1331工程"重点学科建设计划首批项目建设目标任务的通知［EB/OL］.（2017 – 3 – 4）. http：//www. shanxi. gov. cn/zw/tzgg/201703/t20170307_286120. shtml.

[396] 山西省教育厅关于公示第二批"优势学科攀升计划"和"服务产业创新学科群建设计划"项目及建设目标任务的通知［EB/OL］.（2018 – 8 – 10）. http：//www. shanxi. gov. cn/yw/sxyw/201808/t20180813_470031. shtml.

[397] 湖北省高等学校优势特色学科（群）建设项目管理办法［EB/OL］.（2020 – 11 – 12）. http：//xkb. hbeu. cn/info/1018/2111. htm.

[398] 陈欣然，桂锦峰. 天津城建大学与天津市教委共建服务产业特色学科群［EB/OL］.（2021 – 4 – 27）. http：//www. jyb. cn/rmttzcg/xwy/wzxw/202104/t20210427_

549274. html.

[399] 我校共建"网络安全与数据智能"服务产业特色学科群［EB/OL］.（2021－5－8）. http：//news. tjut. edu. cn/yw. htm.

[400] 武汉轻工大学学科群建设管理办法［EB/OL］.（2016－6－2）. https：//fgc. whpu. edu. cn/info/1029/1476. htm.

[401] 江汉大学优势特色学科群管理办法［EB/OL］.（2016－12－15）. https：//wenku. baidu. com/view/df6e591a52e2524de518964bcf84b9d529ea2c60. html.

[402] 东莞理工学院推进学科群建设实施意见［EB/OL］.（2020－3－25）. https：//fzgh. dgut. edu. cn/info/1072/1463. htm.

[403] 许昌学院关于产教融合专业群建设的指导意见［EB/OL］.（2017－1－4）. https：//sfx. xcu. edu. cn/info/1092/1048. htm.

[404] 华北理工大学学科群建设管理办法［EB/OL］.（2018－11－15）. http：//jxgl. jtxy. ncst. edu. cn/col/1325228193953/2018/12/05/1543994492152. html.

[405] 大庆师范学院专业群建设管理办法［EB/OL］.（2019－6－26）. http：//jwc. dqsy. net/bkjxgczl/zdzy. htm.

[406] "艺术与科学之问"学术论坛在国科大雁栖湖校区举办［EB/OL］.（2019－9－9）. http：//news. ucas. ac. cn/index. php? Itemid＝176&catid＝340&id＝494392&option＝com_content&view＝article.

[407] 人民网. 中国本科教育质量报告［EB/OL］.（2017－10－16）. http：//edu. people. com. cn/n1/2017/1016/c367001－29588440. html.

[408] Burns, P. Corporate entrepreneurship：Building an entrepreneurial organization. Basingstoke［M］. England：Palgrave Macmillan, 2005.

[409] David B. Audretsch. The entrepreneurial society［J］. J Technol Transf, 2009（34）：245－254.

[410] Benoit Godin. The Knowledge－Based Economy：Conceptual Framework or Buzzword?［J］. Journal of Technology Transfer, 2006（31）：17－30.

[411] Zoltan J. Acs, Sameeksha Desai, Jolanda Hessels. Entrepreneurship, economic development and institutions［J］. Small Bus Econ, 2008（31）：219－234.

[412] David B. Audretsch. The entrepreneurial society［J］. J Technol Transf, 2009（34）：245－254.

[413] Georg Fuerlinger, Ulrich Fandl, Thomas Funke. The role of the state in the entrepreneurship ecosystem：insights from Germany［J］. Triple Helix, 2015（2）：3－28.

[414] J. Stanley Metcalfe. University and Business Relations：Connecting the Knowledge Economy［J］. Minerva, 2010（48）：5－33.

[415] Mervat H. N. Sharabati, Shahin, K. Thiruchelvam. The role of Diaspora in university – industry relationships in globalised knowledge economy: the case of Palestine [J]. High Educ, 2013 (65): 613 – 629.

[416] Libby V. Morris. Understanding the Contemporary University [J]. Innov High Educ, 2010 (35): 127 – 128.

[417] Keiko Yokoyama. Entrepreneurialism in Japanese and UK universities: Governance, management, leadership, and funding [J]. Higher Education, 2006 (52): 523 – 555.

[418] Matthew M. Mars, Cecilia Rios – Aguilar. Academic entrepreneurship (re) defined: significance and implications for the scholarship of higher education [J]. High Educ, 2010 (59): 441 – 460.

[419] David B. Audretsch. From the entrepreneurial university to the university for the entrepreneurial society [J]. J Technol Transf, 2014 (39): 313 – 321.

[420] Merle Küttim. Entrepreneurship education at university level and students' entrepreneurial intentions [J]. Social and Behavioral Sciences, 2014 (110): 658 – 668.

[421] Laura Rosendahl Huber. The effect of early entrepreneurship education: Evidence from a field experiment [J]. European Economic Review, 2014 (72): 76 – 97.

[422] Hessel Oosterbeek. The impact of entrepreneurship education on entrepreneurship skills and motivation [J]. European Economic Review, 2010 (54): 442 – 454.

[423] Ana Lanero. The impact of entrepreneurship education in European universities: an intention – based approach analyzed in the Spanish area [J]. Int Rev Public Nonprofit Mark, 2011 (8): 111 – 130.

[424] Mery Citra Sondari. Is Entrepreneurship Education Really Needed? —Examining the Antecedent of Entrepreneurial Career Intention [J]. Social and Behavioral Sciences, 2014 (15): 44 – 53.

[425] Chanphirun Sam, Peter van der Sijde. Understanding the concept of the entrepreneurial university from the perspective of higher education models [J]. High Educ, 2014 (68): 891 – 908.

[426] Etzkowitz H. Entrepreneurial Scientists and Entrepreneurial Universities in American Academic Science [J]. Minerva, 1983 (21): 198 – 233.

[427] Maribel Guerrero. Entrepreneurial universities in two European regions: a case study comparison [J]. J Technol Transf, 2014 (39): 415 – 434.

[428] Slaughter, S. Archerd, C. J. "Campbell T. Boundaries And Quandaries: How Professors Negotiate Market Relations" [J]. Review of Higher Education, 2004 (1): 129 – 165.

[429] Leydesdorff L, Etzkowitz H. Can "the public" be considered as a fourth helix in universi-

ty – industry – government relations? Report of the fourth Triple Helix conference ［J］. SciencePublic Policy, 2003 (1): 55 – 61.

［430］ Elias Carayannis, David F. J. Campbell. Triple Helix, Quadruple Helix and Quintuple Helix and How Do Knowledge, Innovation and the Environment Relate To Each Other? A Proposed Framework for a Trans – disciplinary analysis of Sustainable development and Social Ecology ［J］. International Journal of Social Ecology and Sustainable Development, 2010 (1): 41 – 69.

［431］ Han Woo Park. Transition from the Triple Helix to N – Tuple Helices? An interview with Elias G. Carayannis and David F. J. Campbell ［J］. Scientometrics, 2014 (99): 203 – 207.

［432］ Elias G. Carayannis, David F. J. Campbell. Open Innovation Diplomacy and a 21st Century Fractal Research, Education and Innovation (FREIE) Ecosystem: Building on the Quadruple and Quintuple Helix Innovation Concepts and the "Mode 3" Knowledge Production System ［J］. J Knowl Econ, 2011 (2): 327 – 372.

［433］ Elias G Carayannis, Thorsten D Barth, David F J Campbell. The Quintuple Helix innovation model: global warming as a challenge and driver for innovation ［J］. Journal of Innovation and Entrepreneurship, 2012 (1): 2 – 11.

［434］ Elias G Carayannis, David FJ Campbell. Developed democracies versus emerging autocracies: arts, democracy, and innovation in Quadruple Helix innovation systems ［J］. Journal of Innovation and Entrepreneurship, 2014 (3): 12 – 34.

［435］ Van den Berg L, Braun E, van Winden W. Growth clusters in European cities: an integral approach ［J］. Urban Studies, 2001 (1): 185 – 205.

［436］ David F. J. Campbell, Elias G. Carayannis. The academic firm: a new design and redesign proposition for entrepreneurship in innovation – driven knowledge economy ［J］. Journal of Innovation and Entrepreneurship, 2016 (5): 12 – 21.

［437］ Don G. Greamer, Steven M. Janosik. Academic Program Approval and Review Practices in the United States And Selected Foreign Countries ［J］. Education Policy Analysis Archives, 1999 (23): 1 – 20.

［438］ Helmi Norman, Norazah Nordin, Mohamed Embi, Hafiz Zaini, Mohamed Ally. A Framework of Drone – based Learning (Dronagogy) for Higher Education in the Fourth Industrial Revolution ［J］. International Journal of Engineering & Technology, 2018 (7): 1 – 6.

［439］ Anette Kolmos, Roger Hadgraft, Jette Holgaard. Response strategies for curriculum change in engineering ［J］. International Journal of Technology and Design Education, 2016

（26）：391 - 411.

[440] Ruth Neumann, Sharon Parry, Tony Becher. Teaching and Learning in their Disciplinary Contexts: a conceptual analysis [J]. Studies in Higher Education, 2002 (4): 405 - 417.

[441] Tony Becher. The significance of disciplinary differences [J]. Studies in Higher Education, 2006 (2): 151 - 161.

[442] Bernadette Bensaude Vincent. Discipline - building in synthetic biology [J]. Studies in History and Philosophy of Biological and Biomedical Sciences, 2013 (2): 122 - 129.

[443] Mao Haifeng. Discipline Construction and Knowledge System of "Safety Science and Engineering" [J]. Procedia Engineering, 2012 (43): 506 - 511.

[444] Maria Kuteeva, John Airey. Disciplinary differences in the use of English in higher education: reflections on recent language policy developments [J]. High Education, 2014 (67): 533 - 549.

[445] Anthony Biglan. The Characteristics of Subject Matter in Different Academic Areas [J]. Journal of Applied Psychology, 1973 (3): 195 - 203.

[446] Johan Muller, Michael Young. Disciplines, skills and the university [J]. Higher Education, 2014 (67): 127 - 140.

[447] Judith L. Stoecker. The Biglan Classification Revisited [J]. Research in Higher Education, 1993 (4): 451 - 464.

[448] Arabella Lyon. Interdisciplinarity: Giving up territory [J]. College English, 1992 (6): 681 - 693.

[449] Angela Brew. Disciplinary and interdisciplinary affiliations of experienced researchers [J]. Higher Education, 2008 (4): 423 - 438.

[450] Elias Carayannis, David F. J. Campbell. "Mode 3" and "Quadruple Helix": Toward a 21st century fractal innovation ecosystem [J]. International Journal of Technology Management, 2009 (3): 201 - 234.

[451] Mary G. Schoonmaker, Elias G. Carayannis. Mode 3: A Proposed Classification Scheme for the Knowledge Economy and Society [J]. J Knowl Econ, 2013 (4): 556 - 577.

[452] Attila Pausits. The Knowledge Society and Diversification of Higher Education: From the Social Contract to the Mission of Universities [J]. The European Higher Education Area, 2015 (3): 267 - 284.

[453] Harvey A. Goldstein. The "entrepreneurial turn" and regional economic development mission of universities [J]. Ann Reg Sci, 2010 (44): 83 - 109.

[454] Angelika Jaeger, Johannes Kopper. Third mission potential in higher education: measur-

ing the regional focus of different types of HEIs [J]. Rev Reg Res, 2014 (34): 95 - 118.

[455] Jeaninne Horowitz Gassol. The effect of university culture and stakeholders' perceptions on university – business linking activities [J]. J Technol Transfer, 2007 (32): 489 – 507.

[456] Geanina Cucu – Ciuhan, Iuliana Guit – Alexandru. Organizational culture versus work motivation for the academic staff in a public university [J]. Social and Behavioral Sciences, 2014 (12): 448 – 453.

[457] Maria Liana Lacatus. Organizational culture in contemporary university [J]. Social and Behavioral Sciences, 2013 (76): 421 – 425.

[458] George Subotzky. Alternatives to the entrepreneurial university: New modes of knowledge production in community service programs [J]. Higher Education, 1999 (38): 401 – 440.

[459] Jen Nelles, Tim Vorley. Constructing an Entrepreneurial Architecture: An Emergent Framework for Studying the Contemporary University Beyond the Entrepreneurial Turn [J]. Innov High Educ, 2010 (35): 161 – 176.

[460] Bryan E. Penprase. The Fourth Industrial Revolution and Higher Education [A]. Nancy W. Gleason. Higher Education in the Era of the Fourth Industrial Revolution [M]. U. K. : Palgrave Macmillan, 2018: 207 – 228.

[461] Ulloa – Cazarez R L. Joseph E. Aoun: Robot – proof: higher education at the age of artificial intelligence [J]. Genetic Programming and Evolvable Machines, 2020 (1): 265 – 267.

[462] Shahroom, A. A. , Hussin, N. . Industrial Revolution 4. 0 and Education [J]. International Journal of Academic Research in Business and Social Sciences, 2018 (9): 314 – 319.

[463] Benjamin Cleveland, Kenn Fisher. The evaluation of physical learning environments: Acritical review of the literature [J]. Learning Environments Research, 2014 (1): 1 – 28.

[464] Henry Etzkowitz, Loet Leydesdorff. The dynamics of innovation: from National Systems and "Mode 2" to a Triple Helix of university – industry – government relations [J]. ResearchPolicy, 2000 (2): 109 – 123.

[465] The New Jersey Higher Education Task Force. The Report of the Governor's Task Force on Higher Education [EB/OL]. (2010 – 12). http: //njpc. org/documents/the – report – of – the – governors – task – force – on – higher – education/view.

[466] New Jersey Commission on Higher Education and the New Jersey Presidents' Council. The

Restructuringof New Jersey Higher Education [EB/OL]. (1996 – 7). https: //www. nj. gov/highereducation/archives/news – reports/1996/restruct. htm.

[467] New Jersey Commission on Higher Education and the New Jersey Presidents' Council. The Five – Year Assessment of Higher Education Restructuring [EB/OL]. (1999 – 6 – 25). https: //www. nj. gov/highereducation/documents/pdf/archives/2001andOlder/res99. pdf.

[468] New Jersey Presidents' Council. 2018 – 2019 AIC Manual [EB/OL]. (2018 – 11 – 11). http: //njpc. org/documents/2018 – 2019 – aic – manual – 3/view.

[469] The Office of Institutional Research and Academic Planning. New Program Approval Process [EB/OL]. (2007 – 2). http: //oirap. rutgers. edu/NewProgramApproval. pdf.

[470] Keng Siau. Education in the Age of Artificial Intelligence: How Will Technology Shape Learning? [EB/OL]. (2018 – 3 – 26). https: //xueshu. baidu. com/usercenter/paper/ show? paperid = 13876d575660ad2ab4e33ffe893d9e3b&site = xueshu_se&hitarticle = 1.

[471] World Economic Forum Centre for the New Economy and Society. The Future of Jobs Report 2018 [EB/OL]. (2018 – 9 – 17). https: //www. weforum. org/reports/the – future – of – jobs – report – 2018.

[472] NORTHEASTEN UNIVERSITY, GALLUP. FACING THE FUTURE: U. S. , U. K. and Canadian citizens call for a unified skills strategy for the AI age [EB/OL]. (2019 – 6). https//www. gallup. com/education/259514/northeastern – gallup – perceptions – preparing – to – meet – ai. aspx.

[473] Alan S. Blinder. Education for the Third Industrial Revolution [EB/OL]. (2008 – 5). https: //ideas. repec. org/p/pri/cepsud/163blinder. pdf. html.

[474] Hossein Ahmadi, Tshilidzi Marwala. Implications of the Fourth Industrial Age on Higher Education [EB/OL]. (2017 – 3). https: //www. researchgate. net/publication/31568 2580.

[475] Yale College. Committee on Majors [EB/OL]. (2018 – 1). http: //catalog. yale. edu/ dus/committee – on – majors/.

[476] Yale University. 2004 fifth – year report to NEASC [EB/OL]. (2004 – 8 – 13). https: //accred. yale. edu/sites/default/files/files/YaleNEASC5_YearInterimReport8_14_04.

[477] NEASC. 2009 NEASC Evaluation Team Report [EB/OL]. (2009 – 11). https: //accred. yale. edu/sites/default/files/files/NEASC – 2009 – Visiting – Team – Report.

[478] Committee on Majors. Review by the Committee on Majors: Memo to DUSes [EB/OL]. (2009 – 11). https: //yalecollege. yale. edu/sites/default/files/files/review.

[479] Committee on Majors. Review by the Committee on Majors: Memo to Student Participants

［EB/OL］. （2009 － 11）. https：//yalecollege. yale. edu/sites/default/files/files/student_participant.

［480］ Yale College. Handbook for Directors of Undergraduate Studies in Yale College ［EB/OL］. （2018 － 1）. http：//catalog. yale. edu/dus/committee － on － majors/new － majors/.

［481］ Committee on Majors. New Major Proposal Outline ［EB/OL］. （2009 － 11）. https：//yalecollege. yale. edu/sites/default/files/files/new_major_proposal.

［482］ Committee on Majors. Report on the Major in Ethnicity, Race and Migration ［EB/OL］. （2012 － 1 － 20）. https：//yalecollege. yale. edu/sites/default/files/files/report_on_the_major_in_ethnicity_race_and_migration.

［483］ Committee on Majors. Report on the Major in HSHM ［EB/OL］. （2012 － 4 － 20）. https：//yalecollege. yale. edu/sites/default/files/files/proposed_changes_to_the_major_in_hshm_committee_on_majors.

［484］ Committee on Majors. Report on the Major in Biology ［EB/OL］. （2012 － 1 － 20）. https：//yalecollege. yale. edu/sites/default/files/files/report_on_the_major_in_biology.

［485］ Committee on Majors. Report on the English Major ［EB/OL］. （2008 － 1）. https：//yalecollege. yale. edu/sites/default/files/files/january_2008_ － _report_on_the_english_major.